逐条解説

# 難病の患者に対する医療等に関する法律

難病法制研究会／監修

中央法規

# はしがき

我が国の難病対策は昭和四十七年の「難病対策要綱」に基づき、およそ四〇年にわたって、調査研究の推進、医療費の助成、患者・家族の生活の質（ＱＯＬ）の向上などに取り組んできました。その結果、治療方法の開発、難病医療の水準を向上させるなど一定の成果をあげてきました。

一方で、医療の進歩や患者等のニーズの変化、社会・経済状況の変化に伴い、様々な課題が指摘されてきました。例えば、原因の解明すら未確立の疾病でも医療費助成の対象に選定されていないものがあることなど難病の疾病間で不公平感があること、都道府県の超過負担の解消が求められていること、難病についての国民の理解が必ずしも十分でないこと等です。こうした課題を踏まえ、研究の推進や医療費助成のあり方を含めた難病対策全般について総合的な見直しを行うべきだという声が高まりました。難病対策の見直しの機運は幾度かありましたが、難病の定義の難しさや医療費助成等に必用な財源の確保等が課題となり、実現しませんでした。しかし、社会保障制度改革国民会議の議論で難病対策が取り上げられたこと、平成二十六年の消費税増税により財源の確保の実現可能性が高まったことなどを契機として、難病対策の改革は一気に進むことになりました。

難病対策の歴史的な転換点となる改革に向けて、厚生労働省厚生科学審議会疾病対策部会難病対策委員会において活発な議論が行われ、報告書がまとめられました。この報告書や、難病患者団体との意見交換会で出された意見等を踏まえ法律案が作成され、難病の患者に対する医療費助成を法律に基づく公平かつ安定した制度として確立し、総合的な難病対策を進めるため、「難病の患者に対する医療等に関する法律」（難病法）が平成二十六年五月に成立し、平成二十七年一月から施行されました。

本書は、このような背景の下に、難病法の制定に至るまでの諸々の議論等にも触れつつ、難病対策の変遷や医療費助成制度等について詳細な解説を行うものです。

難病対策は新たな一歩を踏み出したばかりです。本書の刊行が、難病法に対する関係者の理解を深め、同法の円滑かつ適正な施行、運用の一助となり、今後の難病対策の発展に資することとなれば幸いです。

最後に、本書の編集に当たり、難病対策のあり方に関し、日々、多大な御指導をいただいた厚生労働省健康局総務課長の伊原和人氏、同局疾病対策課長の田原克志氏、執筆に御協力をいただいた同局疾病対策課主査の宮崎靖子氏をはじめとする関係者に敬意を表するとともに、感謝申し上げます。また、出版に当たっては、中央法規出版の亀谷秀保氏をはじめとする編集に携わっていただいた皆様に御礼申し上げます。

平成二十七年七月　　難病法制研究会

編集代表　小澤幸生（鳥取県福祉保健部長寿社会課長／前厚生労働省健康局疾病対策課課長補佐）

逐条解説　難病の患者に対する医療等に関する法律 ● 目次

## 資料編

### 1　政令・省令 ……………………………………………… *181*

◉難病の患者に対する医療等に関する法律施行令
（平成二十六年十一月十二日政令第三百五十八号）　181
◉難病の患者に対する医療等に関する法律施行規則
（平成二十六年十一月十二日厚生労働省令第百二十一号）　190
◉療養の給付及び公費負担医療に関する費用の請求に関する省令
（昭和五十一年八月二日厚生省令第三十六号）　209
◉訪問看護療養費及び公費負担医療に関する費用の請求に関する省令
（平成四年二月二十九日厚生省令第五号）　215

### 2　告示 ……………………………………………… *217*

◉難病の患者に対する医療等に関する法律第五条第一項の規定に基づき厚生労働大臣が指定する指定難病及び同法第七条第一項第一号の規定に基づき厚生労働大臣が定める病状の程度
（平成二十六年十月二十一日厚生労働省告示第三百九十三号）　217
◉難病の患者に対する医療等に関する法律第五条第二項第二号の厚生労働大臣が定める額
（平成二十六年十一月二十一日厚生労働省告示第四百二十六号）　225

◉難病の患者に対する医療等に関する法律第五条第二項第三号の厚生労働大臣が定める額
（平成二十六年十一月二十一日厚生労働省告示第四百二十七号） 226
◉難病の患者に対する医療等に関する法律施行令第一条第一項第二号ロの厚生労働大臣が定めるもの
（平成二十六年十一月二十一日厚生労働省告示第四百二十八号） 227
◉難病の患者に対する医療等に関する法律施行令第一条第一項第六号の人工呼吸器その他の生命の維持に欠くことができない装置を装着していることについて特別の配慮を必要とする者として厚生労働大臣が定めるもの
（平成二十六年十一月二十一日厚生労働省告示第四百二十九号） 228
◉難病の患者に対する医療等に関する法律施行令附則第二条の規定により厚生労働大臣が定める医療に関する給付が行われるべき療養を受けていた者及びその病状の程度が当該療養を継続する必要があるものとして厚生労働大臣が定めるもの
（平成二十六年十一月二十一日厚生労働省告示第四百三十号） 229
◉難病の患者に対する医療等に関する法律施行令附則第三条の規定に基づき厚生労働大臣が定める医療に関する給付
（平成二十六年十一月二十一日厚生労働省告示第四百三十一号） 230
◉難病の患者に対する医療等に関する法律施行令附則第三条の規定により読み替えて適用される同令第一条第一項第四号ロに規定する厚生労働大臣が定めるもの
（平成二十六年十一月二十一日厚生労働省告示第四百三十二号） 230

◉難病の患者に対する医療等に関する法律施行規則第十五条第一項第一号イに規定する厚生労働大臣が定める認定機関が認定する専門医の資格（平成二十六年十一月二十一日厚生労働省告示第四百三十三号）231
◉難病の患者に対する医療等に関する法律第五条第三項の規定による特定医療に要する費用の額の算定方法及び同法第十七条第二項の規定による診療方針（平成二十六年十一月二十一日厚生労働省告示第四百三十四号）233
◉難病の患者に対する医療等に関する法律施行令第九条第一項の規定により毎年度国が都道府県に対して負担する額の算定に関する基準（平成二十六年十一月二十一日厚生労働省告示第四百三十五号）234
◉難病の患者に対する医療等に関する法律施行規則第二十二条の規定による指定難病に係る医療に要した費用の額の算定方法（平成二十六年十一月二十一日厚生労働省告示第四百三十六号）235
◉指定医療機関療養担当規程（平成二十六年十一月二十一日厚生労働省告示第四百三十七号）236
◉難病の患者に対する医療等に関する法律施行令第九条第二項の規定により毎年度国が都道府県に対して補助する額の算定に関する基準（平成二十六年十一月二十一日厚生労働省告示第四百三十八号）238

3 通知……239
○「指定医の指定」について
（平成二十六年十一月二十一日健疾発一一二一第一号）239
○「指定医療機関の指定」について（抄）
（平成二十六年十一月二十一日健疾発一一二一第二号）260
○特定医療費の支給認定について
（平成二十六年十二月三日健発一二〇三第一号）284
○難病の患者に対する医療等に関する法律施行令第二条に定める基準（軽症高額該当基準）に係る支給認定の手続き等について
（平成二十六年十二月十日健疾発一二一〇第一号）314
○特定医療費の支給認定の実務上の取扱いについて
（平成二十六年十二月二十二日健疾発一二二二第一号）322
○特定疾患治療研究事業について
（昭和四十八年四月十七日衛発第二四二号）332
4 附帯決議……336
○「難病の患者に対する医療等に関する法律案」及び「児童福祉法の一部を改正する法律案」に対する附帯決議
（平成二十六年四月十八日衆議院厚生労働委員会）336

○「難病の患者に対する医療等に関する法律案」に対する附帯決議
（平成二十六年五月二十日参議院厚生労働委員会）338

5　提言・報告等……340
○難病対策の改革について（提言）
（平成二十五年一月二十五日厚生科学審議会疾病対策部会難病対策委員会）340
○難病対策の改革に向けた取組について
（平成二十五年十二月十三日厚生科学審議会疾病対策部会難病対策委員会）359
○難病対策の改革に関する提言
（平成二十五年十二月九日公明党）371
○難病対策及び小児慢性特定疾患対策に関する決議
（平成二十五年十二月十日自由民主党）378
○難病新法の早期実現に向けての要望書
（平成二十六年二月三日一般社団法人日本難病・疾病団体協議会）383
○難病法案・児童福祉法改正法案の早期成立で総合的な難病対策・小慢対策を充実させよう！
（平成二十六年二月十八日難病法・小慢改正法の早期成立を求める院内集会参加者一同）384

6　難病法に係るQ＆A……389

7　資料……401
○難病対策略年表　401

# 第一編　制度の概要

# 1　難病対策の概要

## 一　難病対策の法制化に向けて

我が国の難病対策は、昭和四十七年に策定された「難病対策要綱」から始まった。それからおよそ四〇年を経て、国の難病対策は大きな転換点を迎えた。難病対策の足がかりとなる「難病の患者に対する医療等に関する法律」（平成二十六年法律第五十号。略称「難病法」）が平成二十六年の第百八十六回国会（常会）で成立し、「難病」が法律上定義づけられるとともに、予算事業として行われてきた医療費助成措置が法定化され、公平かつ安定的な医療費助成制度が確立した。

これまでも難病対策を安定的なものとするために法律に位置づけることが難病患者や地方公共団体から幾度も要望されてきたが、「いわゆる難病」をどう定義づけるのか、医療費助成の対象をどう定めるのか、財源はどうするのか等の様々な課題が立ちふさがり、長らく法定化は見送られてきた。しかしながら、平成二十六年の消費税増税により財源確保の見通しが立ったことにより、難病対策の議論は一気に進むこととなり、厚生労働省厚生科学審議会疾病対策部会難病対策委員会（委員長：金澤一郎国際医療福祉大学大学院長）において法制化に向けた様々な議論が行われた。

## 二　難病対策の基本理念及び原則

平成二十五年一月二十五日に、難病対策委員会において「難病対策の改革について（提言）」（三四〇頁参照）が取りまとめられた。提言では難病対策の改革の基本理念が、「難病の治療研究を進め、疾患の克服を目指すとともに、難病患者の社会参加を支援し、難病にかかっても地域で尊厳を持って生きられる共生社会の実現を目指すこと」とされた。この基本理念に則り、難病対策の改革の原則として、基本理念に基づいた施策を広く国民の理解を得ながら行っていくため、

① 難病の効果的な治療方法を見つけるための治療研究の推進に資すること
② 他制度との均衡を図りつつ、難病の特性に配慮すること
③ 官民が協力して社会全体として難病患者に対する必要な支援が公平かつ公正に行われること
④ 将来にわたって持続可能で安定的な仕組みとすること

という四つの原則に基づいて新たな仕組みを構築することとされた。

# 2　難病医療制度の変遷と新法制定の背景

## 一　難病対策の始まり

### 難病対策の提起

今日の難病対策はスモンの登場から始まった。

スモンは、脊髄や視神経、末梢神経に変化が起こり、初めは両下肢のしびれなど知覚異常を来し、これが次第に身体の上部へと広がり、進行すると歩行障害や視力障害などをもたらす治療のはなはだ困難な疾病である。

スモンに対する関心が社会的レベルにまで高まった背景には、全国各地域での集団発生を思わせるような多数の患者発生があった。当時はその原因が不明で、遷延する経過をたどり、失明や、歩行障害などの後遺症を残すことが多く、またそれらの患者を収容している病院の従事者の中からも患者が発生したり、研究の進展途上で病因としてウイルス説が発表されたりしたこともあって、患者が周囲から社会的疎外を受けるなど、大きな社会問題となった。

原因不明、治療方法未確立の疾病に対する罹患の不安が病気そのものの関心を呼ぶと同時に、不幸にしてスモンにかかった人々を救済しなければという声もまた高まってきた。患者自身の側も疾病に対して連帯して対処すべく、患者友の会を結成し、国や自治体に対して患者の救済、原因の解明などの対策を要望するようになった。この要望に応えて、昭和四十六年度から、国はスモンの入院患者に対して月額一万円を治療研究費の枠から支出することとし、各都道府県もこれとほぼ同額を上乗せして支給した。これが患者の救済に乗り出す第一歩となった。

一方、この原因不明の疾患に対する調査研究体制として、昭和三十九年度から厚生科学研究費、医療研究助成費などにより研究が進められていたが、昭和四十四年度にはそれまでの研究班がスモン調査研究協議会として組織され、厚生省の特別研究費と科学技術庁の特別研究促進調整費が投入されることとなり、以降厚生省の大型研究班によるプロジェクト方式の調査研究が強力に進められることとなった。

昭和四十五年九月に、厚生省は、新潟大学の椿忠雄教授よりスモンとキノホルムとの関係についての示唆を受け、キノホルム剤の販売等を中止した結果、新たにスモンを発症する患者は激減した。昭和四十七年三月にはスモン調査研究協議会の総括的見解が発表され、その中でスモンの病因については、「疫学的事実ならびに実験的根拠から、スモンと診断された患者の大多数は、キノホルム剤の服用によって神経障害を起こしたものと判断される。」と指摘されている。

この一連の研究体制及びその成果は厚生省の扱った研究としてもかなり特異的であり、その成功は他の「いわゆる難病」に関する研究に対しても、このような方式によって成功を収めることが可能ではないかという期待が寄せられる結果となった。

患者にとって、医療費は大きな負担となるが、特に難病で長期にわたって療養生活を強いられる場合、それは大きな社会問題でもある。

患者の医療費の全部又は一部を何らかの形で国や地方公共団体が負担するという医療費の公費負担については、従来、結核、法定伝染病など伝染性の疾病や精神病などのように公衆衛生上の観点から必要とされるもの、または戦傷病者などに対して国家補償的な立場から行われるものに限られていたが、疾病構造の変化や国民の権利意識の高まりを背景に、公害による被害を補償したり、あるいは、高齢者、乳幼児等社会的弱者に対し経済的負担を無くすか、または軽減する方向へと進み、難病対策、高額療養費対策にまで発展するのである。

昭和四十四年六月の自由民主党「国民医療対策大綱」は、「公共的社会的に対処すべきことが望ましい疾病について、思いきって公費負担を実施せよ。」と述べている。また、厚生大臣が昭和四十四年八月に社会保障審議会に対し医療保険制度について諮問を行ったところ、昭和四十六年十月の同審議会答申（「医療保険制度の根本的改正について」）の中で、「原因不明でかつ社会的にその対策を必要とする特定疾病（スモン、ベーチェット病等）」のような性格のものは、全額公費負担とすべきであるとされた。当時は国民の医療体系の根本的見直しの中で、社会的対処を必要とするものは公費で行うという考え方が形成されつつあり、高齢者医療、乳幼児医療、小児がん等について、地方公共団体が先行して公費負担を取り入れ、それが国の施策に影響を及ぼしていたのである。

こうした動きに合わせ、国会でも難病対策が取り上げられた。昭和四十五年二月にベーチェット病救済に関する請願及び難病救済基本法の制定に関する請願が国会に提出され、その後、六月の衆議院社会労働委員会で当時の内田常雄厚生大臣は、ベーチェット病の研究費を支出するとともに、研究班の発足を約束した。さらに、十二月の公害国会において、研究費及び医療機関問題について積極的に取り組む姿勢を見せた。昭和四十六年四月には、今後の行政の対応として、厚生省内に難病対策のためのプロジェクトチームを設けて対処することが明らかにされた。また、同年五月には、超党派の議員五五名からなる難病対策議員懇談会が発足し、難病対策が国家的課題となった。昭和四十七年四月には、国会で難病についての集中審議が行われ、この中で、参考人から述べられた難病についての考え方が*、以後、難病対策要綱に生かされることとなった。

＊　昭和四十七年四月十四日第六十八回国会衆議院社会労働委員会会議録
沖中重雄博士「…非常に医学的にもなおりにくい、原因も必ずしもみんな解明されてないような、それから患者さんの立場から社会的に考えますと、なかなかなおりにくいし、経済的に非常に負担になる、長く仕事から離れているとか、いろいろな点に非常に困難のある、そういう病気がだんだん取り上げられてきておる、そういうものを一応私、特定疾患というふうに理解…」
白木博次博士「…原因がわからない、なおらない、治療法がないというのが特定疾患であり、それが難病だけではないのでありまして、原因がはっきりしておる、あるいは治療法というものがはっきりしておるような、そういうものでございましても、その治療の時期を誤るとか、あるいはまたその適切性を失った場合には、その病気がきわめて慢性化してしまう、そうした後遺症の程度次第によりましては、社会復帰が極度に困難であるか、あるいはそれが全くできない、そういうことになるわけでありまして、それの全体を難病あるいは難病群というふうに考えるべき…」

## 難病対策の推進

こうした背景の中で、難病対策が昭和四十七年度の厚生省の重点施策の一つとして取り上げられた。その結果、「特定疾患治療研究費補助金」として特定疾患に関する医療の確立・普及を図るとともに、患者の医療費の負担軽減を図る事業に五億三〇〇〇万円の予算が認められ、特定疾患対策が本格的に推進されることになった。

昭和四十七年度の特定疾患対策事業に着手するに当たり、医学の各分野における専門家からなる特定疾患対策懇談会を厚生大臣の私的諮問機関として設置し、特定疾患の決定など対策の推進について意見を聴くこととした。同懇談会の意見を踏まえ、昭和四十七年度の事業の対象とする疾患を次のとおり決定した。

〈調査研究の対象〉

スモン、ベーチェット病、重症筋無力症、全身性エリテマトーデス、サルコイドーシス、再生不良性貧血、多発性硬化症及び難治性の肝炎（八疾患）

それぞれの疾患ごとに全国の専門研究者からなる調査研究班を組織して、原因の究明、治療方法の確立を推進することとした。

〈治療研究（医療費助成）の対象〉

スモン、ベーチェット病、重症筋無力症及び全身性エリテマトーデス（四疾患）

治療方法確立のための研究に協力した受療者に協力謝金を支給することとした。この治療研究は、実質的には患者の医療費の自己負担の軽減を図るもので、一か月の間に二〇日以上入院し、かつ、自己負担が一万円以上ある者に対して、国が一万円を支給（都道府県もほぼ同額を支給）するものであった。

## 難病対策要綱の策定

昭和四十七年の田中角栄内閣の発足後、政府与党を挙げて難病対策を推進することを新しい政策として取り上げることになった結果、厚生省は、科学技術審議官をチーフとする難病プロジェクトチームを設置し、改めて難病対策の考え方、対策項目などについて検討を加えていたが、その結果を昭和四十七年十月に「難病対策要綱」としてまとめた。

**難病対策要綱**

〔昭和四十七年十月
厚　生　省〕

いわゆる難病については、従来これを統一的な施策の対策としてとりあげていなかったが、難病患者のおかれている状況にかんがみ、総合的な難病対策を実施するものとする。

難病対策として取り上げるべき疾病の範囲についてはいろいろな考え方があるが、次のように整理する。

(1)　原因不明、治療方法未確立であり、かつ、後遺症を残すおそれが少なくない疾病（例：ベーチェット病、重症筋無力症、全身性エリテマトーデス）

(2)　経過が慢性にわたり、単に経済的な問題のみならず介護等に著しく人手を要するために家庭の負担が重く、また精神的にも負担の大きい疾病（例：小児がん、小児慢性腎炎、ネフローゼ、小児ぜんそく、進行性筋ジストロフィー、腎不全（人工透析対象者）、小児異常行動、重症心身障害児）

対策の進め方としては、次の三点を柱として考え、このほか福祉サービスの面にも配慮していくこととする。

1)　調査研究の推進

2)　医療施設の整備

3)　医療費の自己負担の解消

なお、ねたきり老人、がんなど、すでに別個の対策の体系が存するものについては、この対策から、除外する。

難病対策要綱の中では、難病対策として取り上げるべき範囲を次のように整理している。

ア　原因不明、治療方法未確立であり、かつ、後遺症を残すおそれが少なくない疾病

イ　経過が慢性にわたり、単に経済的な問題のみならず介護等に著しく人手を要するために家庭の負担が重く、また精神的にも負担の大きい疾病

このうち、アはより医学的に個々の病気の特徴を捉えたものであり、イは社会的な面から患者の置かれている状態に着目したものということができる。ただし、難病の多くは両者の事由が重複している場合が多く、必

ずしもはっきり区分できるものではない。また、このような疾患はかなりの数になると考えられるが、実際の施策として取り上げる際にはどこかで線を引いて対策の範囲を明確にする必要があることから、同じような疾患でも老人保健対策、成人病対策、精神保健対策など他の制度として行われているものは、重複を避けるため難病対策としては取り上げないこととされた。対策の進め方としては、「調査研究の推進」、「医療施設の整備」、「医療費の自己負担の解消」の三本柱を中心として推進を図ることとされた。

## 二　難病対策の進展

昭和四十七年の難病対策要綱の策定により難病対策の考え方がまとまり、昭和四十八年度において予算の重点施策の一つとして掲げられ、大幅な予算の増額が認められた。

特定疾患治療研究費補助金については、特定疾患の克服と患者の生活の質（ＱＯＬ）の向上のために疾病研究を推進する「特定疾患調査研究」が八疾患から二〇疾患、研究に協力した患者に医療費助成を行う「特定疾患治療研究」が四疾患から六疾患とそれぞれ対象疾患の増加が認められ、予算額も前年度の二倍以上の伸びを示した。

また、昭和四十八年四月には「特定疾患治療研究事業実施要綱」が定められ、月一万円の協力謝金を支給することとしていた事業内容を改善し、医療保険による自己負担分を補助することとなった。小児慢性特定疾患については、腎炎・ネフローゼ及び小児ぜんそくの対象範囲の拡大などで前年度の約三倍に増額され、また、国立病院・療養所については、難病患者用の基幹施設及び病床整備が認められた。

難病対策要綱の策定から約二〇年が経過した平成五年七月、難病患者の置かれた社会・経済状況や患者及びその家族のニーズの変化を踏まえ、二十一世紀を目指した総合的な難病対策を検討するため、公衆衛生審議会成人病難病対策部会の下に難病対策専門委員会が設置され、平成七年十二月二十七日、難病対策の現状とその評価及び今後の対策の方向等を内容とする「最終報告」が取りまとめられた。

この最終報告は、特定疾患対策の重点的、かつ、効果的な施策の充実と推進を図るため、対象疾患として取り上げる範囲を①稀少性、②原因不明、③効果的な治療法未確立、④生活面への長期にわたる支障（長期療養を必要とする）、という四要素に基づき明確にした上で、①特定疾患調査研究事業及び特定疾患治療研究事業の見直し、②地域における保健医療福祉の充実・連携の推進、③患者のＱＯＬ（生活の質）の向上を目指した福祉施策の推進等が必要であるとされた。

この報告を踏まえ、平成八年度には、難病対策要綱に基づく四本柱（①「調査研究の推進」、②「医療施設の整備」、③「医療費の自己負担の軽減」、④「地域における保健医療福祉の充実・連携」）に、⑤「ＱＯＬの向上を目指した福祉施策の推進」が加えられ、疾患横断的な基盤研究グループの創設など特定疾患調査研究班の再編成が行われたほか、インターネット上に難病情報センターの開設、難病患者等ホームヘルプサービス事業等を内容とする難病患者等居宅生活支援事業の創設が行われ、難病対策の一層の充実が図られた。

さらに、その後、国会等においてＡＬＳ（筋萎縮性側索硬化症）などの重症難病患者の療養環境の一層の整備が指摘されるとともに、先の最終報告で指摘された特定疾患治療研究事業の在り方についても更に検討を行う必要が生じたことを受け、改めて難病対策専門委員会において検討が行われ、平成九年九月八日に「今後の難病対策の具体的方向について」が取りまとめられた。

この報告においては、「重症患者に重点をおいた難病対策の充実」という観点から、①重点的研究の実施など調査研究の推進、②入院入所施設の確保や地域に根ざした在宅療養支援など療養環境の整備、③難病患者等居宅生活支援事業の改善、④特定疾患治療研究事業の見直しなどが提言された。

これらの提言を踏まえ、平成十年度には、重点研究事業の創設など調査研究の強化、重症難病患者入院施設確保事業や難病患者地域支援対策推進事業を内容とする難病特別対策推進事業の創設、一八歳未満の難病患者も事業対象者とするなどの難病患者等居宅生活支援事業の改善、特定疾患治療研究事業における重症患者以外の患者に対する患者一部負担の導入などを実施した。

これに加え、平成十三年九月には特定疾患治療研究事業の在り方等を見直し、その安定化を図る目的で厚生科学審議会疾病対策部会難病対策委員会が設置された。同委員会では、難病対策の今後の在り方について、広く患者団体や研究班からの意見聴取を含め七回の審議が行われ、平成十四年八月二十三日に「今後の難病対策の在り方について」の中間報告がとりまとめられ、「今後の特定疾患研究の在り方」、「今後の特定疾患治療研究事業の在り方」、「今後の特定疾患の定義と治療研究対象疾患の選定の考え方」、「今後の難病に係る福祉施策の在り方」の各々の項目について提言がなされた。

これらの提言を踏まえ、平成十五年度において所要の見直しが行われ、厚生労働科学研究特定疾患対策研究については、厚生労働科学研究難治性疾患克服研究に再編され大型プロジェクト研究の実施等により難治性疾患の治療方法の確立を目指した研究を一層推進するとともに、難病患者の持つ様々なニーズに対応したきめ細かな相談支援が行えるよう、都道府県ごとに活動拠点となる「難病相談・支援センター事業」が創設された。また、難病患者の自立と社会参加を促進するため、日常生活用具給付事業の対象品目が九品目から一七品目に追加された。

特定疾患治療研究事業については、医療費助成の対象疾病の拡大や対象者の増大に伴い、国の予算を十分に確保することが困難となってきたこと等を背景として、制度の適正化及び安定化を図るため、平成十五年十月から低所得者への配慮など所得と治療状況に応じた段階的な一部自己負担及び事業評価の導入が行われることとされ、平成二十一年五月からは医療保険の高額療養費制度を見直し、本事業の助成水準について、医療保険が負担することとなる高額療養費の自己負担の限度額を一律に「一般」の区分としていた仕組みから医療保険の所得区分に応じたものとすることとした。また、平成二十一年十月より、対象疾患を拡大し、平成二十一年度第一次補正予算において追加することとされた一一疾患を含めた五六疾患を医療費助成の対象としていた（三五頁、表1―2参照）。

難治性疾患克服研究事業については、平成二十一年度より、難治性疾患に関する調査・研究を推進するため、臨床調査研究分野の対象疾患を一二三疾患から一三〇疾患に拡大したほか、これまで十分に研究が行われていない疾患について、診断法の確立や実態把握のための研究を行う研究奨励分野を設け当該研究事業の充実を図ってきた。

さらに、平成二十五年四月からは、「障害者の日常生活及び社会生活を総合的に支援するための法律」（平成十七年法律第百二十三号）（障害者総合支援法）において、同法第四条第一項に規定する「障害者」の定義に「治療方法が確立していない疾病その他の特殊の疾病であって政令で定めるものによる障害の程度が厚生労働大臣が定める程度である者であって十八歳以上であるもの」として新たに難病等が位置付けられることとなり、障害者手帳を取得していない場合であっても障害福祉サービス等の対象となった。

## 三　難病対策の見直しと難病法の制定

「難病対策要綱」及び「特定疾患治療研究事業実施要綱」が策定され、我が国の難病対策が本格的に推進されるようになってから四〇年以上が経過した。その間、特定疾患治療研究事業に加え「難病患者医療相談モデル事業」や「特定疾患医療従事者研修事業」等の各種の事業を推進してきた結果、難病の実態把握や治療方法の開発、難病医療の水準の向上、患者の療養環境の改善及び難病に関する社会的認識の普及に一定の成果をあげてきた。しかしながら、医療の進歩や患者及びその家族のニーズの多様化、社会・経済状況が変化する中で、原因の解明にはほど遠い疾患であっても、研究事業や医療費助成の対象に選定されていないものがあるなど難病の疾患間で不公平感があることや、医療費助成について都道府県のいわゆる超過負担が続いており、その解消が求められていること、難病に関する啓発活動が不十分なため、国民の理解が必ずしも十分でないこと、増加傾向にある難病患者の長期にわたる療養と社会生活を支える総合的な対策が不十分であることなど、様々な課題が指摘されてきた（図1―1、1―2）。

こうした課題を前に、難病対策全般にわたる改革が強く求められるところとなり、平成二十三年九月から、厚生科学審議会疾病対策部会難病対策委員会において見直しのための議論が重ねられ、平成二十三年十二月一日に「今後の難病対策の検討に当たって（中間的な整理）」がとりまとめられた。また、平成二十四年二月に閣議決定された「社会保障・税一体改革大綱」においても「難病患者の長期かつ重度の精神的・身体的・経済的負担を社会全体で支えるため、医療費助成について、法制化も視野に入れ、助成対象の希少・難治性疾患の範囲の拡大を含め、より公平・安定的な支援の仕組みの構築を目指す。また、治療研究、医療体制、福祉サー

図１―１　特定疾患医療受給者証所持者数の推移

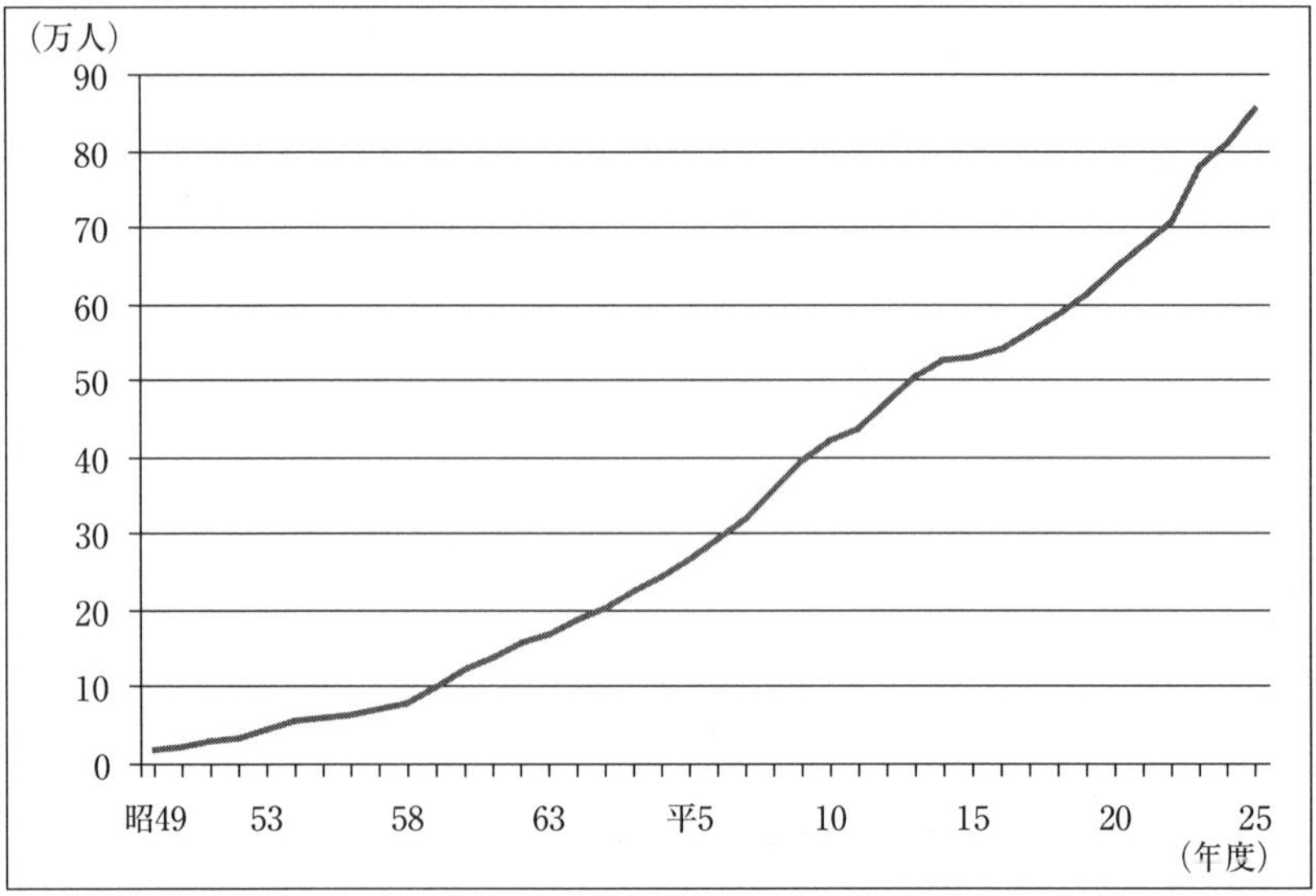


資料　難病情報センター

図１―２　事業費・国庫補助額の推移

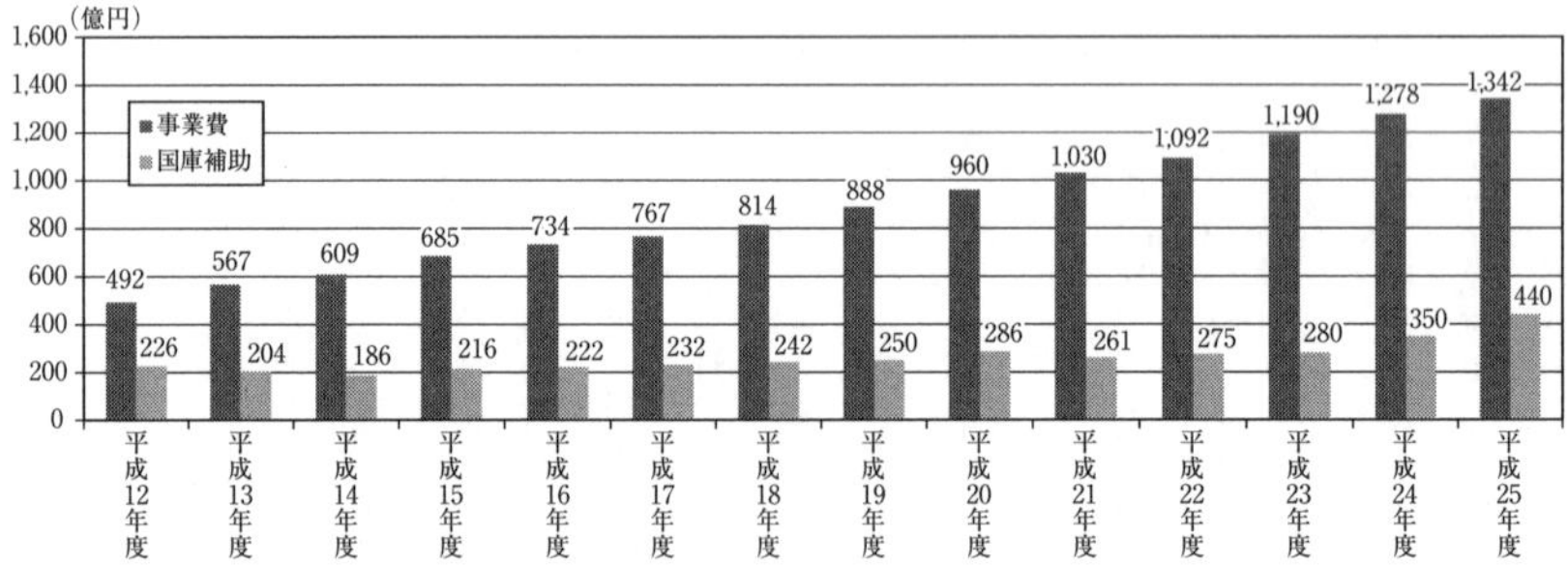

ビス、就労支援等の総合的な施策の実施や支援の仕組みの構築を目指す」こととされた。

平成二十四年八月に取りまとめられた「今後の難病対策の在り方（中間報告）」では、希少・難治性疾患は遺伝子レベルの変異が一因であるものが少なく、人類の多様性の中で、一定の割合発生することが必然であり、その確率は低いものの、国民の誰にでも発症する可能性があることから、希少・難治性疾患の患者・家族を我が国の社会が包含し、支援していくことが、これからの成熟した我が国の社会にとってふさわしいことを基本的な認識とするとともに、医療費助成の在り方や難病研究の在り方等について検討の方向性が示された。

さらに、社会保障・税一体改革の議論と歩調を合わせる形で、難病対策委員会において、難病に係る新たな公平かつ安定的な医療費助成の制度を確立するために必要な改革に向けた具体的な議論が行われ、平成二十五年一月二十五日に「難病対策の改革について（提言）」（三四〇頁参照）をとりまとめ、難病対策の方向性が示されるとともに、法制化の検討を行うことが打ち出された。また、平成二十五年一月二十七日に総務大臣、財務大臣、厚生労働大臣により合意された「平成二十五年度における年少扶養控除等の見直しによる地方財政の追加増収分等の取扱い等について」では、「特定疾患治療研究事業については、平成二十六年度予算において超過負担の解消を実現すべく、法制化その他必要な措置について調整を進めること。」とされた。

難病対策の見直しに当たり、行政上の最大の課題となったのは、公平かつ安定的な医療費助成制度を確立するために必要となる財源の確保であった。医療費助成の事業規模は年を経るごとに増加していたが、医療費助成のための国の予算はいわゆる裁量的経費であったため、十分な額を確保することができないでいた。その結果、都道府県に大幅な超過負担が発生する事態となり、また、各方面から要請の強かった対象疾患の拡大が事実上困難となっていた。

社会保障・税一体改革のための財源については、「社会保障の安定財源の確保等を図る税制の抜本的な改革を行うための消費税法の一部を改正する等の法律」（平成二十四年法律第六十八号）において、経済状況を好転させることを条件として消費税率を引き上げ、それによる増収分を社会保障の充実・安定化のための財源とすることが決定されていたが、その具体的な使途については、識見を有する者で構成された社会保障制度改革国民会議での議論を待つ必要があった。社会保障制度改革国民会議では、難病対策についても委員からの意見が提出され、平成二十五年八月に公表された社会保障制度改革国民会議報告書には、「難病で苦しんでいる人々が将来に「希望」を持って生きられるよう、難病対策の改革に総合的かつ一体的に取り組む必要があり、医療費助成については、消費税増収分を活用して、将来にわたって持続可能で公平かつ安定的な社会保障給付の制度として位置づけ、対象疾患の拡大や都道府県の超過負担の解消を図るべきである」ことが盛り込まれることとなった。さらに、これを踏まえ、「持続可能な社会保障制度の確立を図るための改革の推進に関する法律」（平成二十五年法律第百十二号）において、難病の医療費助成について規定されることとなり、平成二十五年十二月五日に同法は成立した。その後、予算編成過程における調整を経て、消費税の収入を、難病に係る新たな公平かつ安定的な医療費助成の制度を確立するために必要な財源とすることが決定されたのである。

◉持続可能な社会保障制度の確立を図るための改革の推進に関する法律（抄）

〔平成二十五年十二月十三日<br>法律第百十二号〕

第二章　講ずべき社会保障制度改革の措置等

（医療制度）

**第四条**

10　政府は、この法律の施行の際現に実施されている難病及び小児慢性特定疾患（児童福祉法第二十一条の五に規定する医療の給付の対象となる疾患をいう。以下この項において同じ。）に係る医療費助成について、難病対策に係る都道府県の超過負担の解消を図るとともに、難病及び小児慢性特定疾患に係る新たな公平かつ安定的な医療費助成の制度（以下この項において「新制度」という。）を確立するため、新制度の確立に当たって、次に掲げる事項その他必要な事項について検討を加え、その結果に基づいて必要な措置を講ずるものとする。

一　新制度を制度として確立された医療の社会保障給付とすること。

二　新制度の対象となる疾患の拡大

三　新制度の対象となる患者の認定基準の見直し

四　新制度の自己負担の新制度以外の医療費に係る患者の負担の軽減を図る制度との均衡を考慮した見直し

11　政府は、前項の措置を平成二十六年度を目途に講ずるものとし、このために必要な法律案を平成二十六年に開会される国会の常会に提出することを目指すものとする。

難病対策委員会においても、社会保障・税一体改革の議論と歩調を合わせる形で、難病対策の法制化に向けた取組が着々と進められた。平成二十六年通常国会において新法の成立を目指し、患者会や地方公共団体との協議を重ねるとともに、新法の核となる医療費助成制度については、平成二十六年九月から再開された難病対策委員会において患者負担の在り方が具体的に議論された。時を同じくして、与党でも難病対策の在り方についての議論が進み、平成二十五年十二月九日に公明党において「難病対策の改革に関する提言」（三七一頁参照）が、十二月十日には自由民主党において「難病対策及び小児慢性特定疾患対策に関する決議」（三七八頁参照）が取りまとめられた。これらの議論を踏まえ、難病対策委員会において平成二十五年十二月十三日に

「難病対策の改革に向けた取組について」（三五九頁参照）が取りまとめられ、患者の自己負担上限額は障害者の自立支援医療（更生医療）の負担を超えない程度とすることが盛り込まれた。

以上の経緯により、平成二十六年二月に「難病の患者に対する医療等に関する法律案」が第百八十六回国会（常会）に提出された。一般社団法人日本難病・疾病団体協議会（ＪＰＡ）も二月三日に田村憲久厚生労働大臣に対し、「難病新法の早期実現に向けての要望書」（三八三頁参照）を提出するとともに、二月十八日に「難病法案・児童福祉法改正法案の早期成立で総合的な難病対策・小慢対策を充実させよう！」というアピール文（三八四頁参照）を採択し、法案成立を後押しした。

難病法案は国会での審議を経て、五月二十三日に成立し、同月三十日に公布され、平成二十七年一月一日から施行された。

# 3　新制度の基本構造

## 一　難病対策の三本の柱

難病対策委員会での提言に盛り込まれた基本理念及び原則を踏まえ、難病対策は以下の三つを柱として総合的に取り組むこととしている。

第一　効果的な治療方法の開発と医療の質の向上
第二　公平・安定的な医療費助成制度の仕組みの構築
第三　国民の理解の促進と社会参加のための施策の充実

**第一の柱　効果的な治療方法の開発と医療の質の向上**

難病は、原因不明で治療方法が確立していないため、根治が難しく長期の療養を余儀なくされる。難病対策の最大の目的は「病気を治すこと」であり、疾病の治癒又は病状の改善につながる効果的な治療方法を確立するとともに、長期の療養に係る支障を軽減するための医療の質の向上が求められる。

① 治療方法の開発に向けた難病研究の推進

・　診断基準の作成を行う研究や診療ガイドラインの作成を推進する。

・病態の解明を行い、新規治療薬等の開発等を推進する。

② 難病患者データベースの構築

・希少な疾病である難病は、効率的に臨床データを収集することが治療方法の開発のための研究の基盤となる。このため、国が難病患者のデータベースを整備し、医療費助成の対象であるか否かにかかわらず、難病患者が希望する場合は臨床データを登録する。

③ 医療提供体制の確保

・難病の患者が地域で療養できる環境を確保するため、診療ガイドライン等の周知を推進し、かかりつけ医による日常診療の質の維持向上を図る。

・難病医療支援ネットワーク等により正しい診断ができる体制を整備する。

## 第二の柱　公平・安定的な医療費助成制度の仕組みの構築

難病は「治療方法が確立していない、いわゆる治らない病気」である。多くの場合、比較的若い時期から長期にわたり医療が必要となる場合も多く、患者は病気に対する不安感と同時に生涯にわたる医療費負担についても懸念が生じることとなる。これを解消するため、以下のような医療費助成制度の仕組みを構築した。

① 医療費助成の基本的な考え方

・新たな医療費助成は、治療研究を推進する目的に加え、福祉的な目的を併せ持つものである。

② 医療費助成の対象疾病及び対象患者

・対象疾病は、原因不明で治療方法が確立しておらず長期療養を必要とし、かつ、患者数が人口の〇・一％程度に達せず、客観的な指標による一定の基準が確立しているものとし、対象患者は、症状の程度が重症度分類等に照らして一定程度以上と認められる者または高額な医療を継続することが必要な者とする。

③　患者負担の在り方

・　患者負担を三割から二割に軽減し、所得に応じて負担限度額等を設定する。

・　人工呼吸器等装着者には一層の負担軽減を行う。

・　特定疾患治療研究事業の対象者であった者については、三年間の負担軽減措置を設ける。

## 第三の柱　国民の理解の促進と社会参加のための施策の充実

難病には様々な症状があること、症状に変動があることなど、一般的には理解されにくい特性がある。難病患者の社会参加を支援し、難病にかかっても地域で尊厳を持って生きられる共生社会の実現を目指すため、患者や家族、医療従事者だけでなく、社会全体の難病に対する理解を深める必要がある。

①　難病に関する普及啓発

・　ウェブサイト「難病情報センター」（http://www.nanbyou.or.jp/）では、厚生労働省の協力のもと、平成九年から難病について疾病の概要や医療費助成制度について解説等を行っている。難病に関する国民の理解を促進するため、難病情報センターの情報を充実させ、国の難病対策の動きや調査研究の成果等を迅速かつ適切に発信する。

②　難病患者の社会参加のための支援

・　難病相談支援センターの機能を強化する。具体的には、地域において、難病患者等の療養上及び日常生活上での不安の解消を図るなど、きめ細やかな相談や支援を行うため、難病相談支援センターにおける取組の充実・強化を図る。あわせて、全国的な難病相談支援センター間の情報ネットワーク等の仕組みを導入することにより、活動内容の均てん化・底上げを図る。また、難病相談支援センターの質の向上を図るため、職員の研修を充実させるとともに、難病相談支援員の研修会への参加を促進するほか、患者の交流会等の開催を促進し、患者間の相互支援を推進する。

・患者の症状の程度等に応じた就労や地域行事への参加など、症状の程度に応じて適切な社会参加ができるよう支援を行う。

③　福祉サービス・就労支援の充実

・障害者総合支援法による障害福祉サービスの対象疾病を拡大する。福祉サービスの対象となる疾病は障害者総合支援法対象疾病検討会で議論が行われており、平成二十七年七月時点で三三二疾病が対象とされている。

・ハローワークと難病相談支援センターの連携を強化し、就労に結びつくよう支援体制の充実を図る。

④　難病対策地域協議会の設置

・保健所を中心とした難病対策地域協議会を設置し、地域における適切な支援体制を構築する。

## 二　難病法に基づく特定医療費の支給

難病法では、①発病の機構が明らかでない、②治療方法が確立していない、③長期の療養を必要とする、④患者数が人口の〇・一％程度に達しない、⑤客観的な診断基準等が確立している、の五要件を満たす疾病を、厚生労働大臣が厚生科学審議会の意見を聴いて「指定難病」に指定し、指定難病の患者に対して「特定医療費」を支給することとしている。医療費助成の概要は以下のとおりである。

ア　実施主体

都道府県（平成三十年四月からは指定都市が追加）が支給認定、特定医療費の支給等の事務を行う。

イ　対象者

指定難病にかかっていて、①その病状の程度が、個々の指定難病の特性に応じ日常生活又は社会生活に支障があると医学的に判断される程度である場合（軽症ではない場合）又は②高額な医療を継続することが必要な者である場合（月ごとの医療費総額が三万三三三〇円を超える月が年間三回以上ある場合）、のいずれかに該当し、指定難病に係る医療の必要がある者を対象とする。

ウ　対象医療の範囲

医療受給者証に記載された疾病及び当該疾病に付随して発生する傷病に関する医療（介護保険の医療系サービスを含む。）とする。なお、入院時の標準的な食事療養及び生活療養に係る負担については、医療費助成の対象外である。

エ　公費で負担される額

支給認定を受けた指定難病の患者が、都道府県知事が指定する医療機関（指定医療機関）において医療費助成の対象となる医療を受けた場合には、同一の月に受けた指定難病に係る医療に要した費用（医療費総額）の二割相当額又は負担上限月額のいずれか低い額を患者が負担することとなる。特定医療費の支給に当たっては医療保険等による給付が公費より優先されるため、医療費総額から、患者の自己負担額及び保険者等が負担すべき額を控除した額が、特定医療費として支給される。負担上限月額は、患者の所得状況や治療状況に応じて決定するものである。また、症状が変動し入退院を繰り返す等の難病の特性に配慮し、外来・入院の区別を設定せず、受診した複数の医療機関等の自己負担を全て合算した上で適用する。

オ　負担上限月額の決定方法

負担上限月額は原則として所得状況に応じて決定する。所得を把握する単位は医療保険における世帯とし、所得を把握する基準は市町村民税（所得割）の課税額とする。同一世帯内に複数の医療費助成の対象患者がいる場合は、世帯における負担が増えないよう、世帯内の対象患者の人数等に応じて負担上限月額を按分する。

また、高額な医療が長期的に継続する患者（月ごとの医療費総額が五万円を超える月が年間六回以上ある者）については、負担上限月額の一層の軽減を行うとともに、人工呼吸器等装着者の負担上限月額については、所得区分に関わらず月額一〇〇〇円とする。

カ　経過措置（三年間）

従前の特定疾患治療研究事業において医療費助成を受けていた者については、これまで医療費が低廉に抑えられてきた経緯を踏まえ、平成二十九年十二月三十一日までの間は負担上限月額を「高額な医療が長期的に継続する患者」と同様とする。また、同事業において「重症患者」に認定されていた者は、特定疾患治療研究事業では自己負担が〇円とされていたため、より一層の負担軽減を行う。また、入院時の標準的な食事療養及び生活療養に係る負担についても、半額を公費で負担することとしている。

キ　支給認定の申請及び認定の手続

指定難病の患者に対する医療費助成は、前述したとおり都道府県が実施主体となっているので、対象患者に関する手続の方法、医療費の請求・支払方法などは各都道府県によって多少異なるが、基本的にはおおむね図1―3のように行われる。

## 図1－3　支給認定の申請及び認定の仕組み

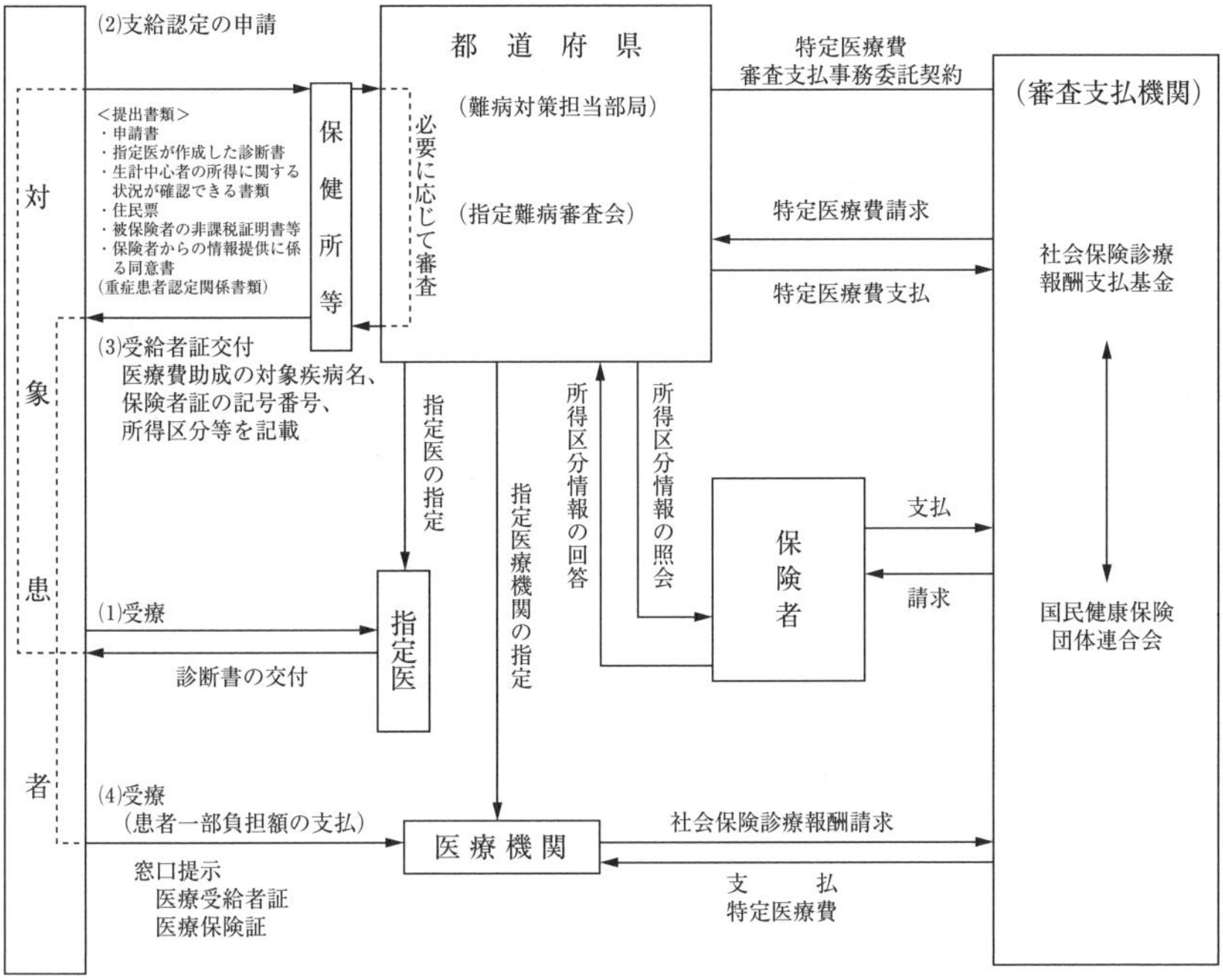


(1)　患者は都道府県知事が指定する医師（指定医）の診断を受け、指定難病にかかっていること及びその病状の程度等を記載した診断書の交付を受ける。

(2)　支給認定の申請書に、指定医の診断書等の必要な書類を添えて都道府県難病対策担当部局に支給認定の申請を行う。

(3)　都道府県は、必要に応じて指定難病審査会に医療費助成の対象とすべきかどうかの意見を聴き、医療費助成の対象とすべきと判断した場合は、保険者に所得区分の照会を行い、回答を得る。その後、医療費助成の対象となる指定難病の名称や医療保険の所得区分等を記載した医療受給者証を患者に交付する。

(4)　患者は、指定医療機関に医療受給者証を提示して受療し、一部負担額を支払う。

# 4　今後の施策の展開

## 一　基本方針に基づく難病対策の展開

難病対策の基本方針については、難病法において、厚生労働大臣が厚生科学審議会の意見を聴いて定めることとされており、平成二十七年一月からその内容について難病対策委員会で議論が行われており、平成二十七年夏を目途に策定される予定である。基本方針は、福祉サービスの充実、就労支援の推進などの施策についても方針を定めるものである。今後は、難病法に基づく医療費助成制度や調査研究の円滑な施行に取り組むとともに、基本方針に基づき、患者支援を総合的に実施することとしている。

## 二　難病法の見直し

難病法の規定については、施行状況等を勘案しつつ、法の施行後五年以内を目途として医療費助成の実施主体等について検討を加えることとしている（法附則第二条参照）。

## 三　指定難病の指定

指定難病の指定要件や指定の妥当性については、厚生科学審議会疾病対策部会指定難病検討委員会において検討することとしており、平成二十六年七月二十八日に第一回指定難病検討委員会を開催した。指定難病の指定から当該指定難病に係る医療費助成を実施するまでには、一定の準備期間が必要である。このため、平成二十七年一月から医療費助成を開始する第一次実施分の指定難病については、これまでの特定疾患治療研究事業の対象疾病（五六疾病）に加えて、当該疾病と同時に検討することが可能な疾病及び小児慢性特定疾病として新たに追加されることが検討されていた疾病のうち、指定に係る要件を満たすことについて判断するための資料等が整ったものを検討対象とし、五回の議論を経て第一次医療費助成実施分として一一〇疾病を選定した。

これを受けて、「難病の患者に対する医療等に関する法律第五条第一項の規定に基づき厚生労働大臣が指定する指定難病及び同法第七条第一項第一号の規定に基づき厚生労働大臣が定める病状の程度」（平成二十六年十月二十一日厚生労働省告示第三百九十三号）が公布され、平成二十七年一月一日から医療費助成の対象となることが決まった。

また、指定に係る要件等に関する学術的な整理や情報収集が不十分な疾病など、第一次の選定時に検討が見送られた疾病について平成二十七年一月二十三日から検討を再開し、新たに一九六疾病が追加するべきものとして選定された。これらの疾病についても、「難病の患者に対する医療等に関する法律第五条第一項の規定に基づき厚生労働大臣が指定する指定難病及び同法第七条第一項第一号の規定に基づき厚生労働大臣が定める病状の程度の一部を改正する件」（平成二十七年五月十三日厚生労働省告示第二百六十六号）により追加することが決定され、平成二十七年七月一日からは三〇六疾病（二一七頁参照）が医療費助成の対象となっている。

指定難病については、今後も引き続き、難治性疾患克服研究事業等で研究を進めていく中で得られた情報等について、収集や整理を行い、検討が行われる予定である。

# 【参考】特定疾患治療研究事業と難治性疾患克服研究事業の概要（平成二十六年十二月までの医療費助成）

## 1　特定疾患治療研究事業の変遷と概要

### (1)　特定疾患治療研究事業の変遷

特定疾患治療研究事業は、すでに述べたとおり、昭和四十六年七月からスモン入院患者に対し、スモンの調査研究班が行う治療研究に協力していただいた謝金という形で月額一万円を支給したのが最初である。この謝金という方式は、昭和四十七年度においても引き続き実施されたが、昭和四十八年度からは、難病対策強化充実策の一環として、特定疾患の治療費について、入院、通院を問わず社会保険各法の規定に基づく医療費の自己負担分を全額公費で負担（国と都道府県で二分の一ずつ負担）することになり、昭和四十八年四月から実施されてきた。

なお、昭和五十八年から老人保健制度に一部負担金制度が導入されたが、本事業においては当該一部負担金相当額を全額公費で負担としてきた。また、平成六年十月から医療保険制度及び老人保健制度に入院時食事療養費が創設され、一定額（標準負担額）を患者が支払うこととされたが、本事業においては当該標準負担額相当額を全額公費負担としてきた。さらに、訪問看護ステーションによる訪問看護事業の対象が難病患者、末期のがん患者等にも拡大されたことに伴い、指定訪問看護及び指定老人訪問看護を新たに本事業の医療の給付の対象とし、基本利用料相当額を全額公費負担としていた。

しかし、制度発足後二五年間の医学の進歩により、依然として対症療法さえないために重篤で療養に大きな負担を要する患者もいる一方、例えば、対症療法等の進歩により、死亡率や生活の質が大幅に向上した疾患も多くなるなど、難病患者を取り巻く環境が変化してきた状況を踏まえ、平成十年度には、重症患者対策に重点を置いた難病対策の再編成が行われ、各種の新たな療養支援対策が実施されるとともに、医療費の患者負担分を全額公費で負担する従来の制度が見直され、平成十年五月一日から重症患者を除いて定額の一部負担が導入された。

さらに、厚生科学審議会疾病対策部会難病対策委員会中間報告（平成十四年八月二十三日）を踏まえ、平成十五年十月に事業内容が見直された。具体的には、他の難治性疾患や障害者医療との公平性の観点も踏まえ、所得と治療状況に応じた段階的な患者一部負担へと変更されるとともに、低所得者（患者の生計中心者の所得状況が市町村民税非課税の場合）については、全額公費負担とされた。また、軽快者概念が一九疾患に対して導入され、軽快者基準に該当する者については、「特定疾患医療受給者証」に替わって「特定疾患登録者証」が交付されることとなり、公費負担医療の対象外となった（ただし、病状が悪化した場合には、医師が確認した日に遡って公費負担医療の対象となる。）。

各医療保険又は高齢者医療及び食事療養費の患者負担分並びに介護保険の医療サービスの利用者負担分に係る一部負担額は、次の①及び②のとおりである。

なお、介護保険の医療サービスとは、介護保険法（平成九年法律第百二十三号）の規定による訪問看護、訪問リハビリテーション、居宅療養管理指導、介護療養施設サービス、介護予防訪問看護、介護予防訪問リハビリテーション及び介護予防居宅療養管理指導をいう。

① 都道府県から特定疾患医療受給者証の交付を受けている次の者には、従来どおり全額公費負担が継続される。

ａ 難病のために日常生活に著しい支障があると認定された重症患者

ｂ スモン、プリオン病、難治性の肝炎のうち劇症肝炎、重症急性膵炎及び重症多形滲出性紅斑（急性期）の患者

② 都道府県から特定疾患医療受給者証の交付を受けている者で、前記①に該当する患者以外の者は、次の自己負担が必要となる。

ａ 入院患者の自己負担限度額

医療費、食事療養費及び医療サービス費を含めて、一医療機関につき表１―１に掲げる月額限度額

ｂ　入院以外（外来等）の患者の自己負担限度額

一医療機関につき表１―１に掲げる月額限度額

ただし、訪問看護、院外処方による調剤薬局での薬剤費については、一部負担は生じない。

この内容で平成二十六年十二月三十一日まで医療費助成が行われていた。

(2)　特定疾患治療研究事業の概要

ア　事業の目的

難治性疾患克服研究事業の対象疾患のうち、診断基準が一応確立し、かつ、難治度及び重症度が高く、さらに、患者数が比較的少ない疾患について公費負担により受療を促進することによって、その原因を究明し、もって治療方法の開発等に資することを目的としている。

イ　事業の実施主体

本事業の実施主体は都道府県である。

ウ　対象疾患

特定疾患治療研究事業の対象疾患については、難治性疾患克服研究事業の対象疾患のうち、診断基準が一応確立しているものの中から、原因究明の困難性、難治度、重症度及び患者数等を総合的に勘案し、学識経験者により構成される特定疾患対策懇談会（厚生労働省設置）の意見を踏まえ決定されている。平成二十六年三月において、五六疾患であった（表１―２）。

エ　対象患者

対象となる患者は、医療費助成の対象疾患に罹患し医療を受けている者で、保険診療の際に自己負担がある者又は介護保険の医療サービスを受けている者で利用者負担のある者である。すなわち、国民健康保険法（昭和三十三年法律第百九十二号）の規定による被保険者及び健康保険法（大正十一年法律第七十号）、船員保険法（昭

## 表１－１　自己負担限度額表

| 階　層　区　分 | | 対象者別の一部自己負担の月額限度額 | | |
|---|---|---|---|---|
| | | 入　院 | 外来等 | 生計中心者が患者本人の場合 |
| A | 生計中心者の市町村民税が非課税の場合 | 0 | 0 | 0 |
| B | 生計中心者の前年の所得税が非課税の場合 | 4,500 | 2,250 | 対象患者が生計中心者であるときは、左欄により算出した額の1／2に該当する額をもって自己負担限度額とする。 |
| C | 生計中心者の前年の所得税課税年額が5,000円以下の場合 | 6,900 | 3,450 | |
| D | 生計中心者の前年の所得税課税年額が5,001円以上15,000円以下の場合 | 8,500 | 4,250 | |
| E | 生計中心者の前年の所得税課税年額が15,001円以上40,000円以下の場合 | 11,000 | 5,500 | |
| F | 生計中心者の前年の所得税課税年額が40,001円以上70,000円以下の場合 | 18,700 | 9,350 | |
| G | 生計中心者の前年の所得税課税年額が70,001円以上の場合 | 23,100 | 11,550 | |

備考：１　「市町村民税が非課税の場合」とは、当該年度（７月１日から翌年の６月30日をいう。）において市町村民税が課税されていない（地方税法第323条により免除されている場合を含む。）場合をいう。

２　10円未満の端数が生じた場合は、切り捨てるものとする。

３　災害等により、前年度と当該年度との所得に著しい変動があった場合には、その状況等を勘案して実情に即した弾力性のある取扱いをして差し支えない。

４　同一生計内に２人以上の対象患者がいる場合の２人目以降の者については、上記の表に定める額の１／10に該当する額をもって自己負担限度額とする。

５　この表の「所得税課税年額」とは、平成23年12月21日健発1221第８号厚生労働省健康局長通知「控除廃止の影響を受ける制度等（厚生労働省健康局所管の制度に限る。）に係る取扱いについて」によって計算された所得税の額をいう。

## 表1―2　特定疾患治療研究事業の対象疾患受給者証所持者数一覧

| 疾患番号 | 疾患名 | 実施年月日 | 受給者証所持者数 |
|---|---|---|---|
| 1 | ベーチェット病 | 昭和47年４月 | 19,147 |
| 2 | 多発性硬化症 | 昭和48年４月 | 18,082 |
| 3 | 重症筋無力症 | 昭和47年４月 | 20,691 |
| 4 | 全身性エリテマトーデス | 〃 | 61,528 |
| 5 | スモン | 〃 | 1,473 |
| 6 | 再生不良性貧血 | 昭和48年４月 | 10,428 |
| 7 | サルコイドーシス | 昭和49年10月 | 24,487 |
| 8 | 筋萎縮性側索硬化症 | 〃 | 9,240 |
| 9 | 強皮症、皮膚筋炎及び多発性筋炎 | 〃 | 49,631 |
| 10 | 特発性血小板減少性紫斑病 | 〃 | 24,956 |
| 11 | 結節性動脈周囲炎 | 昭和50年10月 | 10,674 |
| 12 | 潰瘍性大腸炎 | 〃 | 155,116 |
| 13 | 大動脈炎症候群 | 〃 | 6,101 |
| 14 | ビュルガー病 | 〃 | 6,979 |
| 15 | 天疱瘡 | 〃 | 5,596 |
| 16 | 脊髄小脳変性症 | 昭和51年10月 | 26,250 |
| 17 | クローン病 | 〃 | 38,271 |
| 18 | 難治性肝炎のうち劇症肝炎 | 〃 | 253 |
| 19 | 悪性関節リウマチ | 昭和52年10月 | 6,433 |
| 20 | パーキンソン病関連疾患 | | 126,211 |
| ① | 進行性核上性麻痺 | 平成15年10月 | |
| ② | 大脳皮質基底核変性症 | 平成15年10月 | |
| ③ | パーキンソン病 | 昭和53年10月 | |
| 21 | アミロイドーシス | 昭和54年10月 | 2,016 |
| 22 | 後縦靭帯骨化症 | 昭和55年12月 | 35,070 |
| 23 | ハンチントン病 | 昭和56年10月 | 897 |
| 24 | モヤモヤ病（ウイリス動脈輪閉塞症） | 昭和57年10月 | 16,086 |
| 25 | ウェゲナー肉芽腫症 | 昭和59年１月 | 2,176 |
| 26 | 特発性拡張型（うっ血型）心筋症 | 昭和60年１月 | 26,556 |
| 27 | 多系統萎縮症 | | 11,956 |
| ① | 線条体黒質変性症 | 平成15年10月 | |
| ② | オリーブ橋小脳萎縮症 | 昭和51年10月 | |
| ③ | シャイ・ドレーガー症候群 | 昭和61年１月 | |
| 28 | 表皮水疱症（接合部型及び栄養障害型） | 昭和62年１月 | 353 |
| 29 | 膿疱性乾癬 | 昭和63年１月 | 1,938 |
| 30 | 広範脊柱管狭窄症 | 昭和64年１月 | 5,632 |
| 31 | 原発性胆汁性肝硬変 | 平成２年１月 | 21,013 |
| 32 | 重症急性膵炎 | 平成３年１月 | 1,730 |
| 33 | 特発性大腿骨頭壊死症 | 平成４年１月 | 16,035 |

| | | | |
|---|---|---|---|
| 34 | 混合性結合組織病 | 平成５年１月 | 10,539 |
| 35 | 原発性免疫不全症候群 | 平成６年１月 | 1,458 |
| 36 | 特発性間質性肺炎 | 平成７年１月 | 7,697 |
| 37 | 網膜色素変性症 | 平成８年１月 | 27,937 |
| 38 | プリオン病 | 平成14年６月統合 | 487 |
| ① | クロイツフェルト・ヤコブ病 | 平成９年１月 | |
| ② | ゲルストマン・ストロイスラー・シャインカー病 | 平成14年６月 | |
| ③ | 致死性家族性不眠症 | 平成14年６月 | |
| 39 | 肺動脈性肺高血圧症 | 平成10年１月 | 2,587 |
| 40 | 神経線維腫症 | 平成10年５月 | 3,794 |
| 41 | 亜急性硬化性全脳炎 | 平成10年12月 | 88 |
| 42 | バッド・キアリ（Budd-Chiari）症候群 | 〃 | 264 |
| 43 | 慢性血栓塞栓性肺高血圧症 | 〃 | 2,140 |
| 44 | ライソゾーム病 | 平成14年６月統合 | 967 |
| ① | ファブリー病 | 平成11年４月 | |
| ② | ライソゾーム病 | 平成13年５月 | |
| 45 | 副腎白質ジストロフィー | 平成12年４月 | 195 |
| 46 | 家族性高コレステロール血症（ホモ接合体） | 平成21年10月 | 155 |
| 47 | 脊髄性筋萎縮症 | 平成21年10月 | 797 |
| 48 | 球脊髄性筋萎縮症 | 平成21年10月 | 1,094 |
| 49 | 慢性炎症性脱髄性多発神経炎 | 平成21年10月 | 4,018 |
| 50 | 肥大型心筋症 | 平成21年10月 | 3,616 |
| 51 | 拘束型心筋症 | 平成21年10月 | 31 |
| 52 | ミトコンドリア病 | 平成21年10月 | 1,246 |
| 53 | リンパ脈管筋腫症（ＬＡＭ） | 平成21年10月 | 586 |
| 54 | 重症多形滲出性紅斑（急性期） | 平成21年10月 | 68 |
| 55 | 黄色靱帯骨化症 | 平成21年10月 | 3,088 |
| 56 | 間脳下垂体機能障害（ＰＲＬ分泌異常症、ゴナドトロピン分泌異常症、ＡＤＨ分泌異常症、下垂体性ＴＳＨ分泌異常症、クッシング病、先端巨大症、下垂体機能低下症） | 平成21年10月 | 19,204 |
| | 合計 | | 855,061 |

平成25年度末現在

※出典：衛生行政報告例

※対象疾患は平成25年４月１日現在における対象疾患である。

和十四年法律第七十三号）、国家公務員共済組合法（昭和三十三年法律第百二十八号）、地方公務員等共済組合法（昭和三十七年法律第百五十二号）若しくは私立学校教職員共済法（昭和二十八年法律第二百四十五号）の規定による被保険者又は被扶養者並びに高齢者の医療の確保に関する法律（昭和五十七年法律第八十号）の規定による医療を受けている者であり、原則として生活保護を受給している患者は含まれない。

ただし、他の法令の規定により国又は地方公共団体の負担による医療に関する給付が行われる者は除かれる。

オ　対象医療の範囲

特定疾患医療受給者証に記載された疾患及び当該疾患に付随して発現する傷病に対する医療に限られている。

なお、スモンについては、主たる神経症状（下肢の異常知覚、自立神経障害、頑固な腹部症状等）に加えて、これが誘引となることが明らかな疾病若しくは状態（循環器系及び泌尿器系の疾病のほか、骨折、白内障、振戦、高血圧、慢性疼痛、めまい、不眠、膝関節痛、腰痛、歯科疾患等）を幅広く併発する状況にあることに留意が必要である。

カ　公費で負担される額

医療機関において特定疾患に係る医療保険各法又は高齢者の医療の確保に関する法律の規定による医療を受け、または特定疾患に係る介護保険法の規定による訪問看護、訪問リハビリテーション、居宅療養管理指導、介護療養施設サービス、介護予防訪問看護、介護予防訪問リハビリテーション若しくは介護予防居宅療養管理指導を受け、それぞれ次の①の基準で算定された医療費又は介護報酬費の合計額から保険者等が負担すべき額を控除した額（すなわち医療受給者が負担すべき額）について、次の②による患者一部負担額を控除した額が公費で負担される。

①　基準

a　診療報酬の算定方法（平成二十年厚生労働省告示第五十九号）

b　入院時食事療養費に係る食事療養及び入院時生活療養費に係る生活療養の費用の額の算定に関する基準

（平成十八年厚生労働省告示第九十九号）

c　訪問看護療養費に係る指定訪問看護の費用の額の算定方法（平成二十年厚生労働省告示第六十七号）

d　保険外併用療養費に係る療養についての費用の額の算定方法（平成十八年厚生労働省告示第四百九十六号）

e　厚生労働大臣が指定する病院の病棟における療養に要する費用の額の算定方法（平成二十年厚生労働省告示第九十三号）

f　指定居宅サービスに要する費用の額の算定に関する基準（平成十二年厚生省告示第十九号）

g　指定施設サービス等に要する費用の額の算定に関する基準（平成十二年厚生省告示第二十一号）

h　指定介護予防サービスに要する費用の額の算定に関する基準（平成十八年厚生労働省告示第百二十七号）

②　患者一部負担額

患者の一部負担額は表１―１（三四頁参照）のとおり。

ただし、医療保険各法又は高齢者の医療の確保に関する法律の規定による薬局での保険調剤、指定訪問看護及び指定老人訪問看護並びに介護保険法の規定による訪問看護及び介護予防訪問看護については、一部負担額は生じない。

特定疾患を主な要因として身体の機能障害が永続し又は長期安静を必要とする状態にあるため、日常生活に著しい支障（他人の介助を受けなければほとんど自分の用を弁ずることができない程度）があると認められる重症患者並びにスモン、プリオン病、難治性の肝炎のうち劇症肝炎、重症急性膵炎及び重症多形滲出性紅斑（急性期）の患者については一部負担は生じない。

このように公費で負担される額は保険給付の範囲内において、患者一部負担額を除く額となっているので、保険給付以外の差額ベッド料等は、この負担の対象とはならない。

キ　治療研究の期間

特定疾患治療研究の対象となる期間は、対象患者が対象疾患の医療を受けている期間である。しかし医療費公費負担の受給は、患者又はその保護者からの申請によることとしており、公費負担を決定する際は疾病の性格や病状などを考慮して一定の期間を定めて承認するようにしている。

本事業においては、その性格からして病状の経過等を勘案して、その期間を一年（ただし、難治性の肝炎のうち劇症肝炎、重症急性膵炎及び重症多形滲出性紅斑（急性期）の患者については六か月）が適当であるとし、さらに継続して医療を受ける必要があるときには、申請によりその期間を逐次更新することができることとしている。

ク　特定疾患対策協議会の設置

この治療研究事業の適正、かつ、円滑な実施を図るため、対象となる患者数等を勘案し、各都道府県毎に医学の専門家等から構成された特定疾患対策協議会を設置することとしているが、この協議会は、都道府県が実施する特定疾患治療研究事業の計画立案及び対象患者の認定等につき、都道府県知事の要請に応じ必要な意見を具申することができる機関であり、その運営方法等については都道府県知事が定めている。

2　難治性疾患の調査研究の変遷及び難治性疾患克服研究事業の概要

(1)　難治性疾患の調査研究の変遷

いわゆる難病に関する研究は、昭和三十九年度から厚生科学研究費、医療研究助成費、特別研究などによって進められてきたが、大型の研究費として措置されたのは、昭和四十五年度以降におけるスモン、ベーチェット病等である。一方、心身障害者対策基本法（昭和四十五年法律第八十四号。現・障害者基本法）に基づいて、昭和四十六年度の予算において大型研究費として「心身障害研究」が新たに措置され、心身障害児の発生予防に関する研究、進行性筋ジストロフィーの成因と治療に関する研究などが進められることになった。

翌昭和四十七年度に「特定疾患調査研究」が新たに計上され、スモン、ベーチェット病などの難病に関する研究は、これに統合された。昭和四十七年度以降は、この特定疾患調査研究と心身障害研究の二つの大型研究費で難病に関する調査研究が推進されることになったが、さらに昭和五十三年度から「神経疾患研究」が追加された。

いわゆる難病のうち、症例数が少なく、原因が不明で治療方法も確立しておらず、かつ、生活面への長期にわたる支障がある特定の疾患については、「特定疾患調査研究」として研究班が設置され、特定疾患治療研究と連携しつつ、原因の究明、治療方法の確立に向けた研究が行われた。研究班の編成については、昭和五十年度までは一つの班が一疾患又は一疾患群を対象として研究が進められてきたが、昭和五十一年度からは既存の研究班の再編成と新たな研究の展開を目指して、複数の類似疾患をまとめ、自己免疫疾患、系統的血管病変、膠原病の治療などの大型研究班が設けられた。さらに、治療・看護、疫学等に着目した横断的な研究班が設けられるなど、社会的要請にも応じてきた。

しかしながら、研究の進め方については、網羅的な班構成であるため班員数が多く、一人当たりの研究費の配分額が少ないなどにより、掘り下げた研究の実施が困難となっていたこと、長年続いている一部の研究班において研究の手法や内容が硬直化していること、治療研究事業との連携が不十分であること等の指摘がなされ、現行の研究事業に対する評価を踏まえ、より効率的、重点的な研究が行えるような研究体制を構築するため、平成七年十一月に特定疾患対策懇談会の下に特定疾患調査研究班再編成検討委員会が設置され、平成八年二月、①臨床調査研究グループの創設、②横断的基盤研究グループの創設、③研究評価体制の強化、④若手研究者の育成強化及び弾力的運用等を内容とする「特定疾患調査研究班再編成計画」が取りまとめられた。平成八年度からはこの報告に沿った研究体制によって研究が推進された。

特定疾患調査研究については、平成九年九月八日の公衆衛生審議会成人病難病対策部会難病対策専門委員会報告「今後の難病対策の具体的方向について」において、画期的な治療法の開発や難病患者の生活の質（ＱＯＬ）の改善につながる重点的戦略的研究の実施が提言されたことを踏まえ、従来の臨床調査研究事業、横断的基盤研究事業に加えて、平成十年度から公募研究による重点研究事業（平成十年度研究費五億円）が創設された。さらに、平成十一年度からは、厚生科学研究（先端的厚生科学研究分野）の中に位置付けられ、その際に名称についても「特定疾患対策研究事業」に変更された。課題選択は公募により行い競争的な研究の実施を図り、ヒトゲノム研究や脳科学研究等他の先端的厚生科学研究との一体的な推進を図ってきた。

さらに、平成十五年度には厚生労働科学研究難治性疾患克服研究に再編され、大型プロジェクト研究の実施等により難治性疾患の治療方法の確立を目指した研究を一層推進することとされた。

平成二十一年度からは、難治性疾患に関する調査・研究を推進するため、臨床調査研究分野の対象疾患を一二三疾患から一三〇疾患に拡大したほか、これまで十分に研究が行われていない疾患について、診断法の確立や実態把握のための研究を行う研究奨励分野を設け当該研究事業の充実を図った。

また、平成二十三年度からは、「健康長寿社会実現のためのライフ・イノベーションプロジェクトの推進（難病、がん、肝炎等の疾患の克服（うち難病分野）」において、次世代遺伝子解析装置を用いて、疾患の早期解明や新たな治療法の開発を加速度的に推進した。

(2)　難治性疾患克服研究事業の概要

ア　対象疾患

難治性疾患克服研究事業（平成十年度までは特定疾患調査研究事業、平成十四年度までは特定疾患対策研究事業）は、昭和四十七年度からスモン、ベーチェット病など八疾患を対象とした八研究班でスタートし、以後、調査研究の拡充が図られてきた。

対策研究の対象疾患は、先に述べた難病対策要綱の第一概念を中心として、希少性、原因不明、効果的な治療方法未確立、生活面への長期にわたる支障（長期療養を必要とする）という、四要素によって整理される疾患であって、系統別分類では、神経、筋、血液、脈管系、循環器、内分泌、消化器、呼吸器、腎、皮膚、骨、感覚器などほとんどの領域が網羅されている。

これらの対象疾患については、難治度、重症度が高く、予後が不良であったり後遺症を残すおそれが少なくない疾患であって、症例が比較的少ないために全国的な規模で研究を行わなければそれが進まないようなものの中から、原因究明の困難性、難治度、重症度及び患者数等を総合的に勘案し、厚生労働省健康局長の私的諮問機関である特定疾患対策懇談会の意見を聴いて決定することにしていた。なお、がん、脳卒中、虚血性心筋症、進行性筋ジストロフィー、重症心身障害、精神病などのように、すでに研究が組織的に行われているものは、原則としてその対象から除かれていた。

イ　研究班の構成

各研究班の選定については、競争的で開かれた研究環境を実現し特定疾患に関する研究を一層推進するため、原則公募制により研究課題を厚生労働省ホームページにより募集し、「厚生労働省の科学研究開発評価に関する指針」に基づく外部評価制度により行ってきた。

各研究班のメンバーは、研究代表者（班長）、研究分担者及び研究協力者で構成されており、臨床医学分野のみにとどまらず、基礎医学や社会医学の分野からも選定された。またメンバーの所属先は全国の大学、研究所、公的・民間医療機関など広範にわたっている。各班に所属する研究者数は、概ね一〇名から三〇名前後であった。

ウ　難治性疾患克服研究の成果

難治性疾患克服研究の一般的な成果としては、

①　対策研究対象疾患の患者数、性別、好発年齢、地域の偏りなどの実態が明らかになった

②　バラバラであった疾患の診断基準、検査手技、分類の統一が行われた

③　各疾患の病態が詳細に検討された
④　治療の実態とその効果及び限界が明らかにされ、一定の基準に基づいた治療法の開発が目指された。その結果、対症療法に関しては明らかな進歩が見られた
⑤　難病に対する一般医師の関心と知識が飛躍的に向上した

などの点を挙げることができる。

このような研究成果は、疾患の原因や根治療法の究明という最終目標達成に不可欠であることはいうまでもない。さらに、この研究活動を通して、研究者の組織化が図られ、研究者間の交流が深まったことも、今後の研究推進上意義深いことと考えられる。

難病対策の改革の流れを受け、難治性疾患克服研究事業は、平成二十六年度から、

①　全国的な疫学調査を行うなど、全国共通の診断基準や診療ガイドラインの確立を目指し、医療費助成などの行政施策に直接結びつく研究を行う「難治性疾患政策研究事業」
②　医薬品等の実用化につながる新しいシーズ探索や病因、病態の解明を行うとともに、新たな医薬品・医療機器等の開発等医療技術の実用化を目指した臨床研究や治験を実施する「難治性疾患実用化研究事業」

の二つに分かれ、お互いに連携しつつ、難病に対する調査研究を推進している。

# 第二編　逐条解説

本編の内容は、平成二十七年七月一日までに公布された法令（法律、政令、省令及び告示）を原典としている。

また、本文中「法」「令」「規則」などの略称は、次による。

法　＝難病の患者に対する医療等に関する法律（平成二十六年五月三十日法律第五十号）

令　＝難病の患者に対する医療等に関する法律施行令（平成二十六年十一月十二日政令第三百五十八号）

規則＝難病の患者に対する医療等に関する法律施行規則（平成二十六年十一月十二日厚生労働省令第百二十一号）

# 法律の構成

本法は、「持続可能な社会保障制度の確立を図るための改革の推進に関する法律」（平成二十五年法律第百十二号）に基づく措置として、難病の患者に対する医療その他難病に関する施策に関し、基本方針の策定、難病に係る新たな公平かつ安定的な医療費助成の制度の確立、難病の医療に関する調査及び研究の推進、療養生活環境整備事業の実施等の措置を講ずるものである。

(1)　基本方針の策定

厚生労働大臣は、難病に係る医療その他難病に関する施策の総合的な推進のための基本的な方針を策定することとする。

(2)　難病の患者に対する医療費助成等の制度の確立

都道府県知事は、患者からの申請に基づき、当該患者が厚生労働大臣が指定する難病（指定難病）に係る医療を受ける必要があるとして支給認定を行った場合は、当該指定難病に係る医療に要する費用（特定医療費）を支給することとする。

公費から医療費を支給する医療の質を担保するとともに、医療費の代理受領を規定するため、指定難病に係る医療を実施する医療機関については、都道府県知事が指定することとする。

指定難病に係る特定医療費の支給に要する費用は都道府県の支弁とし、国は、その二分の一を負担することとする。

(3)　難病に関する調査及び研究

難病の治療方法や原因解明等に関する調査及び研究を推進することとする。

(4)　療養生活環境整備事業

難病の患者に対する相談支援等を実施することとする。

療養生活環境整備事業に要する費用は都道府県の支弁とし、国は、予算の範囲内において、その二分の一を補助することができることとする。

# 第一章　総則（第一条―第三条）

（目的）

**第一条**　この法律は、難病（発病の機構が明らかでなく、かつ、治療方法が確立していない希少な疾病であって、当該疾病にかかることにより長期にわたり療養を必要とすることとなるものをいう。以下同じ。）の患者に対する医療その他難病に関する施策（以下「難病の患者に対する医療等」という。）に関し必要な事項を定めることにより、難病の患者に対する良質かつ適切な医療の確保及び難病の患者の療養生活の質の維持向上を図り、もって国民保健の向上を図ることを目的とする。

**【趣　旨】**

本条は法の目的を定めるものである。

本法は、「持続可能な社会保障制度の確立を図るための改革の推進に関する法律」に基づく措置として、難病の患者に対する医療その他難病に関する施策に関し、基本方針の策定、難病に係る新たな公平かつ安定的な医療費助成の制度の確立、難病の医療に関する調査及び研究の推進、療養生活環境整備事業の実施等の措置を講ずるものである。なお、法律の中心は難病の患者に対する特定医療費の支給に係る内容であるが、本法においては、難病の患者に対する医療費の支給のほか、調査研究の推進、療養生活環境整備事業について規定していることから、法律名は「医療等に関する法律」とされている。また、本法に基づいて、厚生労働大臣が基本方針を定めることとしており、本法及び基本方針に基づいて、総合的に難病対策を推進していくこととしている。

## 【解　説】

(1)　「難病」の定義について

本法の制定以前にも、難病対策の法制化が試みられたことはあったが、「難病」の定義の困難性等*の様々な理由から実現に至っていなかった。本法においては、難病対策委員会における議論等を踏まえ、「難病」を、①発病の機構が不明、②治療方法が未確立、③希少（患者数が少ない）、④長期療養を必要とする疾病と定義し、これらの四つの要件を満たす疾病を広く対象とすることとしている。

この「難病」は、本法の様々な施策の対象となる疾病を示すものであり、医療費助成の対象となる指定難病（法第五条参照）のように患者数や客観的な診断基準の有無による範囲の限定はなく、これらの四つの要件を満たす場合には、調査研究や相談支援などの患者支援等を推進していくこととされている。

なお、「障害者の日常生活及び社会生活を総合的に支援するための法律」（平成十七年法律第百二十三号。以下「障害者総合支援法」という。）においては、難病等を含む疾病について「治療方法が確立していない疾病その他の特殊の疾病」と規定されているところであるが、規定のとおり本法の難病とはその要件が同一ではなく、必ずしも両者の対象となる個別の疾病が一致するものではない。

＊　今後の難病対策の在り方について（中間報告）（平成十四年八月二十三日厚生科学審議会疾病対策部会難病対策委員会）

(2)　「発病の機構が明らかでない」

「発病の機構が明らかでない」とは、その疾病の原因が不明であることや病態が未解明であることを意味し、原因遺伝子などが判明している場合であっても病態の解明が不十分な場合も含まれる。発症メカニズムが明らかでないため、根治に至る治療方法の開発が進まないという実態に着目して、これを難病の要件の一つとしている。

外傷や薬剤の作用など、特定の外的要因によって疾病が発症することが明確であり、当該要因を回避・予防することにより発症させないことが可能な場合は、発病の機構が明らかであるため、難病には当たらない。

ウイルス等の感染が原因となって発症する疾病については、原則として「発病の機構が明らかでない」ものには該当しないが、ウイルス等の感染が契機となって発症するものであって、一般的に知られた感染症状と異なる発症形態を示し、症状が出現する機序が未解明なものなどについては、個別に該当するか否かを判断することとしている。また、何らかの疾病（原疾患）によって引き起こされることが明らかな二次性の疾病は、原則として「発病の機構が明らかでない」ものには該当しないと判断されるが、原疾患によって個別に該当するか否かの判断を行うこととしている。

（参考）　難病対策のきっかけとなった「スモン」については、本法制定以前は特定疾患治療研究事業の対象とされていたが、その原因がキノホルム剤と分かっており、本法の難病の範囲には含まれない。このため、スモンについては、恒久対策の観点から、本法に基づく対策とは別に、引き続き、予算事業として、従来と同様の対策を講ずることとされている。

＊　スモンの原因がキノホルム剤であり、医薬品として使用を認めた国の責任が問われ、スモンの原因究明と患者の恒久対策を条件に昭和五十四年に和解が成立した。

(3)　「治療方法が確立していない」について

効果的な治療方法、根治につながるような治療方法が確立されていないことを意味するものである。効果的な治療方法が確立していないことにより、長期にわたり療養生活を続けることは、患者にとって精神的又は経済的に重い負担となることから、難病の要件となっている。

具体的には、①治療方法が全くない、②対症療法や症状の進行を遅らせる治療方法はあるが、根治のための治療方法はない、③一部の患者で寛解状態を得られることはあるが、継続的な治療が必要、のいずれかの場合に該当する疾病を指す。

治療を終了することが可能となる標準的な治療方法が存在する場合には、治療方法が確立していないものとしては扱わないが、臓器移植を含む移植医療については、医療を受ける機会が限定的であることから現時点では完治することが可能な治療方法には含めていない。

(4)　「希少な疾病」について

がんや生活習慣病など、ある程度の患者数が存在する疾病と異なり、「希少な疾病」は患者数が少ないために、調査研究の対象となりにくく、その実施に当たっても、データの収集が難しいなどの困難がある。また、専門的知識を有する医師が少なく、正しい診断がつくまでに時間を要したり、身近な地域で適切な医療を受けることが難しい場合もみられる。加えて、希少な疾病であるがゆえに、周囲の理解が得られず、治療と就労の両立が難しいといった事情などもあり、希少性が難病の要件の一つに加えられている。この希少性の要件に関しては、具体的な患者数による限定は行わず、個別の施策体系が樹立されていない疾病を幅広く対象として、調査研究や患者支援等を進めていくこととしている。

(5)「長期にわたり療養を必要とすることとなる」について

効果的な治療方法が確立していないために、長期の療養が必要となる慢性疾患であることを意味するものである。具体的には、疾病に起因する症状が長期にわたって継続し、基本的には発症してから治癒することなく生涯にわたり症状が持続もしくは潜在する場合をいい、ある一定の期間のみ症状が出現し、その期間が終了した後は症状が出現しないもの（急性疾患等）や、症状が総じて療養を必要としない程度にとどまり、生活面への支障が生じない場合は、この要件を満たさないと判断される。

(6)「難病の患者に対する医療その他難病に関する施策」について

「難病の患者に対する医療その他難病に関する施策」とは、難病の患者に対する医療のほか、難病に関する調査や研究、難病の患者の療養生活に関する支援等、難病に関する様々な施策を指す。

(7)「難病の患者に対する良質かつ適切な医療の確保」について

「難病の患者に対する良質かつ適切な医療の確保」は、指定難病の患者に対する医療費の支給を行うこと等によって、各々の難病患者にとって適切な医療を受けられるような仕組みを整えること等を指す。

(8)「難病の患者の療養生活の質の維持向上」について

指定難病の患者に対する医療費の支給を行い、その経済的負担を軽減することや療養生活の環境整備のため、相談支援、訪問看護等の事業を行うこと等により、地域での療養生活における困難を軽減し、安心して暮らしを継続できるようにすることを指す。

（基本理念）

**第二条**　難病の患者に対する医療等は、難病の克服を目指し、難病の患者がその社会参加の機会が確保されること及び地域社会において尊厳を保持しつつ他の人々と共生することを妨げられないことを旨として、難病の特性に応じて、社会福祉その他の関連施策との有機的な連携に配慮しつつ、総合的に行われなければならない。

**【趣　旨】**

本条では難病の患者に対する医療等を実施する際の基本的な理念について定める。

難病は、一定の割合で発症することが避けられず、その確率は低いものの、国民の誰もが発症する可能性があり、難病の患者・家族を地域社会が包含し、支援していくことが求められている。

しかしながら、実際には、難病にたまたま罹患した患者は重篤かつ慢性の症状に苦しみ、治療方法が確立されていないため、患者・家族は長期にわたり経済的・社会的な負担を負わなければならない場合が多い。また、一般的な疾病ではないために、社会一般の理解が得られにくい上、医療現場においても専門的医療機関を探すことすら困難であるといった問題がある。

こうした状況を踏まえ、本法においては、難病の治療研究を進め、疾患の克服を目指すとともに、難病患者の社会参加を支援し、難病にかかっても地域で尊厳を持って生きられる共生社会の実現を目指すことを難病対策の基本理念としている。

【解　説】

(1)　「難病の克服」について

難病の克服とは、治療方法が確立していない難病について、究極的には調査研究の推進により治療方法を確立し、難病を治癒できるようになることであるが、それまでの間にあっても、難病が完全に治癒せずとも、その症状を和らげたり、または社会的な支援等により病気を抱えながらも日常生活及び社会生活を送れるようにすることなどを指す。

(2)　「難病の患者がその社会参加の機会が確保されること及び地域社会において尊厳を保持しつつ他の人々と共生することを妨げられないことを旨として」について

難病は希少性ゆえに国民の理解が十分に進まず、難病患者について、就労等の社会参加の機会が限られたり、周囲の理解を得られず偏見にさらされたりすることが問題として指摘されてきた。難病対策委員会が平成二十五年十二月十三日に取りまとめた「難病対策の改革に向けた取組について」（三五九頁参照）において、難病対策の基本理念については「難病の治療研究を進め、疾患の克服を目指すとともに、難病患者の社会参加を支援し、難病にかかっても地域で尊厳を持って生きられる共生社会の実現を目指すこと」とされた。これを踏まえ、障害者基本法（昭和四十五年法律第八十四号）や障害者総合支援法における法の目的や基本理念を参考としつつ、難病患者が難病の有無によって他の人々と分け隔てられることなく互いを尊重しながら共生する社会の実現を目指す旨を規定したものである。

(3)　「難病の特性」について

難病は、発生の機序が不明であること、治療方法が確立していないこと、患者数が少ないこと、そして当該疾病にかかることにより長期に療養を必要とすること等がその特性といえる。

このような難病には法の定義に含まれる要件そのもののほかにも様々な特性があり、例えば、
・遺伝性の疾患も少なくないために、しばしば家族内で複数の発生が認められること
・根治療法がないため、生涯にわたって疾患とつきあっていかなければならないこと
・症状の変動があり、社会活動に支障を来すこと
・長期にわたり高額な医療費がかかる場合や、軽症であっても高額な医療を継続して必要とする場合があること

などが挙げられる。

さらに、患者数が少ないことから、
・疾病の認知度が低いこと
・正確な診断がつくまでに時間がかかること
・当該疾病に知見のある医師が、必ずしも近くにいないこと
・市場規模が小さく、薬の開発が進みにくいこと
・周囲の理解が進まずに、偏見や差別の対象となりうること
・相談する相手が少なく孤立しやすいこと

といった特性もある。

難病対策については、これらの難病の特性に配慮して、総合的な対策が講じられる必要がある。

(4)　「社会福祉その他の関連施策との有機的な連携に配慮」について

全身の各所に発現する様々な症状が長期にわたり継続することとなる難病の特性を踏まえ、難病対策については、医療費助成の実施等の本法に規定する施策のみならず、社会福祉施策に係るサービス利用や他の医

療保険制度、労働施策が同時に講じられる必要が高く、これらの関連施策との十分な連携が求められることから、その趣旨を明確にしている。

(5)　「総合的に行われなければならない」について

難病の患者に対する支援は、医療に係る施策のほか、就労支援や福祉等の関連施策とも相まって総合的に施策を進めることが求められることから、その旨を規定するものである。本法においては、難病の患者に対する特定医療費の支給のほか、調査研究の推進、療養生活環境整備事業について規定している。また、第四条では厚生労働大臣が基本方針を定めることとしており、本法及び基本方針に基づいて、総合的に難病対策を推進していくこととされている。

（国及び地方公共団体の責務）

**第三条**　国及び地方公共団体は、難病に関する情報の収集、整理及び提供並びに教育活動、広報活動等を通じた難病に関する正しい知識の普及を図るよう、相互に連携を図りつつ、必要な施策を講ずるよう努めなければならない。

2　国及び都道府県は、難病の患者に対する医療に係る人材の養成及び資質の向上を図るとともに、難病の患者が良質かつ適切な医療を受けられるよう、相互に連携を図りつつ、必要な施策を講ずるよう努めなければならない。

3　国は、難病に関する調査及び研究並びに難病の患者に対する医療のための医薬品及び医療機器の研究開発の推進を図るための体制を整備し、国際的な連携を確保するよう努めるとともに、地方公共団体に対し前二項の責務が十分に果たされるように必要な技術的及び財政的援助を与えることに努めなければならない。

【趣　旨】

本条では国及び地方公共団体の責務を定める。難病に関する情報の収集等や正しい知識の普及啓発、難病の患者に対する良質かつ適切な医療の確保、調査研究等について、国及び地方公共団体の役割をそれぞれ規定するものである。

【解　説】

(1)　国及び地方公共団体の責務

国及び地方公共団体の責務は、以下のとおり、施策が講じられる順に沿って規定されている。

この場合における「地方公共団体」は、都道府県に限らず、市町村等も含むものである。

①　難病に関する情報の収集、整理及び提供

②　教育活動、広報活動等を通じた難病に関する正しい知識の普及

このとき、国と地方公共団体は、様々な局面で相互に連携を図りつつ施策を推進することが求められる。

(2)　国及び都道府県の責務

国及び都道府県の責務は、以下のとおり、施策が講じられる順に沿って規定される。

①　難病の患者に対する医療に係る人材の養成及び資質の向上

②　難病の患者が良質かつ適切な医療を受けられるよう、相互に連携を図りつつ、必要な措置を講ずること
国及び都道府県は、法第六条第一項に規定する指定医の研修等の人材養成及び資質の向上、医療提供体制の整備等に取り組むことを責務とする。これらは地方公共団体の中でも主に都道府県が中心となって行う施策であるため、地方公共団体全体にかかる責務とは別に規定を置くものである。

⑶　国の責務

国は、研究機関及び医療機関の間の連携の強化等を通じて、難病の調査及び研究、さらには、医薬品や医療機器の研究開発の推進を図るための体制を整備するとともに、⑴及び⑵に掲げる責務が十分に果たされるよう、地方公共団体に対し、必要な技術的・財政的援助を与えることに努めるものとする。

# 第二章　基本方針（第四条）

**第四条**　厚生労働大臣は、難病の患者に対する医療等の総合的な推進を図るための基本的な方針（以下「基本方針」という。）を定めなければならない。

2　基本方針は、次に掲げる事項について定めるものとする。

一　難病の患者に対する医療等の推進の基本的な方向

二　難病の患者に対する医療を提供する体制の確保に関する事項

三　難病の患者に対する医療に関する人材の養成に関する事項

四　難病に関する調査及び研究に関する事項

五　難病の患者に対する医療のための医薬品及び医療機器に関する研究開発の推進に関する事項

六　難病の患者の療養生活の環境整備に関する事項

七　難病の患者に対する医療等と難病の患者に対する福祉サービスに関する施策、就労の支援に関する施策その他の関連する施策との連携に関する事項

八　その他難病の患者に対する医療等の推進に関する重要事項

3　厚生労働大臣は、少なくとも五年ごとに基本方針に再検討を加え、必要があると認めるときは、これを変更するものとする。
4　厚生労働大臣は、基本方針を定め、又はこれを変更しようとするときは、あらかじめ、関係行政機関の長に協議するとともに、厚生科学審議会の意見を聴かなければならない。
5　厚生労働大臣は、基本方針を定め、又はこれを変更したときは、遅滞なく、これを公表しなければならない。
6　厚生労働大臣は、基本方針の策定のため必要があると認めるときは、医療機関その他の関係者に対し、資料の提出その他必要な協力を求めることができる。

【趣　旨】

本条では、難病の患者に対する医療等の総合的な推進を図るため、基本方針を定めることにより政策の方向性を明らかにする。総合的な対応を求められる難病対策は、国及び地方公共団体による様々な分野の施策によって成り立っているため、それぞれの施策を実行するにあたって考慮すべき事項や目指すべき方向、連携の在り方等を示すことによって、総合的な推進を図る。

【解　説】

⑴　基本方針の検討

厚生科学審議会疾病対策部会指定難病委員会において、平成二十七年二月十七日から基本方針の議論が開始されている。同委員会では第四条第二項各号に規定する事項について関係者からのヒアリングを行い、七月十日に基本方針案の取りまとめを行った。

(2)　基本方針で定める事項

基本方針で定める主な事項は以下のとおりである。

①　難病の患者に対する医療等の推進の基本的な方向

・難病は、一定の割合で発症することが避けられず、その確率は低いものの、国民の誰もが発症する可能性があり、難病の患者及びその家族を地域社会が包含し、支援していくことがふさわしいとの認識を基本として、広く国民の理解を得ながら難病対策を推進。

・法の基本理念にのっとり、難病の克服を目指し、難病の患者が長期にわたり療養生活を送りながらも社会参加の機会が確保され、地域で尊厳を持って生きることができるよう、共生社会の実現に向けて、福祉その他の関連施策と連携しつつ、総合的に施策を実施。

・社会の状況変化等に的確に対応するため、難病対策の実施状況等を踏まえ、少なくとも五年ごとに本方針に再検討を加え、必要があると認めるときは見直しを実施。

②　難病の患者に対する医療費助成制度に関する事項

・難病の患者に対する医療費助成制度は、法に基づいて適切に運用。

・定められた要件を満たす疾病を指定難病に指定するよう、疾病が置かれた状況を踏まえつつ、指定難病の適合性について判断。併せて、医学の進歩に応じ、診断基準等も随時見直し。

・医療費助成制度が難病に関する調査及び研究の推進に資するという目的を踏まえ、指定難病の患者の診断基準や重症度分類等に係る臨床情報等を適切に収集し、難病患者データベースを構築。

③　難病の患者に対する医療を提供する体制の確保に関する事項
・できる限り早期に正しい診断ができる体制を構築。
・診断後はより身近な医療機関で適切な医療を受けることのできる体制を確保。
・難病の診断及び治療には、多くの医療機関や診療科等が関係することを踏まえ、それぞれの連携を強化。

④　難病の患者に対する医療に関する人材の養成に関する事項
・難病に関する正しい知識を持った医療従事者等を養成することを通じて、地域において適切な医療を提供する体制を整備。

⑤　難病に関する調査及び研究に関する事項
・難病対策の検討のために必要な情報収集を実施。
・難病の医療水準の向上を図るため、難病患者の実態を把握。
・難病の各疾病について我が国における実態や自然歴等を把握し、疾病概念の整理、診断基準や重症度分類等の作成や改訂等に資する調査及び研究を実施。
・難病患者データベースを医薬品等の開発を含めた難病研究に有効活用できる体制を整備。

⑥　難病の患者に対する医療のための医薬品、医療機器及び再生医療等製品に関する研究開発の推進に関する事項
・難病の克服が難病の患者の願いであることを踏まえ、難病の病因や病態を解明し、難病の患者を早期に正しく診断し、効果的な治療が行えるよう研究開発を推進。
・患者数が少ないために開発が進みにくい医薬品、医療機器及び再生医療等製品の研究開発を積極的に支

援。

⑦　難病の患者の療養生活の環境整備に関する事項
・難病の患者の生活上の不安が大きいことを踏まえ、難病の患者が地域社会において安心して暮らすことができるよう、難病相談支援センター等を通じて難病の患者を多方面から支えるネットワークを構築。
・地域の様々な支援機関と連携して難病の患者に対する支援を展開している等の先駆的な取り組みを行う難病相談支援センターに関する調査及び研究を行い、全国へ普及。

⑧　難病の患者に対する医療等と難病の患者に対する福祉サービスに関する施策、就労の支援に関する施策その他の関連する施策との連携に関する事項
・難病の患者が地域で安心して療養しながら暮らしを続けていくことができるよう、医療との連携を基本としつつ、福祉サービスの充実などを図る。
・難病の患者の安定的な就職に向けた支援を実施するとともに、難病の患者の雇用に関する事業主の理解をより一層促進すること等を通じて難病の患者が難病であることを安心して開示し治療と就労を両立できる環境を整備する。

⑨　その他難病の患者に対する医療等の推進に関する重要事項
・難病に対する正しい知識の普及啓発を図り、難病の患者が差別を受けることなく、地域で尊厳をもって生きることのできる社会の構築に努める。
・保健医療サービス、福祉サービス等の周知や手続きの簡素化を検討する。

# 第三章　医　療

## 総　論

第三章では、法の中核となる難病患者に対する医療費助成措置について規定する。

難病患者に対する医療費助成は、特定疾患治療研究事業として、約四〇年にわたり行われてきたところであるが、同事業は財源の制約もあって対象疾病が限定されていたほか、都道府県に高額の超過負担が発生するなど制度の公平性・安定性に欠ける面があった。また、患者の自己負担については、

① 低所得者や重症患者の自己負担は〇円とする

② 生計中心者の自己負担は通常の二分の一とする

③ 同一世帯内に複数の患者があるときは、二人目以降の自己負担額は通常の一〇分の一とする

等の配慮がなされていた結果、障害者の自立支援医療制度等の他の医療費助成制度と比べてその負担水準は低く設定されていた。

今般の難病対策の見直しでは、法定給付とするに当たって患者負担についても改めて検討されることとなった。障害者自立支援医療等の他の公費負担医療制度や高額療養費制度を参考としつつ、公平性や安定的な制度

運営が図られるよう、難病対策委員会において議論が行われた。

### (1) 新たな難病患者に対する医療費助成（以下「新制度」という。）の自己負担の在り方

平成二十五年九月より、難病対策委員会において、難病対策の法制化を念頭に置いた医療費助成の在り方が議論された。当初、難病患者同様に医療の需要が高く、高額な医療費を要する高齢者の高額療養費制度を参考に、定率負担割合（医療費総額に応じて自己負担する一定の割合）を三割から二割とし、自己負担上限額（月単位で最大限負担する必要のある額）は医療保険の高額療養費多数回該当の上限額同程度の負担とすることが提案された。しかしながら、従来の特定疾患治療研究事業で自己負担が〇円であった低所得者や重症患者にとっては急激な負担増となることや、障害者自立支援医療（更生医療）に比べ負担が重いといった指摘があり、さらなる負担軽減を求める声が強まった。

これらの議論を踏まえ、平成二十五年十二月に取りまとめられた報告書では、医療費の定率負担割合を二割としつつ、月ごとの負担上限額は障害者自立支援医療（更生医療）を超えない程度とすることが盛り込まれた。

### (2) 特定疾患治療研究事業から新制度への変遷

#### ① 所得に応じた負担上限月額の見直し

特定疾患治療研究事業では、低所得者や重症患者については患者負担を〇円とする措置を行っていた。法定給付化に当たり、高齢者や障害者といった他制度との公平性が一つの焦点となり、これらの他制度では、原則として自己負担を〇円とはしていないことから、新制度においては所得に応じ一定の負担を求めることとしている。

#### ② 生計中心者に対する負担軽減措置の廃止

特定疾患治療研究事業では、家計を支える生計中心者が難病患者となった場合には家計に与える影響が他の場合よりも大きいことに鑑み、患者負担を通常の二分の一とする措置がとられてきた。しかし、「生計中心者」の定義が確立されておらず、必ずしも全国一律の取扱いがなされていなかったことや、障害者自立支援医療では生計中心者という考え方がとられていなかったことを受け、新制度では当該措置は廃止することとなった。

③　複数医療機関における負担額を合算する仕組みを導入

特定疾患治療研究事業では、一つの医療機関に対して一つの上限額が適用されることとなっていた。つまり、複数の医療機関を受診する場合は、それぞれ上限までの支払いが必要となり、患者の負担が増えることになる。新制度では患者単位で一月当たりの負担上限額を定め、複数医療機関を受診した場合であっても、それぞれの各医療機関における支払額を合算したうえで負担上限額を適用することとした。

④　同一世帯に複数の患者がいる場合の負担軽減措置の在り方を変更

難病の中には遺伝性と考えられる疾病もある。親子で同じ疾病にかかる等、世帯内に複数の患者がいる場合、医療費や介護にかかる家族の負担は通常よりも大きいため、特定疾患治療研究事業では二人目以降の患者の自己負担額を通常の一〇分の一としていた。一方、新制度では、医療費助成の権利は個人に帰属するものであり、発症した順により自己負担額が変わるのは適切ではないという意見を踏まえ、同一世帯に複数の患者があるときは、世帯の負担が増えないよう、負担上限月額の按分を行うこととした。また、小児慢性特定疾病にかかっている患児が同一世帯内にある場合も、按分を行えるものとした。

⑤　医療需要の高い患者に医療費助成を実施

特定疾患治療研究事業では、パーキンソン病等の一二疾病に限り、症状が軽度と考えられる者を医療費助成対象外としてきたところ、新制度においても、軽症（日常生活又は社会生活に支障がないと医学的に認められる程度）の患者については、医療費助成の対象外とすることとした。ただし、軽症であっても、医薬品を使用することにより症状を抑えている場合など、継続的に高額な医療費がかかる者については医療費助成の対象とすることとしている。

## 第一節　特定医療費の支給（第五条―第十三条）

（特定医療費の支給）

**第五条**　都道府県は、支給認定（第七条第一項に規定する支給認定をいう。以下この条及び次条において同じ。）を受けた指定難病（難病のうち、当該難病の患者数が本邦において厚生労働省令で定める人数に達せず、かつ、当該難病の診断に関し客観的な指標による一定の基準が定まっていることその他の厚生労働省令で定める要件を満たすものであって、当該難病の患者の置かれている状況からみて当該難病の患者に対する良質かつ適切な医療の確保を図る必要性が高いものとして、厚生労働大臣が厚生科学審議会の意見を聴いて指定するものをいう。以下同じ。）の患者が、支給認定の有効期間（第九条に規定する支給認定の有効期間をいう。第七条第四項において同じ。）内において、特定医療（支給認定を受けた指定難病の患者に対し、都道府県知事が指定する医療機関（以下「指定医療機関」という。）が行う医療であって、厚生労働省令で定めるものをいう。以下同じ。）のうち、同条第三項の規定により定められた指定医療機関から受けるものであって当該支給認定に係る指定難病に係るもの（以下「指定特定医療」という。）を受けたときは、厚生労働省令で定めるところにより、当該支給認定を受けた指定難病の患者又はその保護者（児童福祉法（昭和二十二年法律第百六十四号）第六条に規定する保護者をいう。以下同じ。）に対し、当該指定特定医療に要した費用について、特定医療費を支給する。

2　特定医療費の額は、一月につき、第一号に掲げる額（当該指定特定医療に食事療養（健康保険法（大正十一年法律第七十号）第六十三条第二項第一号に規定する食事療養をいう。以下この項において同じ。）が含まれるときは、当該額及び第二号に掲げる額の合算額、当該指定特定医療に生活療養（同条第二項第二号に規定する生活療養をいう。以下この項において同じ。）が含まれるときは、当該額及び第三号に掲げる額の合算額）とする。

一　同一の月に受けた指定特定医療（食事療養及び生活療養を除く。）につき健康保険の療養に要する費用の額の算定方法の例により算定した額から、当該支給認定を受けた指定難病の患者又はその保護者の家計の負担能力、当該支給認定を受けた指定難病の患者の治療状況、当該支給認定を受けた指定難病の患者又はその保護者と同一の世帯に属する他の支給認定を受けた指定難病の患者及び児童福祉法第十九条の三第三項に規定する医療費支給認定に係る同法第六条の二第一項に規定する小児慢性特定疾病児童等の数その他の事情をしん酌して政令で定める額（当該政令で定める額が当該算定した額の百分の二十（当該支給認定を受けた指定難病の患者が高齢者の医療の確保に関する法律（昭和五十七年法律第八十号）第五十条及び第五十一条の規定による後期高齢者医療の被保険者であって、同法第六十七条第一項第一号に掲げる場合に該当する場合その他政令で定める場合にあっては、百分の十）に相当する額を超えるときは、当該相当する額）を控除して得た額

二　当該指定特定医療（食事療養に限る。）につき健康保険の療養に要する費用の額の算定方法の例により算定した額から、健康保険法第八十五条第二項に規定する食事療養標準負担額、支給認定を受けた指定難病の患者又はその保護者の所得の状況その他の事情を勘案して厚生労働大臣が定める額を控除した額

三　当該指定特定医療（生活療養に限る。）につき健康保険の療養に要する費用の額の算定方法の例により算定した額から、健康保険法第八十五条の二第二項に規定する生活療養標準負担額、支給認定を受けた指定難病の患者又はその保護者の所得の状況その他の事情を勘案して厚生労働大臣が定める額を控除した額

3　前項に規定する療養に要する費用の額の算定方法の例によることができないとき、及びこれによることを適当としないときの特定医療に要する費用の額の算定方法は、厚生労働大臣の定める

ところによる。

【趣　旨】

本条は、医療費助成の対象となる「指定難病」を定義するとともに、法第七条第一項に規定する支給認定を受けた指定難病の患者に対して支給される特定医療費の額等について規定するものである。

【解　説】

(1)　第一項

都道府県は、特定医療費の支給認定を受けた指定難病の患者が、医療受給者証に記載された指定医療機関から当該指定難病に係る医療を受けた場合には、その医療に要した費用について特定医療費を支給する。

①　指定難病

法第一条の「難病」の四要素（原因不明、効果的な治療方法未確立、希少、長期療養必要）を満たしていると考えられる疾病のうち、医療費助成の対象となる指定難病の範囲を明らかにしている。

医療費助成の対象となる「指定難病」は、

ア　難病のうち、当該難病の患者数が本邦において厚生労働省令で定める人数に達していないこと

イ　当該難病の診断に関し客観的な指標による一定の基準が定まっていることその他の厚生労働省令で定める要件を満たすものであること

の二つの要件を満たす疾病であって、当該難病の患者の置かれている状況からみて当該難病の患者に対する良質かつ適切な医療の確保を図る必要性が高いものとして厚生労働大臣が厚生科学審議会の意見を聴い

て指定するものをいう。

アの「当該難病の患者数が本邦において厚生労働省令で定める人数に達せず」とは、日本国内の患者数が人口のおおむね〇・一％程度に達しないことを意味する（規則第一条）。人口は、官報で公示された最近の国勢調査又はこれに準ずる全国的な人口調査の結果による数とし、具体的な人数は、難病対策委員会において、国際的な「希少性」の水準や希少疾病用医薬品等の指定要件も踏まえつつ議論が行われた結果、人口の〇・一％程度とすることが適当とされた。

イの「客観的な指標による一定の基準」とは、医学界で認められている診断基準が存在することを意味する。公平かつ公正な医療費助成を行うに当たっては、その対象範囲を明確にする必要があるため、広く医学界で認められている診断基準があることを要件としている。

また、「当該難病の置かれている状況からみて当該難病の患者に対する良質かつ適切な医療の確保を図る必要性が高いもの」とは、ア及びイの要件を満たす難病を指定難病に指定するに当たっての考え方を示したものであり、希少であるがゆえに患者が置かれている困難な状況（周囲の理解が得られにくいこと、適切な診断・医療を行える医師・医療機関が少ないこと、研究がなかなか進まず治療方法の確立までに時間がかかること）から良質かつ適切な医療が受けられにくく、医療を受けられるようにする必要があるものを指定難病とする趣旨である。

②　支給認定を受けた指定難病の患者

支給認定を受けた上で、指定難病に係る医療を現に受ける者（以下「支給認定患者」という。）を指す。

③　支給認定の有効期間

指定難病の患者の病状は一般的に変動することから、支給認定の効力は原則として一年（特別な事情がある場合は一年三か月）以内としている（法第九条）。

④　特定医療

支給認定患者が、その指定難病の治療のために受ける、指定難病及び当該指定難病に付随して発生する傷病に関する医療をいう。指定難病の患者は全身の各所に様々な症状が生じることがあるため治療の種類は限定しないが、指定難病に起因する症状でないことが明らかなものは除外する。

⑤　都道府県知事が定める医療機関（指定医療機関）

特定医療費は都道府県から指定難病の患者等に対して支払われるものであるが、実際には患者等の便宜、事務手続の簡素化等を踏まえ、医療機関による法定代理受領を行う。このため、都道府県が、特定医療の提供及び法定代理受領を適切に行うことができる医療機関を指定する（法第十四条）。

⑥　支給認定を受けた指定難病の患者又はその保護者

特定医療費の支給を受ける者、いわゆる「受給者」を指す。患者が一八歳未満の場合は保護者による支給認定の申請が可能であるため、指定難病の患者本人のみを指すものではない。

⑵　第二項

都道府県が、受給者に対して支給する特定医療費の額を定める。

特定医療費の額は、支給認定患者が受けた医療（支給認定患者が入院し、食事療養又は生活療養を受けた場合にはこれを含む。）に要した費用の総額から、

ア　所得等に応じて受給者が負担すべき額（表２―１参照）

イ　医療費総額の二割（支給認定患者が後期高齢者医療に加入している場合は一割）

のいずれか低い額を控除した額となる。医療費の額は健康保険の療養に要する費用の額の算定方法の例、つ

まり診療報酬の算定方法に従って算定した額をいう。ただし、医療保険等を優先して適用することとなっているため（法第十二条）、患者負担、特定医療費、医療保険はそれぞれ図2―1のように適用されることになる。

アの階層区分は、「支給認定を受けた指定難病の患者又はその保護者の家計の負担能力、当該支給認定を受けた指定難病の患者の治療状況、当該支給認定を受けた指定難病の患者又はその保護者と同一の世帯に属する他の支給認定を受けた指定難病の患者及び児童福祉法（昭和二十二年法律第百六十四号）第十九条の三第三項に規定する医療費支給認定に係る同法第六条の二第一項に規定する小児慢性特定疾病児童等の数その他の事情」をしん酌する。その具体的な内容は以下のとおりである。

① 支給認定を受けた指定難病の患者又はその保護者の家計の負担能力

難病の患者に対する医療費助成制度では、家計の負担能力、つまり所得等に応じて、自己負担の上限額（以下「負担上限月額」という。）が定められており、助成額（特定医療費の額）が異なっている。所得等に応じた月ごとの負担上限月額を定めるに当たっては、「医療保険の加入単位」、すなわち「支給認定患者と同じ医療保険に加入する者」をもって、「生計を一にする世帯」として扱い、当該家計の負担能力を判断している（図2―2、図2―3参照）。

これは、特定医療が基本的には医療保険の自己負担部分を助成する機能を持っており、医療保険における自己負担の上限額等は同じ医療保険に加入する者を単位として設定されていることを踏まえたものである。

支給認定患者が属する医療保険が国民健康保険又は後期高齢者医療である場合は、当該支給認定患者が加入している医療保険の被保険者であって、支給認定患者と同一の世帯（住民基本台帳法（昭和四十二年

## 表２―１　医療費助成における自己負担限度額（月額）

（単位：円）

| 階層区分 | 階層区分の基準<br>（（　）内の数字は、夫婦２人世帯の場合における年収の目安） | | 患者負担割合：２割 | | | | | |
|---|---|---|---|---|---|---|---|---|
| | | | 自己負担限度額（外来＋入院） | | | | | |
| | | | 原則 | | | 既認定者（経過措置３年間） | | |
| | | | 一般 | 高額かつ長期（※） | 人工呼吸器等装着者 | 一般 | 現行の重症患者 | 人工呼吸器等装着者 |
| 生活保護 | ― | | 0 | 0 | 0 | 0 | 0 | 0 |
| 低所得Ｉ | 市町村民税非課税（世帯） | 本人年収～80万円 | 2,500 | 2,500 | 1,000 | 2,500 | 2,500 | 1,000 |
| 低所得Ⅱ | | 本人年収80万円超～ | 5,000 | 5,000 | | 5,000 | | |
| 一般所得Ｉ | 市町村民税課税以上約7.1万円未満（約160万円～約370万円） | | 10,000 | 5,000 | | 5,000 | 5,000 | |
| 一般所得Ⅱ | 市町村民税約7.1万円以上約25.1万円未満（約370万円～約810万円） | | 20,000 | 10,000 | | 10,000 | | |
| 上位所得 | 市町村民税約25.1万円以上（約810万円～） | | 30,000 | 20,000 | | 20,000 | | |
| 入院時の食費 | | | 全額自己負担 | | | １／２自己負担 | | |

※「高額かつ長期」とは、月ごとの医療費総額が５万円を超える月が年間６回以上ある者（例えば医療保険の２割負担の場合、医療費の自己負担が１万円を超える月が年間６回以上）。

## 図２―１　特定医療費の支給に係る自己負担の考え方

特定医療費の支給に当たっては医療保険制度、介護保険制度による給付を優先する（保険優先制度）。

通常、医療機関の窓口では、医療費の７割を医療保険が負担し、残りの医療費の３割を患者が自己負担することになるが、特定医療費の支給認定を受けた場合は、指定医療機関での窓口負担が、自己負担上限額（月額）までとなる。

ただし、自己負担上限額と医療費の２割を比較して、自己負担上限額の方が上回る場合は、医療費の「２割」が窓口での負担額となる。


例１）一般所得Ｉの者が自己負担上限額（月額：１万円）まで負担する場合（自己負担上限額：１万円＜医療費の２割：２万円）

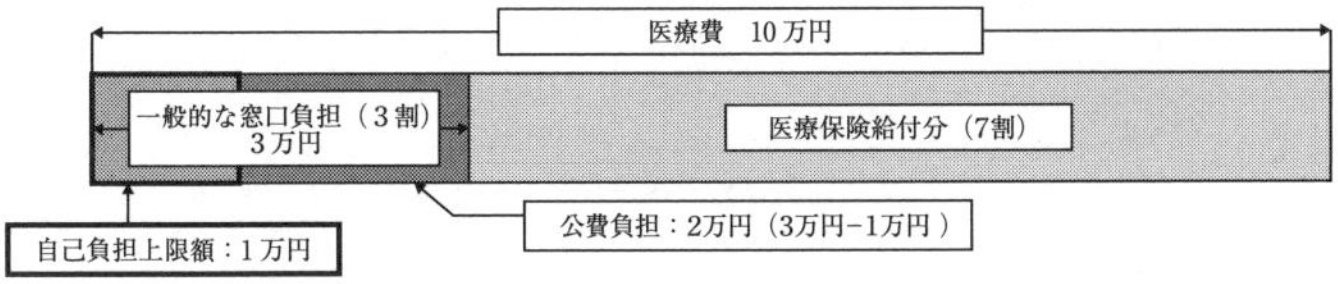


例２）一般所得Ｉの者が医療費の「２割」まで負担する場合（自己負担上限額：１万円＞医療費の２割：0.8万円）

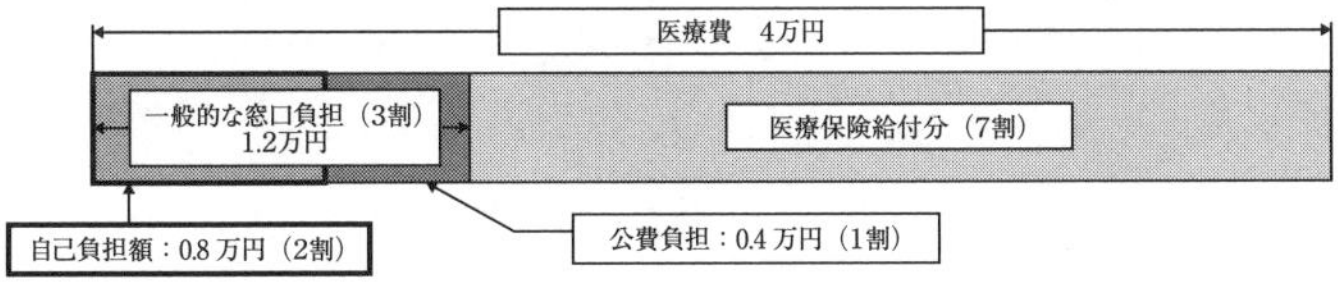

## 図２―２　特定医療費の支給認定に係る世帯の考え方

○　支給認定世帯の単位については、同じ医療保険に加入している者によって範囲を設定する。
○　医療保険の加入関係が異なる場合には、税制における取扱いに関係なく、別の支給認定世帯として取り扱う。

【被用者保険】
・被保険者及びその被扶養者を一つの加入単位とする。
・被扶養者は被保険者の申告に基づいて決定される。その際、被扶養者となる者が被保険者の直系尊属、配偶者、子、孫及び弟妹であれば、住民票上の同一の世帯に属しているかを問わない。
・一定以上の収入がある者は、被扶養者となることはできず、その者は別の単位として医療保険に加入する。

【国民健康保険】
・保険料は、世帯内の加入者数及び所得等に応じて決まる。
・保険料の納付義務者は、住民票上の世帯主となる。

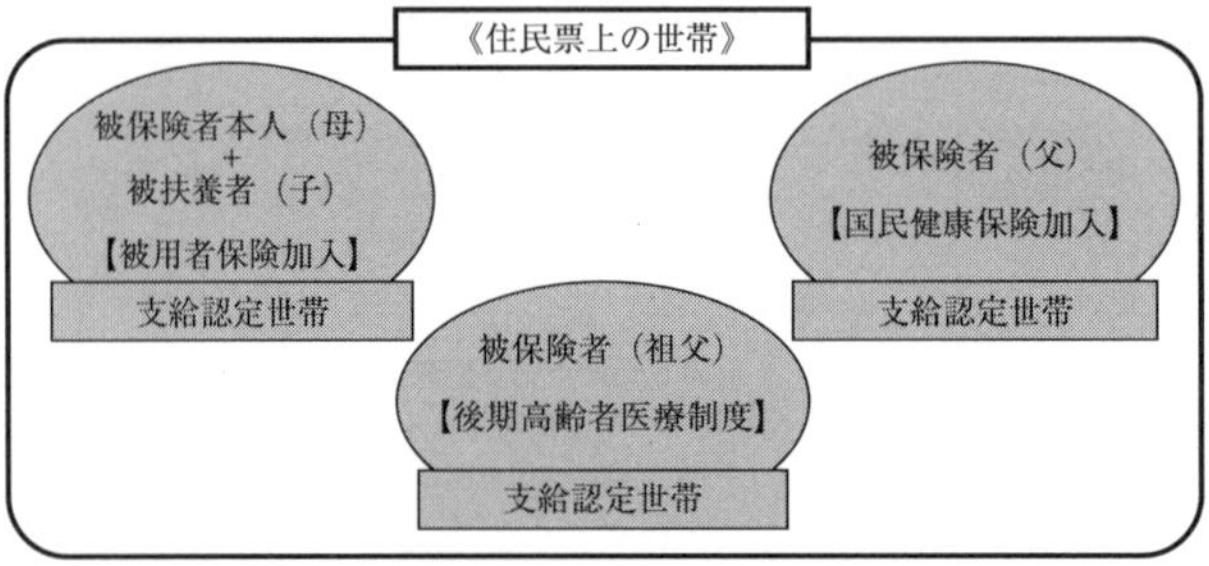


○　医療保険に基づく支給認定世帯を単位にした場合、住民票上の世帯と対象者が異なる。
○　左の図では、祖父・父・母・子の４人が住民票上の同一世帯となるが、医療保険を単位にした支給認定世帯の場合、同一世帯になるのは母と子のみ。

## 図２―３　支給認定世帯の所得状況の確認対象

支給認定世帯の所得状況は、当該支給認定世帯における医療保険の保険料の算定対象となっている者を確認する。
※医療を受ける者が、被保険者であっても被扶養者であっても上記原則は変わらない。

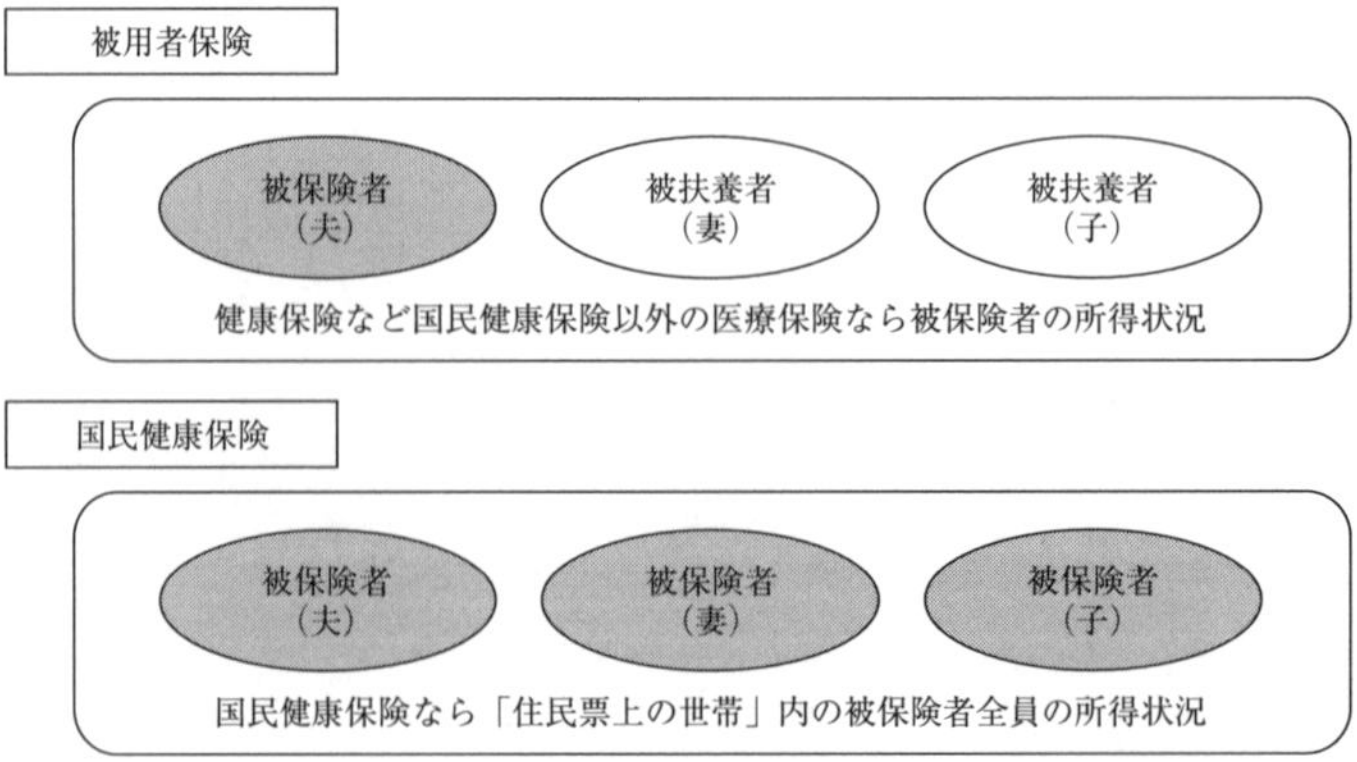

法律第八十一号）に基づく住民基本台帳上の世帯をいう。）に属する者に限り、所得を勘案する支給認定世帯を構成するものとして扱い、家族の実際の居住形態及び税制面での取扱いにかかわらず、特例*に該当する場合を除き、医療保険の加入関係が異なる場合には別の支給認定世帯として取り扱う。

＊　支給認定患者が一八歳未満で国民健康保険に加入している場合については、受給者（保護者）が後期高齢者医療に加入している場合であっても、支給認定患者と受給者を同一の支給認定世帯とみなす。

負担上限月額は、難病対策委員会での議論を経て、次のとおり、障害者総合支援法による更生医療の負担上限月額を超えない額となるよう設定している。

ｉ　生活保護

次のいずれかの場合は、階層区分が「生活保護」となり、負担上限月額は〇円となる。

・支給認定患者及び支給認定基準世帯員（支給認定患者と同一の医療保険に属する者であって支給認定患者以外の者）が生活保護法（昭和二十五年法律第百四十四号）の被保護者（以下「被保護者」という。）又は中国残留邦人等の円滑な帰国の促進並びに永住帰国した中国残留邦人等及び特定配偶者の自立の支援に関する法律（平成六年法律第三十号）による支援給付を受けている者（以下「支援給付受給者」という。）である場合

・生活保護法の要保護者（以下「要保護者」という。）又は中国残留邦人等の円滑な帰国の促進並びに永住帰国した中国残留邦人等及び特定配偶者の自立の支援に関する法律による支援給付を必要とする状態にある者（以下「要支援者」という。）であって、「低所得Ⅰ（二五〇〇円）」の負担上限月額を適用したとしたならば保護又は支援給付を必要とする状態となる場合

ⅱ　低所得Ⅰ

次のいずれかの場合であって「生活保護」に該当しない場合は、階層区分が「低所得Ⅰ」となり、負担上限月額は二五〇〇円となる。

・支給認定世帯が市町村民税世帯非課税世帯[*1]であって、かつ、指定難病の患者等に係る収入（地方税法上の合計所得金額[*2]（合計所得金額が〇円を下回る場合は、〇円とする。）、所得税法上の公的年金等の収入金額[*3]、その他厚生労働省令で定める給付[*4]）の合計金額がそれぞれ八〇万円以下である場合

＊１　「市町村民税世帯非課税世帯」とは、支給認定世帯の世帯員が、支給認定患者が特定医療を受ける日の属する年度（特定医療を受ける日の属する月が四月から六月である場合にあっては、前年度）分の地方税法（昭和二十五年法律第二百二十六号）の規定による市町村民税（同法の規定による特別区民税を含むものとし、同法第三百二十八条の規定によって課する所得割を除く。以下同じ。）が課されていない者（均等割及び所得割双方が非課税）又は市町村の条例で定めるところにより当該市町村民税を免除された者（当該市町村民税の賦課期日において同法の施行地に住所を有しない者を除く。）である支給認定世帯をいう。

＊２　「合計所得金額」とは、地方税法第二百九十二条第一項第十三号に規定する合計所得金額をいう。ただし、公的年金等の支給を受ける者については、所得税法（昭和四十年法律第三十三号）第三十五条第二項に規定する雑所得の金額は、公的年金等控除額を八〇万円として算定した額とする。

＊３　「公的年金等の収入金額」とは、所得税法第三十五条第二項第一号に規定する公的年金等の収入金額をいう。

＊４　「その他厚生労働省令で定める給付」とは、難病の患者に対する医療等に関する法律施行規則第八条各号に掲げる国民年金法（昭和三十四年法律第百四十一号）に基づく障害基礎年金等の給付の合計金額をいう。

・支給認定世帯の世帯員が要保護者又は要支援者であって「低所得Ⅱ」の負担上限月額を適用したとしたならば保護又は支援給付を必要とする状態になる場合であって、かつ、所得区分が「生活保護」の対象ではない場合

iii　低所得Ⅱ
次のいずれかに該当する場合であって「生活保護」及び「低所得Ⅰ」の対象ではない場合の階層区分は「低所得Ⅱ」となり、負担上限月額は五〇〇〇円となる。
・　支給認定世帯が市町村民税世帯非課税世帯である場合
・　支給認定世帯の世帯員が要保護者若しくは要支援者であって「一般所得Ⅰ」の負担上限月額を適用したとしたならば保護又は支援給付を必要とする状態になる場合

iv　一般所得Ⅰ
支給認定世帯の世帯員のうち、各医療保険制度で保険料の算定対象となっている者の市町村民税額（所得割）の合計が七万一〇〇〇円未満の場合であって、かつ、所得区分が「生活保護」、「低所得Ⅰ」及び「低所得Ⅱ」の対象ではない場合には、階層区分が「一般所得Ⅰ」となり、負担上限月額は一万円となる。

v　一般所得Ⅱ
支給認定世帯の世帯員のうち、各医療保険制度で保険料の算定対象となっている者の市町村民税額（所得割）の合計が二五万一〇〇〇円未満の場合であって、かつ、所得区分が「生活保護」、「低所得Ⅰ」、「低所得Ⅱ」及び「一般所得Ⅰ」の対象ではない場合は、階層区分が「一般所得Ⅱ」となり、負担上限月額は二万円となる。

vi　上位所得
支給認定世帯の世帯員のうち、各医療保険制度で保険料の算定対象となっている者の市町村民税額（所得割）の合計が二五万一〇〇〇円以上の場合は、階層区分が「上位所得」となり、負担上限月額は三万円となる。

②　支給認定患者の治療状況、当該支給認定患者又はその保護者と同一の世帯に属する他の支給認定患者及び児童福祉法第十九条の三第三項に規定する医療費支給認定に係る同法第六条の二第一項に規定する小児慢性特定疾病児童等の数その他の事情

高額な治療が長期的に継続している患者や人工呼吸器等の生命維持管理装置を常時装着している患者については、「治療状況」を勘案する。また、同一の世帯に患者本人以外の指定難病又は小児慢性特定疾病の患者がおり、医療費助成を受けている場合等には、更なる負担軽減措置をとることとしている。

ⅰ　人工呼吸器等装着者

支給認定患者が、「人工呼吸器その他の生命の維持に欠くことができない装置を装着していることについて特別の配慮を必要とする者」であると都道府県知事が認める場合には、所得にかかわらず、負担上限月額を一〇〇〇円とする（令第一条第一項第六号）。

「人工呼吸器その他の生命の維持に欠くことができない装置を装着していることについて特別の配慮を必要とする者」とは支給認定患者が当該指定難病によって以下のすべての要件を満たすものをいう（平成二十六年厚生労働省告示第四百二十九号）。

一　継続して常時生命維持管理装置を装着する必要がある者であること。

二　日常生活動作が著しく制限されている者であること。

第一号に関し、「継続して常時」とは、指定医が、医学的に一日中施行することが必要であって離脱の可能性がないと判断した場合をいう。第二号の「日常生活動作が著しく制限されている者」とは、以下の項目に係る介護度（日常生活動作（ＡＤＬ）の評価に用いられているバーセルインデックスをもと

に設定）の各項目において、いずれも「部分介助」または「全介助」に該当する者をいう。

［項目］：食事、椅子とベッド間の移動、整容、トイレ動作、入浴、移動、階段昇降、更衣、排便コントロール、排尿コントロール

ⅱ　高額難病治療継続者（高額かつ長期）

同一の月に受けた特定医療（支給認定を受けた月以後のものに限る。）の医療費総額が五万円を超えた月数が、過去一二月以内に既に六月以上ある場合は、一般所得Ⅰ、一般所得Ⅱ及び上位所得の患者の負担上限月額を通常よりも軽減する。「過去一二月以内」とは、高額難病治療継続者の申請を行った日が属する月から起算して一二月以内であることをいう（平成二十六年厚生労働省告示第四百二十八号）。

ⅲ　按分

負担上限月額は、同一の世帯に属する指定難病及び小児慢性特定疾病児童等の数等に応じて按分する。利用者負担の上限は、家計の負担能力を表す世帯の所得を基本として設定されるところ、同じ所得であれば同一の世帯に複数の患者がいたとしても家計の負担能力は同じであることから、負担上限月額の合算額は、患者数にかかわらず同一であることが適切である。したがって、複数の患者がいる場合には、単一の患者の場合に算定された利用者負担上限を患者数等に応じて按分することとする。指定難病及び小児慢性特定疾病の中には遺伝性の疾患が多くあり、同一の世帯に複数の患者がいることがあることから、このような仕組みを特に設けている。

具体的には、階層区分により決定した負担額に、医療費按分率（それぞれの患者について階層区分により決定した負担額を合計した額で、その世帯における最も高い負担額となる患者の負担額を除して得た率をいう。）を乗じて得た額（その額に一〇円未満の端数があるときは、これを切り捨てた額）を負

担上限月額とする（令第一条第二項）。

③　食事療養及び生活療養

ⅰ　食事療養に係る自己負担の導入

患者が保険医療機関に入院したときには、入院中の食事（食事療養）について一定の費用が生じる。通常、食事療養に要した費用のうち、患者は健康保険法（大正十一年法律第七十号）に規定する「入院時食事療養標準負担額」を自己負担し、それ以外の部分については医療保険から支払われることとなる。

難病法が策定される以前においては、特定疾患治療研究事業において入院時食事療養標準負担額についても医療費助成の対象に含めていたが、通院で治療を行う患者は在宅で食費を自己負担していることに鑑み、法定化するに当たり、他の公費負担医療制度と同様に、入院時食事療養標準負担額は原則として、患者の自己負担とすることとした。

具体的な負担額としては、生活保護対象者及び境界層措置対象者（要保護者であって、食事療養費を支給したとすれば保護を必要とする状態となるものであって、支給しないとすれば保護を必要としない状態にあるもの）については自己負

按分の具体的な計算方法

〔A、B又はCは、同一世帯に属する者で、それぞれ難病患者又は小児慢性特定疾病の患者〕

※世帯の所得階層が上位の場合とし、括弧内の金額は自己負担上限額を指す。

●A（難病【原則：３万円】）、B（難病【高額かつ長期：２万円】）

A：３万円×（３万円／５万円）＝18,000円

B：２万円×（３万円／５万円）＝12,000円　　世帯の総額　３万円

●A（難病【高額かつ長期：２万円】）、B（小慢【原則：1.5万円】）、C（小慢【高額かつ長期：１万円】）

A：２万円×（２万円／4.5万円）＝8,880円

B：1.5万円×（２万円／4.5万円）＝6,660円

C：１万円×（２万円／4.5万円）＝4,440円　　世帯の総額　19,980円

担を〇円とし、新法に基づく三年間の経過措置対象者については、平成二十九年十二月三十一日までの間は入院時食事療養標準負担額の二分の一の自己負担とし、それ以外の患者については全額自己負担とした（平成二十六年厚生労働省告示第四百二十六号）。

ii　生活療養に係る自己負担の導入

支給認定を受けた六五歳以上の患者が保険医療機関の療養病床に入院したときには、iと同様、生活療養に要する費用（入院に必要な食費及び居住費の合算額をいう。以下同じ。）が生じる。通常、生活療養に要した費用のうち、患者は健康保険法に規定する「入院時生活療養標準負担額分」を自己負担し、それ以外の部分については医療保険から支払われることになる。難病法では、生活療養に係る費用についても、食事療養に係る費用と同様に原則として医療費助成の対象範囲に含めないこととした。

具体的な負担額としては、生活保護対象者及び境界層措置対象者（要保護者であって、生活療養費を支給したとすれば保護を必要とする状態となるものであって、支給しないとすれば保護を必要としない状態にあるもの）については自己負担を〇円とし、新法に基づく三年間の経過措置対象者については、平成二十九年十二月三十一日までの間は入院時生活療養標準負担額の二分の一の自己負担とし、それ以外の患者については全額自己負担することとした（平成二十六年厚生労働省告示第四百二十七号）。

なお、支給認定患者については、入院時生活療養標準負担額のうち居住費分は医療保険で支払われることとなっているため、実質的には食費に係る費用を負担することとなる。

(3)　第三項

後期高齢者医療の対象となる場合など、健康保険の例により医療費の額を算定することが適当でないときには、厚生労働大臣が別に定める方法（「難病の患者に対する医療等に関する法律第五条第三項の規定による特定医療に要する費用の額の算定方法及び同法第十七条第二項の規定による診療方針」（平成二十六年厚生労働省告示第四百三十四号））により、医療費の額を算定する。

（申請）

**第六条**　支給認定を受けようとする指定難病の患者又はその保護者は、厚生労働省令で定めるところにより、都道府県知事の定める医師（以下「指定医」という。）の診断書（指定難病の患者が指定難病にかかっていること及びその病状の程度を証する書面として厚生労働省令で定めるものをいう。）を添えて、その居住地の都道府県に申請をしなければならない。

2　指定医の指定の手続その他指定医に関し必要な事項は、厚生労働省令で定める。

**【趣　旨】**

特定医療費の支給認定を受けようとする指定難病の患者又はその保護者の申請の手続について規定する。申請は指定医による診断書を添えて、居住地の都道府県に行わなければならない。

**【解　説】**

特定医療費の支給認定は申請主義をとっているため、指定難病の患者又はその保護者からの申請があってはじめて審査・認定が行われる。

(1)　指定医

特定医療費の支給認定の申請を行う際に提出する診断書を作成する医師は、都道府県が定める医師（指定医）でなければならない。

指定難病は、症例が少ない上、様々な部位に次々に異常が生じる疾病もあり、難病に関する知識を有し、その診療経験のある医師でないと、正しい診断が付かない場合も多い。医療関係者の中でもこうした疾病に関する知見にはばらつきがあり、適切な診断を下すためには、一般的な医学的知識に加え、より高度な専門的知識や経験が必要となる。

また、指定難病は難治性であるため発症すると生涯にわたり治療が必要となり、公費助成を長期にわたり受けることが多いため、病名の診断は厳密に行うことが要請される。このため、診断書を作成できる医師を、一定の要件を満たす医師に限定している。

指定医は、その役割に応じて難病指定医と協力難病指定医に分けられる（規則第十五条）。

ア　難病指定医

厚生労働大臣が定める認定機関が認定する専門医（以下「専門医」という。）の資格を有する者又は都道府県知事が行う研修（主に指定難病の患者に対する医療費助成制度に係るもの及び代表的な指定難病の疾患概要、診断基準等の知見を深めるもの）を修了している者であって、かつ、診断書を作成するのに必要な知識と技能を有すると認められるもの。

イ　協力難病指定医

都道府県知事が行う研修（主に指定難病の患者に対する医療費助成制度に係るもの）を修了している者であって、かつ、診断書（支給認定を受けたことのある指定難病の患者の当該支給認定に係る指定難病に係るものに限る。）を作成するのに必要な知識と技能を有すると認められるもの。

希少疾病である指定難病の診断は「その疾病にかかっていること」の診断が最も難しいことから、初めて医療費助成の申請をする場合には、専門的な知識を有する難病指定医が診断し、作成した診断書を添付しなければならない。一方で、支給認定の更新の場合には、患者の医療アクセスも考慮し、難病指定医のほか、医療費助成制度に一定の知見を有する協力難病指定医が作成した診断書を添付し、支給認定の申請を行うことができることとしている。

医学の進歩や医療費助成制度等について必要な最新情報を医師が適切に把握できるよう、指定医は五年ごとに都道府県知事が行う研修を受け、指定の更新を受けなければならない。ただし、専門医資格を有する難病指定医については、専門医資格の更新に当たり最新の情報等を得ることができるため、都道府県知事が行う研修を受けることは必須としていない。

(2)　居住地

居住地とは、原則として住民票に記載された住所地のことをいう。

(3)　支給認定の申請

支給認定を受けようとする指定難病の患者又はその保護者は、

①　指定難病の患者の氏名、性別、居住地、生年月日、連絡先

②　保護者が申請しようとする場合は、保護者の氏名、居住地、連絡先、患者との続柄

③　申請に係る指定難病の名称

④　患者の医療保険の被保険者証等に記載されている記号、番号、保険者氏名

⑤　支給認定基準世帯員の氏名

⑥　受療を希望する指定医療機関の名称、所在地

⑦　高額難病治療継続者、人工呼吸器等装着者の該当の別
⑧　同一世帯に按分を行うべき患者がいる場合は、按分対象者に関する事項
を記載した申請書に、指定医の診断書、⑦及び⑧の事項を証する書類、負担上限月額の算定のために必要な書類を添付して、その居住地の都道府県に申請しなければならない。なお、負担上限月額の算定のために必要な書類とは、例えば市町村民税課税証明書や医療保険の被保険者証等の写し等をいう。

指定医の診断書には患者がかかっている指定難病の名称やその病状の程度、診断書の作成年月日、都道府県による医学的審査のために必要な診断結果等が記載されることになる（規則第十四条）。この診断書に基づき、都道府県において支給認定の審査を行うため、厚生労働省では、指定難病ごとに様式例（臨床調査個人票）を公表し、審査に必要と考えられるデータの種類等を具体的に示している。

なお、支給認定の有効期間（法第九条参照）のうちに①から⑤まで（③を除く。）に掲げる事項について変更があった場合は、速やかに、変更の届出書に医療受給者証を添えて、支給認定を行った都道府県に届け出なければならない。また、③、⑥、⑦、⑧に変更があった場合は、変更の認定を申請する必要がある（法第十条参照）。

（支給認定等）

**第七条**　都道府県は、前条第一項の申請に係る指定難病の患者が、次の各号のいずれかに該当する場合であって特定医療を受ける必要があるときは、支給認定を行うものとする。

一　その病状の程度が厚生労働大臣が厚生科学審議会の意見を聴いて定める程度であるとき。

二　その治療状況その他の事情を勘案して政令で定める基準に該当するとき。

2　都道府県は、前条第一項の申請があった場合において、支給認定をしないこととするとき（申請の形式上の要件に適合しない場合として厚生労働省令で定める場合を除く。）は、あらかじめ、次条第一項に規定する指定難病審査会に当該申請に係る指定難病の患者について支給認定をしないことに関し審査を求めなければならない。

3　都道府県は、支給認定をしたときは、厚生労働省令で定めるところにより、指定医療機関の中から、当該支給認定を受けた指定難病の患者が特定医療を受けるものを定めるものとする。

4　都道府県は、支給認定をしたときは、支給認定を受けた指定難病の患者又はその保護者（以下「支給認定患者等」という。）に対し、厚生労働省令で定めるところにより、支給認定の有効期間、前項の規定により定められた指定医療機関の名称その他の厚生労働省令で定める事項を記載した医療受給者証（以下「医療受給者証」という。）を交付しなければならない。

5　支給認定は、その申請のあった日に遡ってその効力を生ずる。

6　指定特定医療を受けようとする支給認定患者等は、厚生労働省令で定めるところにより、第三項の規定により定められた指定医療機関に医療受給者証を提示して指定特定医療を受けるものとする。ただし、緊急の場合その他やむを得ない事由のある場合については、医療受給者証を提示することを要しない。

7　支給認定を受けた指定難病の患者が第三項の規定により定められた指定医療機関から指定特定医療を受けたとき（当該支給認定患者等が当該指定医療機関に医療受給者証を提示したときに限る。）は、都道府県は、当該支給認定患者等が当該指定医療機関に支払うべき当該指定特定医療に要した費用について、特定医療費として当該支給認定患者等に支給すべき額の限度において、当該支給認定患者等に代わり、当該指定医療機関に支払うことができる。

8　前項の規定による支払があったときは、当該支給認定患者等に対し、特定医療費の支給があったものとみなす。

【趣　旨】

本条では、都道府県が特定医療費の受給申請をした指定難病の患者に対して、支給認定をする際の手続・基準等について規定するものである。

【解　説】

(1)　第一項

都道府県は、指定難病の患者の病状の程度が厚生労働大臣が厚生科学審議会の意見を聴いて定める程度である場合、又は当該患者の治療状況その他の事情を勘案して政令で定める基準に該当する場合には、特定医療を受ける必要があるものとして特定医療費の支給認定を行う。

「病状の程度が厚生労働大臣が厚生科学審議会の意見を聴いて定める程度である」とは、患者が罹患している指定難病の症状の程度が「個々の指定難病の特性に応じ、日常生活又は社会生活に支障があると医学的に判断される程度である」ことをいう。軽症の患者は医療需要が比較的少ないと考えられるため、医療費が高額となる患者を除き、医療費助成の対象とはなっていない。

「治療状況その他の事情を勘案して政令で定める基準に該当するとき」とは、治療等により病状の程度が厚生労働大臣が定める基準を満たさない程度に抑えられており、治療に要する費用が高額な状態をいう。具体的には、同一の月に受けた指定難病に係る医療費が三万三三三〇円を超えた月数が当該支給認定の申請を行った日の属する月以前の一二月以内に既に三月以上あるものである状態である場合には、医療費助成の対象となる。

(2)　第二項

第一項に規定する支給認定を行うに当たっては、①指定難病にかかっているかを審査する必要があり、かつ、②指定難病の病状の程度が厚生労働大臣が定める程度であるか、又は厚生労働大臣が定める程度でなかった場合には治療状況等に関する基準に該当しているかを審査する必要がある。これらの審査に当たっては医学的な知見が必要であり、特に、医学的知見を有する指定医が作成する診断書が添えられた申請に対して支給認定をしないことを決定する場合には、指定医と同程度以上の医学的知見を有する合議体の意見を求めることが必要である。このため、支給認定をしないこととする場合については、都道府県は指定難病審査会に審査を求めなければならないこととしている。ただし、申請書の記載事項に不備があるなど、申請書の形式上の要件に適合せず、支給認定の要件を満たさないことが明らかである場合は、指定難病審査会の審査を要しないこととしている。

(3)　第三項

特定医療については、医療に関して一定の質が確保される指定医療機関において行われることが必要であり、かつ、適切な治療の継続や医療費の管理上の必要性のため、指定医療機関の中から、患者が特定医療を受けるものを定めることとしている。

⑷　第四項

支給認定を受けた患者又は保護者に対しては、医療受給者証を交付する。医療受給者証には、有効期間、指定医療機関の名称その他の事項を記載しなければならない。（医療受給者証の様式例は「特定医療費支給認定実施要綱」別紙様式第2号（三〇三頁）参照）

また、医療受給者証の受け取りは患者本人のみではなく一八歳未満の患者の保護者も対象となることから、本項において「支給認定患者等」（いわゆる「受給者」）の定義を置く。一方、治療を受ける患者は年齢にかかわらず本人に限定されることから、「支給認定を受けた指定難病の患者」（いわゆる「支給認定患者」）として使い分ける。

⑸　第五項

支給認定の効力は、その申請があった日に遡ることとしている。

申請から都道府県による医療費の支給認定までに一定の期間を要するが、この間も患者は特定医療を受ける可能性がある。また、指定難病の患者は、申請日より前に医療機関において「指定難病にかかっていること」及び「その程度が特定医療費の支給対象となるべき基準に該当する程度であること」について診断を得るものであり、その認定は、申請日における特定医療に係る受給権の存在を確認するものであると考えられることから、特定医療の支給認定の効力が生ずる日を申請受理日としている。

⑹　第六項

医療費助成の対象となる指定特定医療を受けようとする受給者は、その都度、指定医療機関に医療受給者証を提示する必要がある。なお、緊急の場合等については、医療受給者証を提示せずとも指定特定医療を受けることができる。

また、負担上限月額は一月にかかった医療費全体に対して適用されるものであるため、患者が各指定医療機関で負担上限月額を超えて負担することのないよう、医療機関において支払った額を管理する必要がある。このため、都道府県は医療受給者証とともに自己負担上限額管理票（「特定医療費支給認定実施要綱」別紙様式第３号（三〇五頁））を交付し、患者が指定難病に係る治療等を指定医療機関で受ける度に、その機関が徴収した額を各機関において管理票に記入してもらい、自己負担の累積額が月間自己負担上限額まで達した場合には、その旨をその時に受診した指定医療機関に確認してもらうことで、その月においてそれ以上の自己負担が生じることがないように取り扱っている。

(7)　第七項及び第八項

支給認定患者が指定医療機関から指定特定医療を受けたときは、特定医療費の支給は、都道府県が支給認定患者等に支給することとされているが（法第五条第一項）、医療機関に対し、特定医療費分を含めて費用を支払い、後日、都道府県から還付が受けられることとすると、受療から特定医療費の支払いまでの間に一時的に患者に経済的負担が生じることとなる。これを解消するため、当該支給認定患者等が指定医療機関に支払うべき負担額のうち、特定医療費（公費）分を都道府県から当該指定医療機関に直接支払うこと、いわゆる法定代理受領が可能となっている。この場合、支給認定患者等に対し特定医療費の支給があったものとみなされる。この規定により、特定医療を受けた患者は、指定医療機関の窓口では、指定難病の医療費助成制度における自己負担（医療費総額の二割又は負担上限月額）分のみを支払うことになる。

なお、本条では「指定医療機関に支払うことができる」としているが、規則第四条においては、特定医療費は原則として指定医療機関に支払うものであることを規定し、患者に負担がかからないような仕組みとしている。

（指定難病審査会）
**第八条**　前条第二項の規定による審査を行わせるため、都道府県に、指定難病審査会を置く。
２　指定難病審査会の委員は、指定難病に関し学識経験を有する者（指定医である者に限る。）のうちから、都道府県知事が任命する。
３　委員の任期は、二年とする。
４　この法律に定めるもののほか、指定難病審査会に関し必要な事項は、厚生労働省令で定める。

**【趣　旨】**

法第七条第二項の規定により、都道府県が支給認定をしないこととする場合は、都道府県は指定難病審査会に審査を求めなければならない。本条では「指定難病審査会」の設置及びその役割を規定する。

**【解　説】**

⑴　第一項・第二項

支給認定をしないこととする場合に第三者機関に審査を求めるため、都道府県は指定難病審査会を設置する。指定難病審査会は、①指定難病にかかっているか、②指定難病の病状の程度が厚生労働大臣が定める程度であるか、といった医学的な観点からのみ審査を行うものであるため、審査会の委員は指定難病に関し学識経験を有する指定医とする。

(2)　第三項、第四項

指定難病審査会の委員の任期は二年とする。また、委員のうちに欠員が生じた場合の補欠の委員については、その任期は前任者の残任期間としており、委員は再任も可能である（規則第二十九条）。審査会には委員の互選により会長を置くこととする（規則第三十条）。ただし、指定医の数や専門分野は自治体によって事情が異なるため、審査会の運営も都道府県の実情に応じて行われるべきものと考えられることから、具体的な委員構成や運営については各都道府県が定めることとしている。

（支給認定の有効期間）

**第九条**　支給認定は、厚生労働省令で定める期間（以下この節において「支給認定の有効期間」という。）内に限り、その効力を有する。

**【趣　旨】**

支給認定の有効期間について定めたものである。

**【解　説】**

難病の患者は病状が日々変化するため、特定医療を受ける必要があるかを適切に確認する必要がある。このため、支給認定の有効期間は一年（特別の事情がある場合は一年三か月）を超えない範囲で指定特定医療を受けることが必要な期間とする（規則第三十一条）。特別な事情とは、例えば、一〇月に一斉更新を行う都道府県において九月に支給認定の申請を行った患者など、支給認定の有効期間を一年としたならば短期間のうちに二度申請を行う必要が生じる場合等が想定される。

（支給認定の変更）

**第十条**　支給認定患者等は、現に受けている支給認定に係る第七条第三項の規定により定められた指定医療機関その他の厚生労働省令で定める事項を変更する必要があるときは、厚生労働省令で定めるところにより、都道府県に対し、当該支給認定の変更の申請をすることができる。

２　都道府県は、前項の申請又は職権により、支給認定患者等につき、同項の厚生労働省令で定める事項を変更する必要があると認めるときは、厚生労働省令で定めるところにより、支給認定の変更の認定を行うことができる。この場合において、都道府県は、当該支給認定患者等に対し、医療受給者証の提出を求めるものとする。

３　都道府県は、前項の支給認定の変更の認定を行ったときは、医療受給者証に当該変更の認定に係る事項を記載し、これを返還するものとする。

**【趣　旨】**

支給認定の変更について規定するものである。

【解　説】

受給者は、現に受けている支給認定に係る①医療受給者証に記載された指定医療機関の名称、②負担上限月額及び負担上限月額に関する事項、③支給認定に係る指定難病の名称のいずれかを変更する必要があるときは、変更認定の申請書に医療受給者証を添えて提出し、支給認定の変更の申請をすることができる（規則第三十二条、第三十三条）。

また、支給認定の変更は都道府県による職権でも可能である。支給認定の変更を行った場合は、都道府県は、提出された医療受給者証に変更事項を反映したうえで、これを返還することとしている。

（支給認定の取消し）

**第十一条**　支給認定を行った都道府県は、次に掲げる場合には、当該支給認定を取り消すことができる。

一　支給認定を受けた患者が、第七条第一項各号のいずれにも該当しなくなったと認めるとき。

二　支給認定患者等が、支給認定の有効期間内に、当該都道府県以外の都道府県の区域内に居住地を有するに至ったと認めるとき。

三　支給認定患者等が、正当な理由がなく、第三十五条第一項又は第三十六条第一項の規定による命令に応じないとき。

四　その他政令で定めるとき。

2　前項の規定により支給認定の取消しを行った都道府県は、厚生労働省令で定めるところにより、当該取消しに係る支給認定患者等に対し、医療受給者証の返還を求めるものとする。

【趣　旨】

支給認定の取消しについて規定したものである。

【解　説】

(1)　第一項

支給認定を行った都道府県は、

①　受診者がかかっている指定難病の症状の程度が「個々の指定難病の特性に応じ、日常生活又は社会生活に支障があると医学的に判断される程度」を満たさず、かつ、「同一の月に受けた指定難病に係る医療費が三万三三三〇円を超えた月数が当該支給認定の申請を行った日の属する月以前の一二月以内に既に三月以上あるものである状態」ではなくなった場合

②　他の都道府県に居住地を有することになった場合

③　正当な理由がなく特定医療費の支給に関する報告徴収の命令に従わない場合

④　虚偽の申請を行った場合（令第三条）

には、支給認定の取消しを行うことができる。

(2)　第二項

支給認定の取消しを行ったときは、都道府県は、①支給認定の取消しを行った旨、②医療受給者証を返還

する必要がある旨、③返還先及び返還期限を書面により受給者に通知して医療受給者証の返還を求める（規則第三十四条）。なお、既に医療受給者証が都道府県に提出されている場合は、②及び③は書面に記載することを要しない。

（他の法令による給付との調整）

**第十二条**　特定医療費の支給は、当該指定難病の患者に対する医療につき、健康保険法の規定による療養の給付その他の法令に基づく給付であって政令で定めるもののうち特定医療費の支給に相当するものを受けることができるときは政令で定める限度において、当該政令で定める給付以外の給付であって国又は地方公共団体の負担において特定医療費の支給に相当するものが行われたときはその限度において、行わない。

**【趣　旨】**

いわゆる併給調整の規定であり、同一の医療について他の法令等に基づく給付を受けられる場合は、原則として他の法令等に基づく給付を優先するものである。

**【解　説】**

特定医療費については、原則として「保険優先」「他法優先」、すなわち医療保険やその他の法律で支払われる給付を優先することとされており、当該給付以外の部分を補完することとされている。具体的には以下の法律に基づく給付で特定医療費の支給に相当するものを受けることができる場合には、支給を受けられる限度において、特定医療費は支給しない（法第五条　図２―１参照）。

①　健康保険法の規定による療養の給付並びに入院時食事療養費、入院時生活療養費、保険外併用療養費、療養費、訪問看護療養費、移送費、家族療養費、家族訪問看護療養費、家族移送費、特別療養費及び高額療養費

②　船員保険法（昭和十四年法律第七十三号）の規定による療養の給付並びに入院時食事療養費、入院時生活療養費、保険外併用療養費、療養費、訪問看護療養費、移送費、家族療養費、家族訪問看護療養費、家族移送費及び高額療養費

③　労働基準法（昭和二十二年法律第四十九号。他の法律において例による場合を含む。）の規定による療養補償

④　労働者災害補償保険法（昭和二十二年法律第五十号）の規定による療養補償給付及び療養給付

⑤　船員法（昭和二十二年法律第百号）の規定による療養補償

⑥　災害救助法（昭和二十二年法律第百十八号）の規定による扶助金（災害救助法施行令（昭和二十二年政令第二百二十五号）の規定による療養扶助金に限る。）

⑦　児童福祉法の規定による小児慢性特定疾病医療費

⑧　消防組織法（昭和二十二年法律第二百二十六号）の規定による損害の補償（非常勤消防団員等に係る損害補償の基準を定める政令（昭和三十一年政令第三百三十五号）の規定による療養補償に限る。）

⑨　消防法（昭和二十三年法律第百八十六号）の規定による損害の補償（非常勤消防団員等に係る損害補償の基準を定める政令の規定による療養補償に限る。）

⑩　水防法（昭和二十四年法律第百九十三号）の規定による損害の補償（非常勤消防団員等に係る損害補償の基準を定める政令の規定による療養補償に限る。）
⑪　国家公務員災害補償法（昭和二十六年法律第百九十一号。他の法律において準用し、又は例による場合を含む。）の規定による療養補償
⑫　警察官の職務に協力援助した者の災害給付に関する法律（昭和二十七年法律第二百四十五号）の規定による療養給付
⑬　海上保安官に協力援助した者等の災害給付に関する法律（昭和二十八年法律第三十三号）の規定による療養給付
⑭　自衛隊法（昭和二十九年法律第百六十五号）の規定による損害の補償（自衛隊法施行令（昭和二十九年政令第百七十九号）の規定による療養補償に限る。）
⑮　公立学校の学校医、学校歯科医及び学校薬剤師の公務災害補償に関する法律（昭和三十二年法律第百四十三号）の規定による療養補償
⑯　証人等の被害についての給付に関する法律（昭和三十三年法律第百九号）の規定による療養給付
⑰　国家公務員共済組合法（昭和三十三年法律第百二十八号。他の法律において準用し、又は例による場合を含む。）の規定による療養の給付並びに入院時食事療養費、入院時生活療養費、保険外併用療養費、療養費、訪問看護療養費、移送費、家族療養費、家族訪問看護療養費、家族移送費及び高額療養費
⑱　国民健康保険法（昭和三十三年法律第百九十二号）の規定による療養の給付並びに入院時食事療養費、入院時生活療養費、保険外併用療養費、療養費、訪問看護療養費、特別療養費、移送費及び高額療養費
⑲　災害対策基本法（昭和三十六年法律第二百二十三号）の規定による損害の補償（非常勤消防団員等に係る

損害補償の基準を定める政令の規定による療養補償に相当するもの又は災害救助法施行令の規定による療養扶助金に相当するものに限る。）

⑳　地方公務員等共済組合法（昭和三十七年法律第百五十二号）の規定による療養の給付並びに入院時食事療養費、入院時生活療養費、保険外併用療養費、療養費、訪問看護療養費、移送費、家族療養費、家族訪問看護療養費、家族移送費及び高額療養費

㉑　地方公務員災害補償法（昭和四十二年法律第百二十一号）の規定による療養補償

㉒　高齢者の医療の確保に関する法律（昭和五十七年法律第八十号）の規定による療養の給付並びに入院時食事療養費、入院時生活療養費、保険外併用療養費、療養費、訪問看護療養費、特別療養費、移送費及び高額療養費

㉓　原子爆弾被爆者に対する援護に関する法律（平成六年法律第百十七号）の規定による医療の給付及び一般疾病医療費

㉔　介護保険法（平成九年法律第百二十三号）の規定による介護給付（高額医療合算介護サービス費の支給を除く。）、予防給付（高額医療合算介護予防サービス費の支給を除く。）及び市町村特別給付

㉕　武力攻撃事態等における国民の保護のための措置に関する法律（平成十六年法律第百十二号）の規定による損害の補償（非常勤消防団員等に係る損害補償の基準を定める政令の規定による療養補償に相当するもの又は災害救助法施行令の規定による療養扶助金に相当するものに限る。）

㉖　新型インフルエンザ等対策特別措置法（平成二十四年法律第三十一号）の規定による損害の補償（災害救助法施行令の規定による療養扶助金に相当するものに限る。）

また、「当該政令で定める給付以外の給付であって国又は地方公共団体の負担において特定医療費の支給に

相当するものが行われたときはその限度において、行わない」とは、予算事業等により医療費の支給が行われる事業について、特定医療費の支給に相当するものが既に行われたときは、二重給付を避けるため既に支払われた額を限度として特定医療費は支給しないことを定めるものである。なお、障害者総合支援法に基づく障害者自立支援医療については、支給認定患者が必要とする医療の内容等に応じ、特定医療費と自立支援医療費のどちらを優先的に適用すべきかを一律に定めることが困難であるため、本条の「政令で定める給付」には含まれていない。

（厚生労働省令への委任）

**第十三条**　この節に定めるもののほか、特定医療費の支給に関し必要な事項は、厚生労働省令で定める。

**【趣　旨】**

特定医療費の支給について、第二章第一節で定めるもののほかは、厚生労働省令で定めることを規定している。

**【解　説】**

第二章第一節で定めたもののほか、申請内容の変更の届出（規則第十三条）、医療受給者証の再交付（規則第二十六条、第二十七条）について省令に規定している。

## 第二節　指定医療機関（第十四条―第二十六条）

（指定医療機関の指定）

**第十四条**　第五条第一項の規定による指定医療機関の指定（以下この節において「指定医療機関の指定」という。）は、厚生労働省令で定めるところにより、病院若しくは診療所（これらに準ずるものとして政令で定めるものを含む。以下同じ。）又は薬局の開設者の申請により行う。

2　都道府県知事は、前項の申請があった場合において、次の各号のいずれかに該当するときは、指定医療機関の指定をしてはならない。

一　申請者が、禁錮以上の刑に処せられ、その執行を終わり、又は執行を受けることがなくなるまでの者であるとき。

二　申請者が、この法律その他国民の保健医療に関する法律で政令で定めるものの規定により罰金の刑に処せられ、その執行を終わり、又は執行を受けることがなくなるまでの者であるとき。

三　申請者が、第二十三条の規定により指定医療機関の指定を取り消され、その取消しの日から起算して五年を経過しない者（当該指定医療機関の指定を取り消された者が法人である場合においては、当該取消しの処分に係る行政手続法（平成五年法律第八十八号）第十五条の規定による通知があった日前六十日以内に当該法人の役員又はその医療機関の管理者（以下「役員等」という。）であった者で当該取消しの日から起算して五年を経過しないものを含み、当該指定医療機関の指定を取り消された者が法人でない場合においては、当該通知があった日前六十日以内に当該者の管理者であった者で当該取消しの日から起算して五年を経過しないものを含む。）であるとき。ただし、当該取消しが、指定医療機関の指定の取消しのうち当該取消しの処分の理由となった事実その他の当該事実に関して当該指定医療機関の開設者が有していた責任の程度を考慮して、この号本文の規定による指定医療機関の指定の取消しに該当しないこととすることが相当であると認められるものとして厚生労働省令で定めるものに該当する場合を除く。

四　申請者が、第二十三条の規定による指定医療機関の指定の取消しの処分に係る行政手続法第十五条の規定による通知があった日（第六号において「通知日」という。）から当該処分をする日又は処分をしないことを決定する日までの間に第二十条の規定による指定医療機関の指定の辞退の申出をした者（当該辞退について相当の理由がある者を除く。）で、当該申出の日から起算して五年を経過しないものであるとき。

五　申請者が、第二十一条第一項の規定による検査が行われた日から聴聞決定予定日（当該検査の結果に基づき第二十三条の規定による指定医療機関の指定の取消しの処分に係る聴聞を行うか否かの決定をすることが見込まれる日として厚生労働省令で定めるところにより都道府県知事が当該申請者に当該検査が行われた日から十日以内に特定の日を通知した場合における当該特定の日をいう。）までの間に第二十条の規定による指定医療機関の指定の辞退の申出をした者（当該辞退について相当の理由がある者を除く。）で、当該申出の日から起算して五年を経過しないものであるとき。

六　第四号に規定する期間内に第二十条の規定による指定医療機関の指定の辞退の申出があった場合において、申請者が、通知日前六十日以内に当該申出に係る法人（当該辞退について相当の理由がある者を除く。）の役員等又は当該申出に係る法人でない者（当該辞退について相当の理由がある者を除く。）の管理者であった者で、当該申出の日から起算して五年を経過しないものであるとき。

七　申請者が、前項の申請前五年以内に特定医療に関し不正又は著しく不当な行為をした者であるとき。

八　申請者が、法人で、その役員等のうちに前各号のいずれかに該当する者のあるものであるとき。

九　申請者が、法人でない者で、その管理者が第一号から第七号までのいずれかに該当する者であるとき。

３　都道府県知事は、第一項の申請があった場合において、次の各号のいずれかに該当するときは、指定医療機関の指定をしないことができる。

一　当該申請に係る病院若しくは診療所又は薬局が、健康保険法第六十三条第三項第一号に規定する保険医療機関若しくは保険薬局又は厚生労働省令で定める事業所若しくは施設でないとき。

二　当該申請に係る病院若しくは診療所若しくは薬局又は申請者が、特定医療費の支給に関し診療又は調剤の内容の適切さを欠くおそれがあるとして重ねて第十八条の規定による指導又は第二十二条第一項の規定による勧告を受けたものであるとき。

三　申請者が、第二十二条第三項の規定による命令に従わないものであるとき。

四　前三号に掲げる場合のほか、当該申請に係る病院若しくは診療所又は薬局が、指定医療機関として著しく不適当と認めるものであるとき。

【趣　旨】

指定難病の患者に対する医療費助成制度においては、公費によって実施される医療の質を担保し、患者が病状等に応じて適切な医療機関で継続的に医療を受けることを促すとともに、患者等の利便性向上の観点から医療機関における特定医療費の代理受領を可能とするため、特定医療を実施する医療機関を指定する制度を設けている。法第五条第一項のとおり、特定医療を行う医療機関は都道府県知事が指定することとしており、本条では、指定医療機関に指定してはならない要件（欠格要件）や指定しないことができる要件（指定拒否要件）を規定するものである。

【解　説】

(1)　第一項

指定医療機関の指定は、病院又は診療所及びこれらに準ずるものの申請により行われる。

「病院又は診療所に準ずるもの」とは、健康保険法第八十八条第一項に規定する指定訪問看護事業者、介護保険法第四十一条第一項に規定する指定居宅サービス事業者（訪問看護を行う者に限る。）、介護保険法第五十三条第一項に規定する指定介護予防サービス事業者（介護予防訪問看護を行う者に限る。）をいう（令第五条）。

申請は、病院又は薬局等の名称及び所在地等を記載した申請書を、その所在地の都道府県知事に提出して行う（規則第三十五条）。なお、指定訪問看護事業者等の場合は、事業者が、訪問看護事業や居宅サービス事業、介護予防サービス事業を行う訪問看護ステーション等の所在地の都道府県知事に申請を行う。

ここで、「訪問看護ステーション等」とは、前記の「病院又は診療所に準ずるもの」である指定訪問看護事業者等が、当該指定に係る訪問看護事業又は訪問看護に係る居宅サービス事業、介護予防訪問看護又は介護予防訪問看護に係る介護予防サービス事業を行う事業所をいうものであることから、指定訪問看護事業者等が複数の都道府県にまたがり訪問看護ステーション等を運営している場合は、実際に訪問看護を行っている事業所の所在地にそれぞれ申請を行うこととなる。

(2)　第二項

公費負担医療制度に関する法律においては、医療の質を担保するとともに、不必要かつ過剰な診療や投薬をする等の公費負担医療制度を悪用し不正行為を行う医療機関を排除するため、指定の欠格事由や指定拒否要件を規定している。難病法においても、同様に、本項で欠格要件を定めている。

・申請者が刑罰を科されたこと（第一号、第二号）

第二号の「この法律その他国民の保健医療に関する法律で政令で定めるもの」については、令第六条において児童福祉法、医師法等を規定している。これらの法律は、医療を提供する機関が、他の法律において身体及び生命に関するサービスを提供するものとして、罰金の刑に処せられたり処分に違反したりした場合には、指定医療機関としても、指定難病の患者に適切な医療を提供することが期待できないこと、医療の提供に係る資格を持つ者として、他の法律の規定により罰金の刑に処せられたり処分に違反したりした場合には、当該資格を持つ者が所属する指定医療機関として、指定難病の患者に適切な医療を提供することが期待できないことから、①医療を提供する機関を規制する法律であって、特定医療とその対象、提供する内容等の観点から密接な関連のある法律、②医療の提供に係る資格を持つ者を規制する法律、のいずれかの基準に該当するものである。なお、障害者総合支援法では労働法規による罰金刑を指定医療機関の欠格事由としているが、障害者総合支援法は医療や福祉を含んだ総合的な法制度であるのに対し、難病法は医療に関する法律であるため、労働法規による罰金刑を受けていることは欠格要件としていない。

・申請者が過去に指定を取り消された者であること、又は指定の辞退をすることにより指定を取り消されることを回避した者であること（第三号～第五号）

第三号は、申請者たる開設者が、指定の取消しを受けてから五年を経過しない者である場合を指定の欠格事由とするものであり、例えば、指定医療機関の開設者が法人であり複数の病院を経営しているような場合においては、そのうちの一つの病院の指定の取消しが他の病院の指定等の拒否につながることとなる。これは、不適切な医療機関を排除するために設けるものであるが、一方で、例えば、病院の担当者の独断による不正が行われたような、組織的な不正でない場合についても指定等を拒否されることとなってしまい、適切ではない。このため、ただし書により、指定医療機関の指定取消しの処分の理由となった事実に関して申請者である開設者が有していた責任の程度を考慮し、第三号に該当しないことにすることが相当であると認められるものを除外することとしている。

また、第五号では、指定の取消処分に係る聴聞決定予定日までの間に指定を辞退することにより取消しを回避した者については、実質としては取り消される場合と同等の不適正な行為が行われていた可能性が高いと見込まれることから、欠格事由としている。指定医療機関が立入検査を受けた後、もしくは立入検査中に指定を辞退することによって、処分を受けることを回避する可能性があるところ、第十四条第二項第四号においては、行政手続法（平成五年法律第八十八号）に基づく聴聞の通知（聴聞を実施することの通知。以下、聴聞通知という。）があった日以降の指定の辞退しか対象とならないため、立入検査から聴聞通知までの間に指定を辞退することによって処分を回避した者は同号に該当せず、指定医療機関から排除できない。このため、立入検査を行った際には、所定の手続によ

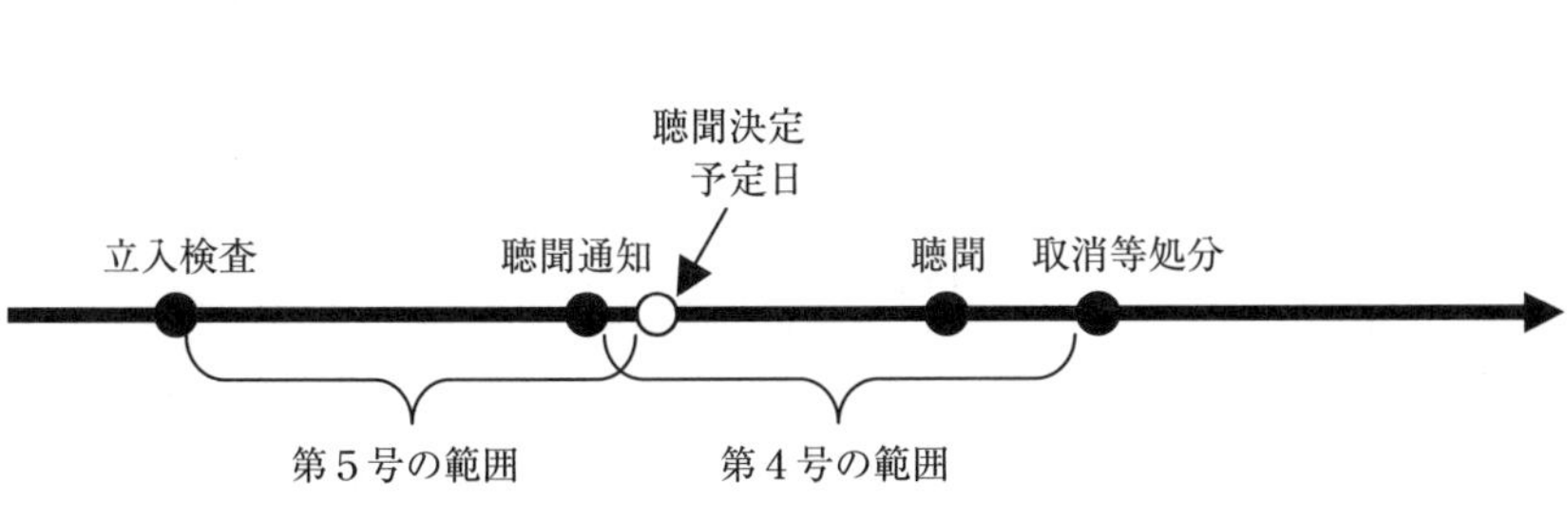

り、聴聞するか否かが決定すると見込まれる日（聴聞決定予定日）を通知することとし、立入検査の日から聴聞決定予定日までの間に指定の辞退をした者については、欠格事由とするものである。

なお、法第二十一条第一項においては、都道府県知事に対して、検査のみならず、報告や物件提出、出頭、質問等の権限が認められているところ、本欠格事由では「検査が行われた日」のみを規定しているのは、検査が実施される場合には、他の措置に比べて、不適切な行為が行われていた可能性が高く、検査から第四号における行政手続法第十五条の規定による聴聞通知までの間に指定を辞退して処分を回避しようとする者が多いと想定されるためである。

・申請者が指定を辞退することにより取消しを回避した医療機関の管理者であったこと（第六号）

・申請者が過去に特定医療に関し不正又は著しく不当な行為をした者であること（第七号）

本号に規定する欠格事由の具体的な例としては、申請者が、複数の医療機関（医療機関Ａ、医療機関Ｂ）を開設しており、すでに指定医療機関の指定を受けている医療機関Ａにおいて、五年以内に特定医療に関し不正又は著しく不当な行為を行っており、今般、新たに医療機関Ｂについて、指定医療機関の指定を申請した場合が想定される。

(3)　第三項

本項では指定医療機関の指定拒否要件を定めている。第二項の欠格要件とは異なり、「指定しないことができる」要件であり、申請を行った医療機関が、保険医療機関でないとき（第一号）、特定医療の実施に関し繰り返し指導・勧告を受けたとき（第二号）、勧告に係る措置をとるべきことを命じてこれに従わなかったとき（第三号）、その他指定医療機関として著しく不適切であるとき（第四号）は、都道府県は、指定医療機関としての適格性を個別に判断した上で、指定するか否かの決定を行うこととなる。

第二号に規定する「繰り返し指導・勧告を受けたとき」とは、具体的には、
・申請者が、複数の医療機関（医療機関Ａ、医療機関Ｂ）を開設しており、すでに指定医療機関の指定を受けている医療機関Ａにおいて、重ねて都道府県知事の指導や勧告を受けており、今般、新たに医療機関Ｂについて、指定医療機関の指定を申請した場合
・申請に係る医療機関が、かつて指定医療機関の指定を受けていたことがあり、そのときに、重ねて都道府県知事の指導や勧告を受けており、今般、再度、指定医療機関の指定を申請した場合
等が想定されている。

（指定の更新）
**第十五条**　指定医療機関の指定は、六年ごとにその更新を受けなければ、その期間の経過によって、その効力を失う。
２　健康保険法第六十八条第二項の規定は、前項の指定医療機関の指定の更新について準用する。この場合において、同条第二項中「保険医療機関（第六十五条第二項の病院及び診療所を除く。）又は保険薬局」とあるのは「難病の患者に対する医療等に関する法律第五条第一項に規定する指定医療機関」と、「前項」とあるのは「同法第十五条第一項」と、「同条第一項」とあるのは「同法第十四条第一項」と読み替えるものとする。

**【趣　旨】**

本条は、指定医療機関の指定の有効期間及び更新の手続を定めたものである。

**【解　説】**

指定医療機関は、指定医療機関の責務（法第十六条）や診療方針（法第十七条）に従って特定医療を行うこととしているが、特定医療の適切さを担保するため、指定の更新制度を導入し、指定医療機関の適性について確認することとしている。この確認は、保険医療機関の指定の更新と同様に、六年ごとに行う。ただし、

① 医師、歯科医師又は薬剤師の開設する指定医療機関であって、その指定を受けた日からおおむね引き続き当該開設者である医師、歯科医師若しくは薬剤師のみが診療若しくは調剤に従事しているもの

② 医師、歯科医師又は薬剤師の開設する指定医療機関であって、その指定を受けた日からおおむね引き続き当該開設者である医師、歯科医師若しくは薬剤師及びその者と同一の世帯に属する配偶者、直系血族若しくは兄弟姉妹である医師、歯科医師若しくは薬剤師のみが診療若しくは調剤に従事しているもの

については、健康保険法において保険医療機関の指定の更新の適用除外となっていることに鑑み、本法においても指定の更新手続は不要としている（規則第三十九条）。

〔本条で準用する健康保険法第六十八条第二項（傍線部は読み替え後の規定）〕

（保険医療機関又は保険薬局の指定の更新）

**第六十八条**

2　難病の患者に対する医療等に関する法律第五条第一項に規定する指定医療機関であって厚生労働

省令で定めるものについては、同法第十五条第一項の規定によりその指定の効力を失う日前六月から同日前三月までの間に、別段の申出がないときは、同法第十四条第一項の申請があったものとみなす。

（指定医療機関の責務）
**第十六条**　指定医療機関は、厚生労働省令で定めるところにより、良質かつ適切な特定医療を行わなければならない。

**【趣　旨】**

難病法に基づく医療費助成を受けるためには、指定医療機関で受療することが必要であるところ、当該指定医療機関は療養担当規程に従い良質かつ適切な特定医療を行わなければならないことを責務として定めるものである。

**【解　説】**

特定医療は公費による医療費助成であり、その医療内容は良質かつ適切なものでなくてはならず、不適切に過剰な診療を行ったり、あるいは効果的でない治療を長期間継続したりすることがあってはならない。このため、指定医療機関は、特定医療を行うに当たっては、患者の療養生活の質の維持向上を図るために、療養担当規程に従って良質かつ適切な医療を提供しなければならないものである。

指定医療機関の療養担当規程（平成二十六年厚生労働省告示第四百三十七号）については、障害者総合支援法の「指定自立支援医療機関（育成医療・更生医療）療養担当規程」（平成十八年厚生労働省告示第六十五号）を参考に定められている。

ただし、移送などに係る援助の規定については、これまでの特定疾患治療研究事業においても助成対象となっていなかったことや、難病の指定医療機関は、緊急やむを得ない場合には医療受給者証に記載された指定医療機関でなくとも受診できることとしており、医療保険の対象外となるような移送費が発生することは想定していないことから当該規定は設けられていない。

また、自立支援医療に係る必要な証明書の交付の規定についても、難病の医療受給者証は一年更新制としており、医師が定める疾病の治療期間に影響するものではないことから、当該規定は設けられていない。

（診療方針）
**第十七条**　指定医療機関の診療方針は、健康保険の診療方針の例による。
２　前項に規定する診療方針によることができないとき、及びこれによることを適当としないときの診療方針は、厚生労働大臣が定めるところによる。

**【趣　旨】**
指定医療機関の診療方針について、規定したものである。

【解　説】

指定医療機関の診療方針は、健康保険の診療方針の例によるものとし、それができないときや適当としない場合の指定医療機関の診療方針については、

①　七五歳の者、もしくは六五歳以上で一定の障害事由がある場合は後期高齢者の医療の例によること

②　介護保険法の規定により医療の給付を受ける場合は介護保険の例によること

としている（平成二十六年厚生労働省告示第四百三十四号）。

◉難病の患者に対する医療等に関する法律第五条第三項の規定による特定医療に要する費用の額の算定方法及び同法第十七条第二項の規定による診療方針

〔平成二十六年十一月二十一日厚生労働省告示第四百三十四号〕

一　七十五歳以上の者及び六十五歳以上七十五歳未満の者であって高齢者の医療の確保に関する法律施行令（平成十九年政令第三百十八号）別表に定める程度の障害の状態にあるもの（次号に規定する者を除く。）に係る指定医療機関（難病の患者に対する医療等に関する法律第五条第一項に規定する指定医療機関をいう。以下同じ。）が行う特定医療に要する費用の額の算定方法及び指定医療機関の診療方針は、後期高齢者医療の療養の給付に要する費用の額の算定方法及び診療方針の例による。

二　介護保険法（平成九年法律第百二十三号）の規定により医療に関する給付を受ける者に係る指定医療機関が行う特定医療に要する費用の額の算定方法及び指定医療機関の診療方針は、介護保険の

介護給付費、指定居宅サービス及び指定介護予防サービスの取扱いの例による。

（都道府県知事の指導）
**第十八条**　指定医療機関は、特定医療の実施に関し、都道府県知事の指導を受けなければならない。

**【趣　旨】**
指定医療機関は、特定医療の実施に関し、都道府県知事の指導を受けなければならない旨規定したものである。

**【解　説】**
指定医療機関は、特定医療の実施に関し、都道府県知事の指導を受けなければならない。重ねて都道府県知事から指導を受けた場合には、法第十四条第三項第二号に該当するに至ったものとして、法第二十三条第二号の規定により指定の取消要件に該当し、指定が取り消される等の場合がある。

（変更の届出）
**第十九条**　指定医療機関は、当該指定医療機関の名称及び所在地その他厚生労働省令で定める事項に変更があったときは、厚生労働省令で定めるところにより、その旨を都道府県知事に届け出なければならない。

【趣　旨】

指定医療機関が、申請事項等に変更があった場合に変更の届出を行わなければならない旨を規定したものである。

【解　説】

指定医療機関は、医療機関の名称及び所在地等に変更があったときは、変更のあった事項及びその年月日を、速やかに所在地の都道府県知事に届け出なければならない（規則第四十二条）。変更の届出を行うべき事項は、指定医療機関の申請時に申請書に記載した事項のうち、「欠格要件及び指定拒否要件に該当しないことを誓約する旨」以外の項目が対象となっている（規則第四十一条）。

また、指定医療機関の開設者等は、

①　医療機関の業務を休止、廃止、再開したとき

②　医療法（昭和二十三年法律第二百五号）第二十四条（病院、診療所等に対する使用制限、修繕命令等）、第二十八条（病院、診療所等の管理者の変更命令）、第二十九条（病院、診療所等に対する開設許可の取消し等）による処分を受けたとき

③　健康保険法第九十五条（指定訪問看護事業者の指定の取消し）による処分を受けたとき

④　介護保険法第七十七条（指定居宅サービス事業者の指定の取消し）による処分を受けたとき

⑤　医薬品、医療機器等の品質、有効性及び安全性の確保等に関する法律（昭和三十五年法律第百四十五号）第七十二条第四項（薬局等の構造設備の改善命令等）による処分を受けたとき

のいずれかに該当した場合には、速やかに、所在地の都道府県知事に届け出るものとしている（規則第四十三条）。

（指定の辞退）

**第二十条**　指定医療機関は、一月以上の予告期間を設けて、指定医療機関の指定を辞退することができる。

**【趣　旨】**

指定医療機関が指定を受けた後、辞退できる旨規定したものである。

**【解　説】**

指定医療機関は、指定の辞退をすることができる。ただし、辞退した後は当該指定医療機関を受診しても特定医療費の支給は受けられなくなるため、通院している患者の不利益とならないよう、指定医療機関の開設者等は、少なくとも一か月前には指定医療機関の指定を辞退する旨を都道府県知事に申し出なければならない（規則第四十四条）。また、都道府県は、指定医療機関から辞退の申し出があったときは、その旨を公示することとしている。

（報告等）

**第二十一条**　都道府県知事は、特定医療の実施に関して必要があると認めるときは、指定医療機関若しくは指定医療機関の開設者若しくは管理者、医師、薬剤師その他の従業者であった者（以下この項において「開設者であった者等」という。）に対し報告若しくは診療録、帳簿書類その他の物件の提出若しくは提示を命じ、指定医療機関の開設者若しくは管理者、医師、薬剤師その他の従業者（開設者であった者等を含む。）に対し出頭を求め、又は当該職員に、関係者に対し質問させ、若しくは指定医療機関について設備若しくは診療録、帳簿書類その他の物件を検査させることができる。

２　前項の規定による質問又は検査を行う場合においては、当該職員は、その身分を示す証明書を携帯し、かつ、関係人の請求があるときは、これを提示しなければならない。

３　第一項の規定による権限は、犯罪捜査のために認められたものと解釈してはならない。

４　指定医療機関が、正当な理由がなく、第一項の規定による報告若しくは提出若しくは提示を命ぜられてこれに従わず、若しくは虚偽の報告をし、又は同項の規定による検査を拒み、妨げ、若しくは忌避したときは、都道府県知事は、当該指定医療機関に対する特定医療費の支払を一時差し止めることができる。

【趣　旨】

都道府県知事は、職権で指定医療機関やその開設者であった者等に対し、報告等を命じることができる旨規定したものである。

【解　説】

(1)　第一項

都道府県知事は、特定医療の実施に関して必要があると認めるときは、指定医療機関や指定医療機関の開設者等に対し出頭等を求め、または都道府県の職員により指定医療機関について設備若しくは診療録、帳簿書類その他の物件を検査させることができる。

(2)　第二項

質問又は検査を行うに当たっては、都道府県の職員は、身分を示す証明書を携帯し、身分の証明を求められた場合には、証明書を提示しなければならない。

(3)　第三項

指定医療機関やその開設者であった者等に対し、報告徴収や検査を行う権限は、犯罪捜査のために認められたものではない。

(4)　第四項

指定医療機関が、正当な理由がなく報告等に応じない等の場合には、都道府県知事は、特定医療に対する特定医療費の支払いを一時差し止めることができる。

（勧告、命令等）

**第二十二条**　都道府県知事は、指定医療機関が、第十六条又は第十七条の規定に従って特定医療を行っていないと認めるときは、当該指定医療機関の開設者に対し、期限を定めて、第十六条又は第十七条の規定を遵守すべきことを勧告することができる。

２　都道府県知事は、前項の規定による勧告をした場合において、その勧告を受けた指定医療機関の開設者が、同項の期限内にこれに従わなかったときは、その旨を公表することができる。

３　都道府県知事は、第一項の規定による勧告を受けた指定医療機関の開設者が、正当な理由がなくてその勧告に係る措置をとらなかったときは、当該指定医療機関の開設者に対し、期限を定めて、その勧告に係る措置をとるべきことを命ずることができる。

４　都道府県知事は、前項の規定による命令をしたときは、その旨を公示しなければならない。

**【趣　旨】**

指定医療機関の指定等に関して、都道府県知事の勧告・命令等の権限を規定するものである。

**【解　説】**

指定医療機関が、法第十六条に規定する指定医療機関の責務（指定医療機関療養担当規程）及び法第十七条に規定する診療方針に反し、良質かつ適切な特定医療を行っていないと認めるときは、指定医療機関に対し、以下のような指導監督や行政処分等の改善指導を行うことができる。

①　都道府県知事は、指定医療機関が良質かつ適切な特定医療を行っていないと認めるときは、指定医療機関に対し、期限を定めて、指定医療機関療養担当規程及び診療方針を遵守すべきことを勧告することができる。
②　都道府県知事は、指定医療機関が期限内に勧告に従わなかったときは、その旨を公表することができる。
③　都道府県知事は、勧告を受けた指定医療機関の開設者が、正当な理由がなく勧告に係る措置をとらなかったときは、当該指定医療機関に対し、期限を定めて、その勧告に係る措置をとるべきことを命ずることができる。
④　都道府県知事は、③の命令をした場合には、患者の適切な受療機会を確保するため、その旨を公示しなければならないこととする。

（指定の取消し等）
**第二十三条**　都道府県知事は、次の各号のいずれかに該当する場合においては、当該指定医療機関に係る指定医療機関の指定を取り消し、又は期間を定めてその指定医療機関の指定の全部若しくは一部の効力を停止することができる。
一　指定医療機関が、第十四条第二項第一号、第二号、第八号又は第九号のいずれかに該当するに至ったとき。
二　指定医療機関が、第十四条第三項各号のいずれかに該当するに至ったとき。

三　指定医療機関が、第十六条又は第十七条の規定に違反したとき。
四　特定医療費の請求に関し不正があったとき。
五　指定医療機関が、第二十一条第一項の規定により報告若しくは診療録、帳簿書類その他の物件の提出若しくは提示を命ぜられてこれに従わず、又は虚偽の報告をしたとき。
六　指定医療機関の開設者又は従業者が、第二十一条第一項の規定により出頭を求められてこれに応ぜず、同項の規定による質問に対して答弁せず、若しくは虚偽の答弁をし、又は同項の規定による検査を拒み、妨げ、若しくは忌避したとき。ただし、当該指定医療機関の従業者がその行為をした場合において、その行為を防止するため、当該指定医療機関の開設者が相当の注意及び監督を尽くしたときを除く。
七　指定医療機関が、不正の手段により指定医療機関の指定を受けたとき。
八　前各号に掲げる場合のほか、指定医療機関が、この法律その他国民の保健医療に関する法律で政令で定めるもの又はこれらの法律に基づく命令若しくは処分に違反したとき。
九　前各号に掲げる場合のほか、指定医療機関が、特定医療に関し不正又は著しく不当な行為をしたとき。
十　指定医療機関が法人である場合において、その役員等のうちに指定医療機関の指定の取消し又は指定医療機関の指定の全部若しくは一部の効力の停止をしようとするとき前五年以内に特定医療に関し不正又は著しく不当な行為をした者があるに至ったとき。
十一　指定医療機関が法人でない場合において、その管理者が指定医療機関の指定の取消し又は指定医療機関の指定の全部若しくは一部の効力の停止をしようとするとき前五年以内に特定医療に関し不正又は著しく不当な行為をした者があるに至ったとき。

**【趣　旨】**

指定医療機関が指定の取消要件に該当したとき等には、当該指定医療機関について、都道府県知事が、その取消しや全部又は一部の効力を停止することを定めたものである。

**【解　説】**

指定医療機関の指定の取消要件は、以下のとおりである。

①　指定医療機関が、法第十四条第二項第一号（開設者等が禁錮以上の刑を受けていること）、第二号（開設者等が罰金刑を受けていること）、第八号（役員等が指定の欠格要件に該当していること）又は第九号（管理者が指定の欠格要件に該当していること）のいずれかに該当するに至ったとき。

なお、本号の取消要件は、指定を行った時点では欠格要件に該当していなかったとしても、指定の有効期間内において欠格要件に該当することとなった場合を想定しているものである。

②　指定医療機関が、法第十四条第三項各号（指定拒否要件）のいずれかに該当することとなったとき。

③　指定医療機関が、法第十六条（良質かつ適切な医療を担当する責務）又は法第十七条（原則として健康保険の診療方針の例による）の規定に違反したとき。

④　特定医療費の請求に関し不正があったとき。
⑤　指定医療機関が、法第二十一条第一項の規定により報告若しくは診療録、帳簿書類その他の物件の提出若しくは提示を命じられたがこれに従わず、又は虚偽の報告をしたとき。
⑥　指定医療機関の開設者又は従業者が、法第二十二条第一項の規定により出頭を求められたが、出頭に応じず、同項の規定による質問に対して答弁せず、若しくは虚偽の答弁をし、又は同項の規定による検査を拒み、妨げ、若しくは忌避したとき。
⑦　指定医療機関が、不正の手段により法第五条第一項（指定医療機関の指定）の指定を受けたことが明らかになったとき。
⑧　①～⑦のほか、指定医療機関が、本法その他国民の保健医療に関する法律に基づく命令若しくは処分に違反したとき。

　ここで、国民の保健医療に関する法律とは、法第十四条第二項第二号の政令で定める法律に、健康保険法と身体障害者福祉法（昭和二十四年法律第二百八十三号）を加えたものが対象となる。これら二法には罰金刑が規定されていないため欠格要件とはしていないが、健康保険法については、特定医療費は原則として、医療保険制度による療養の給付を除いた自己負担部分について公費で助成を行うものであるため、健康保険法の保険医療機関又は保険薬局として適切でない医療機関は、指定医療機関としても適切でない蓋然性が高いといえること、身体障害者福祉法については、同法第十八条において、市町村は、独立行政法人国立病院機構若しくは高度専門医療に関する研究等を行う国立研究開発法人に関する法律（平成二十年法律第九十三号）第三条の二に規定する国立高度専門医療研究センターの設置する医療機関であって厚生労働大臣の指定するものにその身体障害者の入所若しくは入院を委託しなければならないことが規定されていることに鑑み、身体障害者が入所等を行う医療機関として適切でないものは、指定医療機関としても適切でない蓋然性が高いといえることから、取消要件としてそれぞれ規定しているものである（令第七条）。

⑨　①～⑧のほか、指定医療機関が、特定医療に関し不正又は著しく不当な行為をしたとき。

⑩　法人である指定医療機関の役員等のうち（法人でない指定医療機関については管理者）に、指定医療機関の指定の取消し等をしようとするときから起算して五年前までの間に、特定医療に関し不正又は著しく不当な行為をした者があるに至ったとき。

（公示）

**第二十四条**　都道府県知事は、次に掲げる場合には、その旨を公示しなければならない。

一　指定医療機関の指定をしたとき。

二　第十九条の規定による届出（同条の厚生労働省令で定める事項の変更に係るものを除く。）があったとき。

三　第二十条の規定による指定医療機関の指定の辞退があったとき。

四　前条の規定により指定医療機関の指定を取り消したとき。

**【趣　旨】**

都道府県知事が行う公示について定めるものである。

【解　説】

指定難病の患者は指定医療機関で特定医療を受けるため、都道府県知事は最新の指定医療機関の指定の状況について公示する必要がある。したがって、指定医療機関の指定をしたとき、変更の届出があったとき、指定の辞退があったとき、指定を取り消したときは、指定の状況が変わるため、その旨公示しなければならないこととしている。

（特定医療費の審査及び支払）

**第二十五条**　都道府県知事は、指定医療機関の診療内容及び特定医療費の請求を随時審査し、かつ、指定医療機関が第七条第七項の規定によって請求することができる特定医療費の額を決定することができる。

2　指定医療機関は、都道府県知事が行う前項の決定に従わなければならない。

3　都道府県知事は、第一項の規定により指定医療機関が請求することができる特定医療費の額を決定するに当たっては、社会保険診療報酬支払基金法（昭和二十三年法律第百二十九号）に定める審査委員会、国民健康保険法（昭和三十三年法律第百九十二号）に定める国民健康保険診療報酬審査委員会その他政令で定める医療に関する審査機関の意見を聴かなければならない。

4　都道府県は、指定医療機関に対する特定医療費の支払に関する事務を社会保険診療報酬支払基金、国民健康保険法第四十五条第五項に規定する国民健康保険団体連合会その他厚生労働省令で定める者に委託することができる。
５　前各項に定めるもののほか、特定医療費の請求に関し必要な事項は、厚生労働省令で定める。
６　第一項の規定による特定医療費の額の決定については、行政不服審査法（昭和三十七年法律第百六十号）による不服申立てをすることができない。

〔行政不服審査法（平成二十六年法律第六十八号）の施行の日以降の本条の規定（傍線部は改正箇所）〕

（注）　行政不服審査法（平成二十六年法律第六十八号）は、公布の日〔平成二十六年六月十三日〕から起算して二年を超えない範囲内において政令で定める日から施行される。

（特定医療費の審査及び支払）
**第二十五条**　（略）
６　第一項の規定による特定医療費の額の決定については、審査請求をすることができない。

**【趣　旨】**
特定医療費の審査及び支払について規定したものである。

**【解　説】**
⑴　第一項
指定医療機関からの報酬請求に際しては、都道府県は、健康保険の療養の額の算定方法の例に従い、その特定医療費の額を決定する。

(2)　第三項

社会保険診療報酬支払基金や各都道府県の国民健康保険団体連合会は、医療機関から請求された医療費について、その適正性を審査し、当該審査に基づき決定された診療報酬額を各医療機関に支払う業務を行っている。このため、特定医療費の額の決定に際しては、社会保険診療報酬支払基金法（昭和二十三年法律第百二十九号）に定める審査委員会、国民健康保険法に定める国民健康保険診療報酬審査委員会その他の政令で定める医療に関する審査機関の意見を聴かなければならない。

また、「政令で定める医療に関する審査機関」については、以下を令第八条に規定している。

①　社会保険診療報酬支払基金法に定める特別審査委員会

一般に、社会保険診療報酬支払基金法に定める審査委員会において医療費の審査を行っているが、請求された医療費の点数が四二万点以上の場合等には、特別審査委員会で審査を行っているため、これを政令で規定している。

②　国民健康保険法第四十五条第六項に規定する厚生労働大臣が指定する法人に設置される診療報酬の審査に関する組織

一般に、国民健康保険法に定める（都道府県ごとの）国民健康保険診療報酬審査委員会において医療費の審査を行っているが、請求された医療費の点数が四二万点以上の場合等には、厚生労働大臣が指定する法人に設置される診療報酬の審査に関する組織（実際は、公益社団法人国民健康保険中央会）で審査を行っているため、これを政令で規定している。

③　介護保険法第百七十九条に規定する介護給付費等審査委員会

介護保険の医療系サービスの一部は特定医療費の支給対象となるため、介護保険の請求に係る審査が必要となる。介護保険法では、国民健康保険団体連合会に介護給付費審査委員会を置き、介護給付費請求書の審査を行うため必要があると認めるときは、都道府県知事の承認を得て、当該指定居宅サービス事業者、指定居宅介護支援事業者、指定介護予防サービス事業者若しくは介護保険施設に対して、報告、帳簿書類の提出等を求めていることため、これを政令で規定している。

(3)　第四項

都道府県は、指定医療機関に対する特定医療費の支払に関する事務を社会保険診療報酬支払基金、国民健康保険団体連合会その他厚生労働省令で定める者（規則第四十五条第三項において社団法人国民健康保険中央会を規定）に委託することができる。

(4)　第五項

本条に定めるもののほか、特定医療費の請求に関し必要な事項は、規則第四十五条に規定されている。規則第四十五条では、都道府県等が本条第一項の規定に基づき医療費の審査を行うこととしている場合には、社会保険診療報酬支払基金法に定める特別審査委員会等の意見を聴かなければならない旨規定している。

(5)　第六項

特定医療費の額の決定に際しては、社会保険診療報酬支払基金法に定める審査委員会等の意見を聴くこととされていることから、特定医療費の額の決定については、行政不服審査法（昭和三十七年法律第百六十号）による不服申立てをすることができない。

（厚生労働省令への委任）

**第二十六条**　この節に定めるもののほか、指定医療機関に関し必要な事項は、厚生労働省令で定める。

**【趣　旨】**

本法に規定するもののほか、指定医療機関に関し必要な事項については、厚生労働省令へ委任することを定めるものである。

**【解　説】**

本法に定めるもののほか、指定医療機関に関し必要な事項については、厚生労働省令で定めることとしている。本条に基づき、規則第四十三条において、

① 指定医療機関の業務を休止、廃止又は再開したとき
② 医療法に基づき、医療機関の設備等が清潔を欠く等の理由による使用制限、管理者に犯罪若しくは医事に関する不正行為がある等の理由により管理者の変更、開設の許可の取消し等の処分を受けたとき
③ 健康保険法に基づき指定訪問看護事業者の指定の取消しの処分を受けたとき
④ 介護保険法に基づき当該指定居宅サービス事業者の指定の取消し等の処分を受けたとき
⑤ 医薬品、医療機器等の品質、有効性及び安全性の確保等に関する法律に基づき薬局開設者、医薬品の販売業者等が構造設備の改善命令や販売業の許可の取消し等の処分を受けたとき

は、指定医療機関の開設者等は、都道府県知事にその旨を速やかに届け出る旨を規定している。

# 第四章　調査及び研究（第二十七条）

**第二十七条**　国は、難病の患者に対する良質かつ適切な医療の確保を図るための基盤となる難病の発病の機構、診断及び治療方法に関する調査及び研究を推進するものとする。

2　国は、前項に規定する調査及び研究の推進に当たっては、小児慢性特定疾病（児童福祉法第六条の二に規定する小児慢性特定疾病をいう。）の治療方法その他同法第二十一条の四第一項に規定する疾病児童等の健全な育成に資する調査及び研究との適切な連携を図るよう留意するものとする。

3　厚生労働大臣は、第一項に規定する調査及び研究の成果を適切な方法により難病の発病の機構、診断及び治療方法に関する調査及び研究を行う者、医師、難病の患者及びその家族その他の関係者に対して積極的に提供するものとする。

4　厚生労働大臣は、前項の規定により第一項に規定する調査及び研究の成果を提供するに当たっては、個人情報の保護に留意しなければならない。

【趣　旨】

国は、調査及び研究を推進するとともに、あわせて、調査及び研究に資する情報の収集及び公表を推進することとしている。

【解　説】

難病対策としては、医療費助成に加え、難病の克服、つまり、難病の原因が明らかとなり、治療薬等の開発が進み治療方法が確立されることが非常に重要である。我が国の難病対策のきっかけとなったスモンも、調査研究の推進を目的として医療費の支給が始まった。こういった調査・研究の重要性を踏まえ、本法において調査及び研究の章を設けている。

(1)　第一項

難病の発症メカニズムを解明し、診断基準や治療方法を確立し患者が良質かつ適切な医療を受けられるようにするために、国は、発症メカニズム等の研究の基盤となる調査及び研究を推進することを定めるものである。

具体的には、法第六条の規定に基づき提出された診断書に記載された内容を国が保有するデータベースに登録し、収集されたデータを難病の研究に活用することとしている。

(2)　第二項

医療費助成の支給認定の申請と臨床データの収集を連動させることで、難病の調査研究を進めているところであるが、指定難病のうち、児童福祉法に定める小児慢性特定疾病と重複するものについては、小児慢性特定疾病医療支援が優先して行われるため、難病の医療費助成に係る支給認定の申請がなされない。このため、難病のデータベースには小児期のデータが登録されない事態が生ずるが、発症時期や治療経過などは疾病の調査研究に非常に重要な情報であるため、小児慢性特定疾病に係る調査研究と適切な連携に留意することを規定したものである。

(3)　第三項・第四項

治療方法の確立等の研究に資するよう、国が行った調査及び研究について、厚生労働大臣は、国のデータベースに収集した臨床データを難病の研究者、患者やその家族、医療関係者等に対し積極的に情報提供をしなければならないこととしている。また、提供するデータには個人の疾病等に係る内容を含む秘匿性の高い情報が含まれ得ることから、情報提供を行うに当たっては、個人情報の保護に十分留意しなければならないことを定めるものである。

# 第五章　療養生活環境整備事業（第二十八条・第二十九条）

（療養生活環境整備事業）

**第二十八条**　都道府県は、厚生労働省令で定めるところにより、療養生活環境整備事業として、次に掲げる事業を行うことができる。

一　難病の患者の療養生活に関する各般の問題につき、難病の患者及びその家族その他の関係者からの相談に応じ、必要な情報の提供及び助言その他の厚生労働省令で定める便宜を供与する事業

二　難病の患者に対する保健医療サービス若しくは福祉サービスを提供する者又はこれらの者に対し必要な指導を行う者を育成する事業

三　適切な医療の確保の観点から厚生労働省令で定める基準に照らして訪問看護（難病の患者に対し、その者の居宅において看護師その他厚生労働省令で定める者により行われる療養上の世

話又は必要な診療の補助をいう。以下この号において同じ。）を受けることが必要と認められる難病の患者につき、厚生労働省令で定めるところにより、訪問看護を行う事業

2　都道府県は、医療機関その他の厚生労働省令で定める者に対し、前項第一号に掲げる事業の全部又は一部を委託することができる。

3　第一項の規定により同項第一号に掲げる事業を行う都道府県及び前項の規定による委託を受けて当該委託に係る事業を実施する者は、同号に掲げる事業及び当該委託に係る事業の効果的な実施のために、指定医療機関その他の関係者との連携に努めなければならない。

4　第二項の規定による委託を受けて当該委託に係る事業を実施する者（その者が法人である場合にあっては、その役員）若しくはその職員又はこれらの者であった者は、正当な理由がなく、当該委託に係る事業に関して知り得た秘密を漏らしてはならない。

【趣　旨】

都道府県が行う療養生活環境整備事業について定めるものである。

【解　説】

難病の患者は、継続的に高額な医療費がかかる場合があるといった経済的負担に加え、希少疾病特有の悩みや苦しさを相談できる場所がない、医療従事者を含め国民の難病に対する理解が十分でなく適切な支援が受けられないなど療養生活上様々な問題を抱えている。これらの「医療費に係る経済的負担」以外の様々な問題に

ついては、平成二十六年度までは特定疾患治療研究事業とともに、以下の取組みが行われてきた。

① 在宅人工呼吸器使用特定疾患患者訪問看護治療研究事業

② 難病特別対策推進事業

・ 難病相談・支援センター

・ 重症難病患者拠点・協力病院設備整備事業

・ 神経難病患者在宅医療支援事業

・ 難病患者等ホームヘルパー養成研修事業

これらの事業のうち、全ての難病患者が対象となり得るものを法定事業として位置づけた。

(1) 第一項・第二項

都道府県は、療養生活環境整備事業として、次に掲げる事業を行うことができる。

① 難病の患者の療養生活に関する様々な問題につき、難病の患者やその家族等に対する必要な情報の提供、助言、相談、指導等の必要な支援を提供する事業

第一項第一号に掲げる事業は、多様な悩みや苦しみを抱える難病患者に対し、患者会や難病の医療費助成制度等の必要な情報の提供、就労相談や健康相談を行うことができる機関の紹介等を行うものである。本事業は都道府県が直接行うだけでなく、事業の全部又は一部を、事業を適切、公正、中立かつ効率的に実施することができる法人等として都道府県が適当と認めたものに委託して行うこともできる。

② 難病の患者に対し、保健医療サービス、福祉サービスを提供する者又はこれらの者に対し必要な指導を行う者を育成する事業

第一項第二号に掲げる事業は、難病に係る保健医療サービスや福祉サービスを提供する者、又はこれら

のサービスを提供する者に対し必要な指導を行う者について、研修等を行うことにより人材養成を図るものである。

③　次に掲げる基準すべてに該当することにより訪問看護を受けることが必要と認められる難病の患者に対し、患者への配慮を踏まえた訪問看護を行う事業（規則第四十七条）

・　病状が安定し、又はこれに準ずる状態にあり、居宅において看護師等が行う療養上の世話及び必要な診療の補助を要すること

・　指定難病の患者であること

・　指定難病を主たる要因として在宅で人工呼吸器を使用していること

第一項第三号に掲げる事業は、診療報酬で定められた回数を超える訪問看護を実施するものである。神経難病により在宅で人工呼吸器を使用して療養している患者等については、一般の在宅療養患者に比しても訪問看護のニーズが高い。しかしながら、診療報酬においては、原則として一日の訪問看護の回数が増えるほど一回当たりの報酬額が下がることとなっているため、医療機関等が訪問看護の実施をためらうことのないよう、本事業により必要な費用を交付することとしている。

本号の「看護師その他厚生労働省令で定める者」とは、看護師のほか、健康保険法施行規則第六十八条に定める者と同様、保健師、助産師、准看護師、理学療法士、作業療法士、言語聴覚士を指す（規則第四十八条）。また、都道府県が直接訪問看護を行うことはできないため、当該事業は訪問看護を行う医療機関等に訪問看護の実施を委託し、必要な費用を交付することにより行うものである（規則第四十九条）。

(2)　第三項・第四項

難病患者に対する相談支援等の事業を行う都道府県又は受託事業者は、事業を効果的に実施するために、

指定医療機関や福祉、就労関係の相談機関等との連携に努めなければならないものとしている。

また、第四項は、難病患者に対する相談支援等の事業の委託を受けた事業者（法人の場合には役員）や職員、かつて当該事業者に勤務していた者については、正当な理由がなく、相談支援等の事業に関して知り得た秘密を漏らしてはならないことを規定するものである。これに違反した場合には、一年以下の懲役又は一〇〇万円以下の罰金に処することとしている（法第四十四条）。

（難病相談支援センター）

**第二十九条**　難病相談支援センターは、前条第一項第一号に掲げる事業を実施し、難病の患者の療養生活の質の維持向上を支援することを目的とする施設とする。

２　前条第一項第一号に掲げる事業を行う都道府県は、難病相談支援センターを設置することができる。

３　前条第二項の規定による委託を受けた者は、当該委託に係る事業を実施するため、厚生労働省令で定めるところにより、あらかじめ、厚生労働省令で定める事項を都道府県知事に届け出て、難病相談支援センターを設置することができる。

**【趣　旨】**

難病相談支援センターの設置について定めるものである。

【解　説】

難病相談支援センターは、法第二十八条第一項第一号に掲げる事業（難病の患者の療養生活に関する様々な問題につき、難病の患者やその家族等に対する必要な情報の提供、助言、相談、指導等の必要な支援を提供する事業）を実施し、患者の療養生活の質の維持向上を支援することを目的とする施設であり、都道府県がこれを設置することができる。

当該事業については、委託により実施することも可能であり、都道府県から事業の委託を受けた法人等は、委託を受けた者の名称及び代表者の氏名、営業日及び営業時間、担当する区域等の必要な事項を都道府県に届け出ることにより（規則第五十一条）、あらかじめ難病相談支援センターを設置することができることとしている。

# 第六章　費用（第三十条・第三十一条）

（都道府県の支弁）

**第三十条**　次に掲げる費用は、都道府県の支弁とする。

一　特定医療費の支給に要する費用

二　療養生活環境整備事業に要する費用

**【趣　旨】**

特定医療費及び療養生活環境整備事業に要する費用について、都道府県が支弁することを定めるものである。

**【解　説】**

特定医療費の支給及び療養生活環境整備事業は都道府県が実施主体となり行うこととしているため、その費用は都道府県が支弁することとなる。

（国の負担及び補助）

**第三十一条**　国は、政令で定めるところにより、前条の規定により都道府県が支弁する費用のうち、同条第一号に掲げる費用の百分の五十を負担する。

２　国は、予算の範囲内において、政令で定めるところにより、前条の規定により都道府県が支弁する費用のうち、同条第二号に掲げる費用の百分の五十以内を補助することができる。

**【趣　旨】**

難病法に基づく医療費助成及び療養生活環境整備事業に係る費用について、国が負担する額を定めるものである。

**【解　説】**

(1)　第一項

従来の特定疾患治療研究事業については、国の予算が十分に確保できず、都道府県の超過負担が生じていたため、国の支出を制度として義務づけること（義務的経費化）が求められてきた。平成二十六年四月からの消費税率の引き上げに伴う社会保障の充実の一環として、難病の医療費助成を法律に基づく制度とし、本条において国が医療費助成の費用の二分の一を支出することを定めている。

なお、詳細な事項については交付要綱で定めている。

◉難病の患者に対する医療等に関する法律施行令第九条第一項の規定により毎年度国が都道府県に対して負担する額の算定に関する基準

〔平成二十六年十一月二十一日　厚生労働省告示第四百三十五号〕

難病の患者に対する医療等に関する法律施行令第九条第一項の規定により毎年度国が都道府県に対して負担する額は、次に掲げる額のいずれか少ない額に百分の五十を乗じた額とする。

一　難病の患者に対する医療等に関する法律（平成二十六年法律第五十号）第五条第二項及び第三項に基づく特定医療費の額から同法第十二条に基づき給付を行わないとした額を控除した額

二　特定医療費の支給に要する費用の実支出額から寄附金その他の収入額を控除した額

(2)　第二項

医療費助成については義務的経費化し国が二分の一を負担することとしたが、都道府県が実施することが可能な療養生活環境整備事業に係る費用については、裁量的経費として、国が二分の一以内を都道府県に対して補助することとしている。

◉難病の患者に対する医療等に関する法律施行令第九条第二項の規定により毎年度国が都道府県に対して補助する額の算定に関する基準

〔平成二十六年十一月二十一日 厚生労働省告示第四百三十八号〕

難病の患者に対する医療等に関する法律施行令第九条第二項の規定により毎年度国が都道府県に対して補助する額は、次に掲げる額のうちいずれか少ない額に百分の五十を乗じた額とする。ただし、千円未満の端数が生じた場合には、これを切り捨てるものとする。

一　難病の患者に対する医療等に関する法律（平成二十六年法律第五十号）第二十八条第一項の規定に基づく療養生活環境整備事業の実施に必要と認められる額又は都道府県が療養生活環境整備事業の実施に必要と認める経費のうち補助の対象となる経費に係る実支出額のいずれか少ない額

二　療養生活環境整備事業の実施に要する費用の総額から寄附金その他の収入額を控除した額

# 第七章　雑則（第三十二条―第四十二条）

（難病対策地域協議会）

**第三十二条**　都道府県、保健所を設置する市及び特別区は、単独で又は共同して、難病の患者への支援の体制の整備を図るため、関係機関、関係団体並びに難病の患者及びその家族並びに難病の患者に対する医療又は難病の患者の福祉、教育若しくは雇用に関連する職務に従事する者その他の関係者（次項において「関係機関等」という。）により構成される難病対策地域協議会（以下「協議会」という。）を置くように努めるものとする。

2　協議会は、関係機関等が相互の連絡を図ることにより、地域における難病の患者への支援体制に関する課題について情報を共有し、関係機関等の連携の緊密化を図るとともに、地域の実情に応じた体制の整備について協議を行うものとする。

3　協議会の事務に従事する者又は当該者であった者は、正当な理由がなく、協議会の事務に関して知り得た秘密を漏らしてはならない。

【趣　旨】

都道府県、保健所を設置する市及び特別区は、単独で又は共同して難病対策地域協議会を置くように努めることを規定するものである。

【解　説】

(1)　第一項

難病対策地域協議会の構成員は、難病の患者への支援体制を整備することを主眼に、関係機関やサービスの提供者に加えて、サービスの受け手である難病患者又は患者を支える家族の参加が望ましいことから、「難病の患者及びその家族」が構成員に含まれることを明示している。

(2)　第二項

難病対策地域協議会では、構成員が相互に連絡を図ることで地域における患者支援の在り方やその課題について情報を共有し、連携の緊密化を図るとともに、地域の実情に応じた患者支援体制の整備について協議を行うこととしている。

(3)　第三項

難病対策地域協議会では、患者の個人情報等の機密性の高い情報が扱われる可能性があるため、難病対策地域協議会の事務に従事する者や過去に従事していた者は、協議会の事務に関して知り得た秘密を、正当な理由がなく漏らしてはならないことを規定するものである。なお、これに違反した者については、一年以下の懲役又は一〇〇万円以下の罰金に処すこととしている（法第四十四条）。

（協議会の定める事項）

**第三十三条**　前条に定めるもののほか、協議会の組織及び運営に関し必要な事項は、協議会が定める。

**【趣　旨】**

難病対策地域協議会の組織及び運営について、協議会で定める旨を規定するものである。

**【解　説】**

難病対策地域協議会は地域の実情に応じて開催・運営されるべきものであるため、法においてその細則を定めることはせず、それぞれの協議会で組織や運営について必要な事項を定めることを明らかにしている。

（不正利得の徴収）

**第三十四条**　都道府県は、偽りその他不正の手段により特定医療費の支給を受けた者があるときは、その者から、その特定医療費の額に相当する金額の全部又は一部を徴収することができる。

2　都道府県は、指定医療機関が、偽りその他不正の行為により特定医療費の支給を受けたときは、当該指定医療機関に対し、その支払った額につき返還させるほか、その返還させる額に百分の四十を乗じて得た額を支払わせることができる。

３　前二項の規定による徴収金は、地方自治法（昭和二十二年法律第六十七号）第二百三十一条の三第三項に規定する法律で定める歳入とする。

【趣　旨】

不正利得の場合の徴収規定及び不正利得の場合の指定医療機関に対する加算金を規定するものである。

【解　説】

(1)　第一項

都道府県は、特定医療費の受給者が虚偽の申告等の不正の手段を用いて特定医療費の支給を受けたときは、当該受給者から、不正の手段により支給を受けた特定医療費の額に相当する金額の全額またはその一部を徴収することができる。

(2)　第二項

都道府県は、指定医療機関が不正の手段を用いて特定医療費の支給を受けたときは、当該指定医療機関から、不正の手段により支給を受けた特定医療費の額を返還させることができる。また、返還される額に〇・四を乗じて得た額を加算金として徴収することができる。なお、本項は特定医療費が直接指定医療機関に支払われる場合、つまり法定代理受領が行われる場合について適用される。

(3)　第三項

不正利得に係る徴収金は、地方自治法（昭和二十二年法律第六十七号）第二百三十一条の三第三項に規定する法律で定める歳入として扱われる。

◉地方自治法

〔昭和二十二年四月十七日法律第六十七号〕

（督促、滞納処分等）

**第二百三十一条の三**

3　普通地方公共団体の長は、分担金、加入金、過料又は法律で定める使用料その他の普通地方公共団体の歳入につき第一項の規定による督促を受けた者が同項の規定により指定された期限までにその納付すべき金額を納付しないときは、当該歳入並びに当該歳入に係る前項の手数料及び延滞金について、地方税の滞納処分の例により処分することができる。この場合におけるこれらの徴収金の先取特権の順位は、国税及び地方税に次ぐものとする。

（報告等）

**第三十五条**　都道府県は、特定医療費の支給に関して必要があると認めるときは、指定難病の患者、その保護者若しくは配偶者若しくはその患者の属する世帯の世帯主その他その世帯に属する者又はこれらの者であった者に対し、報告若しくは文書その他の物件の提出若しくは提示を命じ、又は当該職員に質問させることができる。

2　第二十一条第二項の規定は前項の規定による質問について、同条第三項の規定は前項の規定による権限について準用する。

【趣　旨】

特定医療費の支給を行う都道府県が、適正に支給を行うために必要な調査を行うための権限を定めるものである。

【解　説】

本条では、特定医療費の支給に関して必要があると認めるときは、都道府県が指定難病の患者、その保護者、配偶者、指定難病の患者の属する世帯の世帯主その他その世帯に属する者、又はこれらの者であった者に対し、報告等を求めることができることとしている。

なお、「配偶者」という用語については、いわゆる内縁の関係にある者を「配偶者」に含む場合には、法令上その旨が明示されるのが通例であるが、これらが明示されているのは主に配偶者が個別具体的な給付や義務の対象として位置づけられている場合である。本法においては、あくまで配偶者に対して、必要がある場合に報告等を求めることができるということを規定するものであり、個別的な給付や義務とはいえない。したがって、法律上、配偶者にいわゆる内縁の関係にある者を含めることとはせず、これらの者については「その他その世帯に属する者」として解するものとしている。

（厚生労働大臣の特定医療費の支給に関する調査等）

**第三十六条**　厚生労働大臣は、特定医療費の支給に関して緊急の必要があると認めるときは、当該都道府県の知事との密接な連携の下に、当該特定医療費の支給に係る指定難病の患者若しくはその保護者又はこれらの者であった者に対し、当該特定医療費の支給に係る特定医療の内容に関し、報告若しくは文書その他の物件の提出若しくは提示を命じ、又は当該職員に質問させることができる。

2　厚生労働大臣は、特定医療費の支給に関して緊急の必要があると認めるときは、当該都道府県の知事との密接な連携の下に、特定医療を行った者若しくはこれを使用した者に対し、その行った特定医療に関し、報告若しくは当該特定医療の提供の記録、帳簿書類その他の物件の提出若しくは提示を命じ、又は当該職員に関係者に対し質問させることができる。

3　第二十一条第二項の規定は前二項の規定による質問について、同条第三項の規定は前二項の規定による権限について準用する。

【趣　旨】

特定医療費の支給については、国がその費用の半分を負担することから、当該支給が適正に行われたものかどうかについて厚生労働大臣が調査を行うための規定である。

【解　説】

⑴　第一項

厚生労働大臣が特定医療を受ける指定難病の患者やその保護者、または過去において患者やその保護者であった者に対し、医療費助成の対象となる特定医療の内容について、報告、文書等の提出又は提示を求め、職員に質問をさせることができることとしている。

なお、都道府県の事務である特定医療費の支給に関する調査を国が行うことは、いわゆる並行権限の行使に当たる。国による並行権限の行使は、緊急の必要がある場合に限定されるべきであるとともに、その場合も、国は都道府県との間で密接に連携を取る必要がある。このことを明確にするため、「緊急の必要があると認めるときは、当該都道府県の知事との密接な連携の下に」と規定しているものである。

また、本項の調査等に対し、報告や物件の提出、答弁等を拒否した場合、または虚偽の報告や答弁、虚偽の物件の提出等を行った場合には、三〇万円以下の罰金が課されることになる（法第四十五条）。

(2)　第二項

厚生労働大臣が特定医療を行った医師・薬剤師等や、その使用者等に対し、これらの者が行った特定医療について、報告、文書等の提出又は提示を求め、職員に質問をさせることができることとしている。本項に基づく調査は事後的に行われるものであるため、調査対象は「過去に特定医療を行った者等」となる。

また、報告や物件の提出、答弁等を拒否した場合、または虚偽の報告や答弁、虚偽の物件の提出等を行った場合には、一〇万円以下の過料が課されることとなる（法第四十六条）。

(3)　第三項

厚生労働大臣が調査等を行う場合においては、職員は、その身分を示す証明書を携帯し、かつ、関係人の請求があるときは、身分を示す証明書を提示しなければならない。

また、第一項及び第二項に規定する調査等の権限は、犯罪捜査のために認められたものではないことを規定している。

（資料の提供等）

**第三十七条**　都道府県は、特定医療費の支給に関して必要があると認めるときは、指定難病の患者、その保護者若しくは配偶者又はその患者の属する世帯の世帯主その他その世帯に属する者の資産又は収入の状況につき、官公署に対し必要な文書の閲覧若しくは資料の提供を求め、又は銀行、信託会社その他の機関若しくは指定難病の患者の雇用主その他の関係人に報告を求めることができる。

**【趣　旨】**

都道府県が負担上限月額等を判断するに当たって、指定難病の患者やその保護者などの資産や収入の状況を把握する必要があることから、官公庁や銀行等の金融機関などに資料の提供等を求めることができることを規定している。

**【解　説】**

都道府県は、特定医療に係る負担上限月額等を判断する際には、指定難病の患者やその保護者などの課税状況、資産の状況等を把握する必要がある。

基本的に、支給認定の申請を行う際に申請者がこれらの情報を都道府県に申告することとなるが、都道府県としても自ら調査を行うことができるよう、当該規定を設けたものである。

（受給権の保護）
**第三十八条**　特定医療費の支給を受ける権利は、譲り渡し、担保に供し、又は差し押さえることができない。

**【趣　旨】**
特定医療費の受給権の保護について定めるものである。

**【解　説】**
本条は、受給権の保護を図るため、特定医療費の受給権の譲渡等の禁止を定めるものである。
譲渡及び担保権の設定を禁止されることから、相殺、債権質、譲渡担保設定の対象とはなり得ない。また、「差し押さえ」は、国税徴収法による滞納処分としての差押も含むものである。本条に違反してなされた譲渡、担保権の設定及び差押は法律上無効である。

（租税その他の公課の禁止）
**第三十九条**　租税その他の公課は、特定医療費として支給を受けた金銭を標準として、課することができない。

**【趣　旨】**

特定医療費に対する公租公課禁止について定めるものである。

【解　説】

特定医療費は、指定難病の患者に必要な医療を受けるに当たって、患者の生活を保障し、またその生活の安定を図るための支給という一面を有するものである。したがって、租税その他の公課を課されることとなれば、患者の生活の保障という給付の目的を達成することを阻むおそれがあることから、本条の規定を設けるものである。

（大都市の特例）

**第四十条**　この法律中都道府県が処理することとされている事務に関する規定で政令で定めるものは、地方自治法第二百五十二条の十九第一項の指定都市（以下この条において「指定都市」という。）においては、政令で定めるところにより、指定都市が処理するものとする。この場合においては、この法律中都道府県に関する規定は、指定都市に関する規定として指定都市に適用があるものとする。

（注）　本条の規定は、平成三十年四月一日から施行される。

【趣　旨】

都道府県が行うこととされている事務のうち、指定都市において処理することとされる事務（いわゆる「大都市特例」）を定めるものである。

【解　説】

特定疾患治療研究事業を中心とする難病の患者に対する各種事業等は、これまで都道府県において実施されていたが、本法においては、「希少性」等の難病の特性や人口規模、事務処理体制を踏まえつつ、住民に身近な行政は可能な限り住民に近い自治体で行うことができるようにするべきとの考え方に基づき、

①　難病の患者の医療ニーズを的確に把握し、総合的なサービス提供が可能となる

②　申請から支給認定までを一貫して行うことにより、患者の利便性が向上する

といったメリットがあることから、指定都市への権限移譲を行うこととした。

ただし、新法の成立に伴い、指定難病の拡充、医療費助成に係る手続等の改正等が見込まれることから、権限移譲について十分な準備期間を確保するため、本条は平成三十年四月一日から施行することとしている。

（権限の委任）

**第四十一条**　この法律に規定する厚生労働大臣の権限は、厚生労働省令で定めるところにより、地方厚生局長に委任することができる。

２　前項の規定により地方厚生局長に委任された権限は、厚生労働省令で定めるところにより、地方厚生支局長に委任することができる。

【趣　旨】
厚生労働大臣の権限の委任規定を定めるものである。
【解　説】
厚生労働大臣の権限は、省令で定めるところにより、地方厚生局長に委任することができ、当該委任された権限は、さらに地方厚生支局長に委任することが可能な旨を規定するものであるが、法施行時において、本条に基づき、厚生労働省令において権限が委任されているものはない。

（実施規定）
**第四十二条**　この法律に特別の規定があるものを除くほか、この法律の実施のための手続その他その執行について必要な細則は、厚生労働省令で定める。

【趣　旨】
本条は、この法律の実施のための手続その他その執行について必要な細則を定めることを厚生労働省令に委任することとしたものである。

# 第八章　罰則（第四十三条―第四十七条）

**第四十三条**　指定難病審査会の委員又はその委員であった者が、正当な理由がなく、職務上知り得た秘密を漏らしたときは、一年以下の懲役又は百万円以下の罰金に処する。

**第四十四条**　第二十八条第四項又は第三十二条第三項の規定に違反した者は、一年以下の懲役又は百万円以下の罰金に処する。

**第四十五条**　第三十六条第一項の規定による報告若しくは物件の提出若しくは提示をせず、若しくは虚偽の報告若しくは虚偽の物件の提出若しくは提示をし、又は同項の規定による当該職員の質問に対して、答弁せず、若しくは虚偽の答弁をした者は、三十万円以下の罰金に処する。

**第四十六条**　第三十六条第二項の規定による報告若しくは物件の提出若しくは提示をせず、若しくは虚偽の報告若しくは虚偽の物件の提出若しくは提示をし、又は同項の規定による当該職員の質問に対して、答弁せず、若しくは虚偽の答弁をした者は、十万円以下の過料に処する。

**第四十七条**　都道府県は、条例で、次の各号のいずれかに該当する者に対し十万円以下の過料を科する規定を設けることができる。

一　第十一条第二項の規定による医療受給者証の返還を求められてこれに応じない者
二　正当な理由がなく、第三十五条第一項の規定による報告若しくは物件の提出若しくは提示をせず、若しくは虚偽の報告若しくは虚偽の物件の提出若しくは提示をし、又は同項の規定による当該職員の質問に対して、答弁せず、若しくは虚偽の答弁をした者

【趣　旨】

罰則について定めるものである。

【解　説】

(1)　第四十三条

指定難病審査会の委員に対する秘密保持義務に係る罰則を、他の医療費等の支給認定に係る審査会等の委員に対する秘密保持義務に係る罰則の例にならい、一年以下の懲役又は一〇〇万円以下の罰金とする。

(2)　第四十四条

難病相談支援センターの職員等及び難病対策地域協議会の事務に従事する者の秘密保持義務に係る罰則を、一年以下の懲役又は一〇〇万円以下とする。

本法における難病相談支援センター及び難病対策地域協議会において扱われる情報には、法第四十三条関係の指定難病審査会の委員等が扱う情報と同様、個人の疾病等に係る内容を含む秘匿性の高い情報が含まれ得ることから、法第四十三条と同じく、一年以下の懲役又は一〇〇万円以下の罰金としている。

(3)　第四十五条

厚生労働大臣が実施する特定医療費の支給に係る報告徴収等につき、指定難病の患者等が本法に規定する報告等を行わなかった場合には、三〇万円以下の罰金に処するとしている。

(4)　第四十六条

厚生労働大臣が実施する特定医療に関する報告徴収等につき、特定医療を行った者等が本法に規定する報告等を行わなかった場合には、一〇万円以下の過料に処するとしている。

(5)　第四十七条

都道府県は、条例を定めることにより、医療受給者証の返還を求められてこれに応じない者又は都道府県が実施する特定医療費の支給に係る報告徴収等につき本法に規定する報告等を行わなかった指定難病の患者等に対し、一〇万円以下の過料を科すことができるとしている。

# 附則（抄）

（施行期日）
**第一条**　この法律は、平成二十七年一月一日から施行する。ただし、次の各号に掲げる規定は、当該各号に定める日から施行する。
一　附則第三条、第七条（子ども・子育て支援法及び就学前の子どもに関する教育、保育等の総合的な提供の推進に関する法律の一部を改正する法律の施行に伴う関係法律の整備等に関する法律（平成二十四年法律第六十七号）第六十五条の改正規定に限る。）、第八条、第十二条及び第十三条の規定　公布の日
二　第四十条及び附則第四条の規定　平成三十年四月一日

**【趣　旨】**
法の施行期日を定めるものである。

**【解　説】**

本法は、平成二十七年一月一日から施行されている。ただし、施行前の準備規定（法附則第三条）及び「行政手続における特定の個人を識別するための番号の利用等に関する法律」（平成二十五年法律第二十七号）に係る関係法令の一部改正規定（法附則第七条、第八条、第十二条、第十三条）は公布の日（平成二十六年五月三十日）から施行されている。また、大都市特例（法第四十条）及び大都市特例に係る地方自治法の一部改正規定（法附則第四条）は、平成三十年四月一日から施行する。

従来の特定疾患治療研究事業は予算事業であり、国の厳しい財政事情の中で都道府県の超過負担や医療費助成に係る対象疾病の不公平など様々な課題を抱えていたため、患者や地方公共団体からは早期の施行が求められていた。このため、これまで特定疾患治療研究事業の対象となっていた疾病を中心に、一部に新たな対象疾病を加え、平成二十七年一月一日から新制度の医療費助成を施行した。

（検討）

**第二条**　政府は、この法律の施行後五年以内を目途として、この法律の規定について、その施行の状況等を勘案しつつ、特定医療費の支給に係る事務の実施主体の在り方その他の事項について検討を加え、必要があると認めるときは、その結果に基づいて必要な措置を講ずるものとする。

**【趣　旨】**

法の施行後五年以内に難病法の規定について検討を行う旨を規定したものである。

**【解　説】**

政府は、難病法の施行後五年以内を目途として、法の施行状況等を勘案しつつ、法の規定について検討を行うこととしている。本条については、法案提出時には「施行後五年を目途として」としていたが、衆議院の法案審議において、五年よりは短い期間で見直しの検討を行うことが妥当とされ、「五年」を「五年以内」とする法案の修正が行われた。

「特定医療費の支給に係る事務の実施主体の在り方」とは、主に中核市に特定医療費の支給事務に係る権限移譲を行うことが適切かについて、検討することが想定されている。現在都道府県が担っている事務について、平成三十年四月から指定都市に権限移譲されることとなるため、その状況等も勘案しつつ検討が行われることとなる。



（施行前の準備）

**第三条**　厚生労働大臣は、この法律の施行前においても、第四条の規定の例により、基本方針を定めることができる。この場合において、厚生労働大臣は、この法律の施行前においても、同条の規定の例により、これを公表することができる。

2　前項の規定により定められた基本方針は、この法律の施行の日（以下この条において「施行日」という。）において第四条の規定により定められたものとみなす。

3　厚生労働大臣は、この法律の施行前においても、第五条第一項の規定の例により、指定難病を指定することができる。
4　前項の規定により指定された指定難病は、施行日において第五条第一項の規定により指定されたものとみなす。
5　都道府県知事は、この法律の施行前においても、第六条第一項の規定の例により、指定医の指定をすることができる。
6　前項の規定により指定された指定医は、施行日において第六条第一項の規定により指定されたものとみなす。
7　厚生労働大臣は、この法律の施行前においても、第七条第一項第一号の規定の例により、指定難病の病状の程度を定めることができる。
8　前項の規定により定められた病状の程度は、施行日において第七条第一項第一号の規定により定められたものとみなす。
9　都道府県知事は、この法律の施行前においても、第八条（第三項を除く。）の規定の例により、指定難病審査会を置くことができる。
10　前項の規定により置かれた指定難病審査会は、施行日において第八条の規定により置かれたものとみなす。
11　第九項の規定により置かれた指定難病審査会の委員の任期は、第八条第三項の規定にかかわらず、平成二十八年十二月三十一日までとする。
12　この法律を施行するために必要な条例の制定又は改正、第六条及び第七条の規定による支給認定の手続、第十四条第一項の規定による指定医療機関の指定の手続その他の行為は、この法律の施行前においても行うことができる。

【趣　旨】
難病法の施行に当たって、施行前に行う準備行為について定めるものである。
【解　説】
(1)　指定難病の指定
本法の施行後、速やかに特定医療費の支給が受けられるよう、施行日前においても指定難病の指定が可能である。本条第三項に基づき指定された指定難病は、施行日において「法第五条第一項により指定されたもの」とみなされる。なお、指定難病は平成二十六年十月二十一日に一一〇疾病が指定された（厚生労働省告示第三百九十三号）。さらに、平成二十七年七月一日に一九六疾病が新たに追加され（平成二十七年厚生労働省告示第二百六十六号）、計三〇六疾病について医療費助成が行われている（平成二十七年七月現在）。
(2)　指定医の指定
本法の施行後、速やかに特定医療費の支給を受けるためには、法の施行前であってもあらかじめ支給認定に係る手続を進めておく必要がある。支給認定の申請に当たっては指定医が作成した診断書の添付が必要となるため、法の施行前であっても指定医の指定を行うことができることとし、本条第六項の規定により、施行日において、「法第六条第一項の規定により指定された指定医」とみなすことになる。

(3)　医療費助成の対象となる病状の程度

指定難病と同様、医療費助成の対象となる病状の程度についても施行日前において定めることができることとし、施行日において、「法第七条第一項第一号の規定により定められた病状の程度」とみなすことになる。

(4)　指定難病審査会

指定医の指定と同様、法の施行前に支給認定に係る手続を進めるために、支給認定をしないことに関し審査を行う指定難病審査会を法施行日前においても置くことができる。施行日前に置かれた指定難病審査会は、施行日において「法第八条の規定により置かれた審査会」とみなされることになるが、委員の任期は法第八条第三項の規定（委員の任期を二年とするもの）にかかわらず、平成二十八年十二月三十一日までとしている。

(5)　支給認定の申請

施行日から特定医療費の支給が受けられるよう、施行日前においても、新法の規定の例により申請・認定行為を行うことができることとする。

(6)　指定医及び指定医療機関の指定及び公表

都道府県知事による医師及び医療機関の指定については、特定医療費の支給に係る申請を行う際に必要となるため、施行日前においても新法の規定の例により行うことができることとする。その際、指定医が満たすべき基準については、本法の施行前に公表してこれによることができるものとする。

（地方自治法の一部改正）
**第四条**　地方自治法の一部を次のように改正する。
第二百五十二条の十九第一項第十一号の次に次の一号を加える。
十一の二　難病の患者に対する医療等に関する事務

（注）本条の規定は、平成三十年四月一日から施行される。

**【趣　旨】**
地方自治法に規定する指定都市が処理することができるとされている事務に、難病の患者に対する医療等に関する事務を追加する。

（地方財政法の一部改正）
**第五条**　地方財政法（昭和二十三年法律第百九号）の一部を次のように改正する。
第十条に次の一号を加える。
三十二　指定難病に係る特定医療費の支給に要する経費

【趣　旨】

地方財政法（昭和二十三年法律第百九号）第十条（国がその全部又は一部を負担する法令に基づいて実施しなければならない事務に要する経費）に、指定難病に係る特定医療費の支給に要する経費を追加する。

（社会保険診療報酬支払基金法の一部改正）

**第六条**　社会保険診療報酬支払基金法の一部を次のように改正する。

第十五条第二項中「又は障害者の日常生活及び社会生活を総合的に支援するための法律（平成十七年法律第百二十三号）第七十三条第三項」を「、障害者の日常生活及び社会生活を総合的に支援するための法律（平成十七年法律第百二十三号）第七十三条第三項又は難病の患者に対する医療等に関する法律（平成二十六年法律第五十号）第二十五条第三項」に、「又は障害者の日常生活及び社会生活を総合的に支援するための法律第七十三条第四項」を「、障害者の日常生活及び社会生活を総合的に支援するための法律第七十三条第四項又は難病の患者に対する医療等に関する法律第二十五条第四項」に改める。

【趣　旨】

社会保険診療報酬支払基金法が行う業務として、本法第二十五条第四項の規定により審査、額の算定又は診療報酬の支払に関する事務を委託して行うものを追加するものである。

（行政手続における特定の個人を識別するための番号の利用等に関する法律の一部改正）

**第九条**　行政手続における特定の個人を識別するための番号の利用等に関する法律の一部を次のように改正する。

別表第一に次のように加える。

| | |
|---|---|
| 九十六　都道府県知事 | 難病の患者に対する医療等に関する法律（平成二十六年法律第五十号）による特定医療費の支給に関する事務であって主務省令で定めるもの |

別表第二の二十六の項中「支給又は」を「支給、」に改め、「貸付け」の下に「又は難病の患者に対する医療等に関する法律による特定医療費の支給」を加え、同表の五十六の二の項中「入院措置」の下に「若しくは難病の患者に対する医療等に関する法律による特定医療費の支給」を加え、同表の八十七の項中「支給又は」を「支給、」に改め、「貸付け」の下に「又は難病の患者に対する医療等に関する法律による特定医療費の支給」を加え、同表に次のように加える。

| | | | |
|---|---|---|---|
| 百十八　都道府県知事 | 難病の患者に対する医療等に関する法律による特定医療費の支給に関する事務であって主務省令で定めるもの | 都道府県知事等 | 生活保護関係情報又は中国残留邦人等支援給付等関係情報であって主務省令で定めるもの |
| | | 市町村長 | 地方税関係情報又は住民票関係情報であって主務省令で定 |

| | | | |
|---|---|---|---|
| | | | めるもの |
| | | 難病の患者に対する医療等に関する法律第十二条に規定する他の法令による給付の支給を行うこととされている者 | 難病の患者に対する医療等に関する法律第十二条に規定する他の法令による給付の支給に関する情報であって主務省令で定めるもの |

**【趣　旨】**

「行政手続における特定の個人を識別するための番号の利用等に関する法律」（以下「番号法」という。）により、都道府県が、特定医療費の支給に関する事務において、マイナンバー（個人番号）の利用を可能とするとともに、都道府県知事や市町村長との間で特定個人情報の授受を可能とする。

別表第一は同一の都道府県内における事務を規定しているものである。特定医療費の支給認定は有効期間が一年であり、通常一回限りではなく、繰り返し継続することが想定されることから、指定難病の患者の支給認定に係る個人情報の確認、内部管理・保存に関する事務を効率的に行うため、個人番号を使用することとする。

また、別表第二は、他の都道府県又は市町村に対し情報提供を求めることができる事務を規定しているものである。支給認定に当たっては所得に応じて負担上限月額を決定することとなるため、都道府県知事が、市町村長から地方税関係情報又は住民票関係情報について、他の都道府県知事等から生活保護関係情報又は中国残留邦人等支援給付等関係情報について提供を受けること等ができるものとした。

（行政手続における特定の個人を識別するための番号の利用等に関する法律の施行に伴う関係法律の整備等に関する法律の一部改正）

**第十条**　行政手続における特定の個人を識別するための番号の利用等に関する法律の施行に伴う関係法律の整備等に関する法律（平成二十五年法律第二十八号）の一部を次のように改正する。

第十九条のうち住民基本台帳法（昭和四十二年法律第八十一号）別表第三の五の項の次に次のように加える改正規定中五の六の項の次に次のように加える。

| | |
|---|---|
| 五の七　都道府県知事 | 難病の患者に対する医療等に関する法律（平成二十六年法律第五十号）による同法第五条第一項の特定医療費の支給に関する事務であつて総務省令で定めるもの |

第十九条のうち住民基本台帳法別表第五第六号の次に三号を加える改正規定中「三号」を「四号」に改め、第六号の四の次に次の一号を加える。

六の五　難病の患者に対する医療等に関する法律による同法第五条第一項の特定医療費の支給に関する事務であつて総務省令で定めるもの

【趣　旨】

番号法の施行により、特定医療費の支給に関する事務等にマイナンバーを利用できるようにする。これに伴い、「行政手続における特定の個人を識別するための番号の利用等に関する法律の施行に伴う関係法律の整備等に関する法律」（平成二十五年法律第二十八号）を一部改正し、住民基本台帳法（昭和四十二年法律第八十一号）に規定する本人確認情報等の提供等の事務を行うことができるようにするものである。

（厚生労働省設置法の一部改正）

**第十二条**　厚生労働省設置法（平成十一年法律第九十七号）の一部を次のように改正する。

第八条第一項第四号中「及び生活衛生関係営業の運営の適正化及び振興に関する法律」を「、生活衛生関係営業の運営の適正化及び振興に関する法律及び難病の患者に対する医療等に関する法律（平成二十六年法律第五十号）」に改める。

【趣　旨】

厚生労働省設置法（平成十一年法律第九十七号）第八条第一項では健康局の業務を規定し、健康局総務課が公費負担医療制度等が適切に運用されるよう、必要な監視・指導を行っていることから、本法の施行に伴い難病の医療費助成制度についても監査等の対象とするよう、厚生労働省設置法の一部を改正するものである。

（政令への委任）

**第十三条**　この附則に定めるもののほか、この法律の施行に関し必要な経過措置は、政令で定める。

**【趣　旨】**

(1)　令附則第二条

**◉難病の患者に対する医療等に関する法律施行令**

〔平成二十六年十一月十二日　政令第三百五十八号〕

附　則

（支給認定に係る政令で定める基準の特例）

**第二条**　法の施行の日の前日において厚生労働大臣が定める医療に関する給付が行われるべき療養を受けていた者に係る第二条の規定の適用については、平成二十九年十二月三十一日までの間、「又は」とあるのは「若しくは」と、「定めるものであること」とあるのは「定めるものであること又はその病状の程度が療養を継続する必要があるものとして厚生労働大臣が定めるものであること」とする。

特定疾患治療研究事業から法に基づく医療費助成制度へ移行するに当たり、軽症であり医療需要が少ないと認められる患者は特定医療費の支給対象とはしない等、その対象者についての一定の見直しが行われた。

しかしながら、これまで特定疾患治療研究事業の対象となっていた患者については、医療費負担が急激に増えることのないよう配慮が必要であることから、平成二十九年十二月三十一日までの間は、これまで特定疾患治療研究事業による医療費助成を受けていた患者であって、法施行後においても、指定難病の患者として当該事業の基準に照らして療養の給付を引き続き受ける必要があると認められる場合は、支給認定を行うこととしている。

(2)　令附則第三条

**◉難病の患者に対する医療等に関する法律施行令**

〔平成二十六年十一月十二日政令第三百五十八号〕

附　則

（指定特定医療に係る負担上限月額の経過的特例）

**第三条**　法の施行の日の前日において厚生労働大臣が定める医療に関する給付が行われるべき療養を受け、法の施行の日から継続して支給認定を受けている指定難病の患者（次条において「難病療養継続者」という。）に係る第一条第一項の規定の適用については、平成二十九年十二月三十一日までの間、次の表の上欄に掲げる同項の規定中同表の中欄に掲げる字句は、それぞれ同表の下欄に掲げる字句とする。

| | | |
|---|---|---|
| 第一号 | 三万円 | 二万円 |
| 第二号 | 二　次のイ又はロに掲げる者（次号から第七号までに掲げる者を除く。）　二万円 | 二　次のイに掲げる者（次号から第七号までに掲げる者を除 |

| | | |
|---|---|---|
| | | く。）一万円 |
| 第三号 | 七万千円未満（支給認定を受けた指定難病の患者が高額難病治療継続者である場合にあっては、二十五万千円未満） | 七万千円未満 |
| | 一万円 | 五千円 |
| 第四号ロ | 高額難病治療継続者であって、当該支給認定を受けた指定難病の患者及び支給認定基準世帯員についての指定難病の指定特定医療のあった月の属する年度（指定特定医療のあった月が四月から六月までの場合にあっては、前年度）分の地方税法の規定による市町村民税の同法第二百九十二条第一項第二号に掲げる所得割の額を厚生労働省令で定めるところにより合算した額が七万千円未満 | 、当該支給認定に係る指定難病の病状の程度が一定以上である者として厚生労働大臣が定めるものに該当する旨の都道府県の認定を厚生労働省令で定めるところにより受けた者（次号において「重症認定患者」という。） |
| 第五号 | 八十万円以下である者 | 八十万円以下である者（支給認定を受けた指定難病の患者が重症認定患者である場合にあっては、八十万円を超えるものを含む。） |

特定疾患治療研究事業による医療費助成を受けている者であって、法の施行の日から引き続き難病法に基づく医療費助成の対象となっている者（難病療養継続者）については、これまで特定疾患治療研究事業により医療費負担が低廉に抑えられていたことを踏まえ、原則として「高額難病治療継続者」と同程度の負担上限月額とする。

（参考）「高額難病治療継続者」と「難病療養継続者」について

「治療」とは、病気やけがを治すことをいうのに対し、「療養」とは、傷病者が、傷病を治すために、医療を受け、静養して健康の回復を図ることをいう。これを踏まえ、難病法においては、「治療継続者」とは医師等による医療行為を現に受け、それが継続している状態にある者、「療養継続者」とは治療（経過観察等も含む）を受け、生活上の配慮をしている状態にある者（寛解に至っていない軽症者等が含まれる）として表現を使い分けている。

## ◉難病の患者に対する医療等に関する法律施行令附則第三条の規定に基づき厚生労働大臣が定める医療に関する給付

〔平成二十六年十一月二十一日厚生労働省告示第四百三十一号〕

難病の患者に対する医療等に関する法律施行令附則第三条の規定に基づき厚生労働大臣が定める医療に関する給付は、原因が不明であって、治療方法が確立していない、いわゆる難病のうち、治療がきわめて困難であり、かつ、その医療費も高額である疾病の患者に対する治療研究に係る医療の給付であって、厚生労働省健康局長が定めるものとする。

ここで、「原因が不明であって、治療方法が確立していない、いわゆる難病のうち、治療がきわめて困難であり、かつ、その医療費も高額である疾病の患者に対する治療研究に係る医療の給付であって、厚生労働省健康局長が定めるもの」とは、平成二十六年十二月三十一日までの特定疾患治療研究事業による医療の給付をいう。

また、特定疾患治療研究事業による医療費助成の対象者のうち、重症と認定された患者についてはこれまで負担上限月額が〇円とされていたことに鑑み、難病法に基づく負担上限月額を適用する際は、通常より低額の負担上限月額の適用対象としている。

**◉難病の患者に対する医療等に関する法律施行令附則第三条の規定により読み替えて適用される同令第一条第一項第四号ロに規定する厚生労働大臣が定めるもの**

（平成二十六年十一月二十一日厚生労働省告示第四百三十二号）

難病の患者に対する医療等に関する法律施行令附則第三条の規定により読み替えて適用される同令第一条第一項第四号ロに規定する厚生労働大臣が定めるものは、身体の機能障害が永続し又は長期安静を必要とする状態にあるため、日常生活に著しい支障があると認められる者として厚生労働省健康局長が定めるものとする。

ここで、「身体の機能障害が永続し又は長期安静を必要とする状態にあるため日常生活に著しい支障があると認められる者として厚生労働省健康局長が定めるもの」とは、平成二十六年十二月三十一日までの特定疾患治療研究事業における重症患者をいい、具体的な基準は、「特定医療費支給認定実施要綱」の様式第6号別添1「重症患者認定基準表」（三〇九頁参照）における対象部位別の症状が審査時点において存在し、かつ、長期間（概ね六か月以上）継続するものと認められることをいう。

これらの負担軽減措置は、ともに平成二十九年十二月三十一日までの間の経過的な特例として行うものである。

# 資料編

本編に掲載した法令（政令、省令及び告示）は、平成二十七年七月一日までに発行された官報を原典に内容を更新した。

# 1　政令・省令

## ◉難病の患者に対する医療等に関する法律施行令

〔平成二十六年十一月十二日
政令第三百五十八号〕

**注**　平成二七年三月三一日政令第一三八号改正現在

内閣は、難病の患者に対する医療等に関する法律（平成二十六年法律第五十号）第五条第二項第一号、第七条第一項第二号、第十一条第一項第四号、第十二条、第十四条第一項及び第二項第二号、第二十三条第八号、第二十五条第三項、第三十一条並びに附則第十三条の規定に基づき、この政令を制定する。

（指定特定医療に係る負担上限月額）

**第一条**　難病の患者に対する医療等に関する法律（以下「法」という。）第五条第二項第一号の政令で定める額（次項において「負担上限月額」という。）は、次の各号に掲げる支給認定（法第七条第一項に規定する支給認定をいう。以下同じ。）を受けた指定難病（法第五条第一項に規定する指定難病をいう。以下同じ。）の患者又はその保護者（児童福祉法（昭和二十二年法律第百六十四号）第六条に規定する保護者をいう。以下この条及び第三条において同じ。）の区分に応じ、当該各号に定める額とする。

一　次号から第七号までに掲げる者以外の者　三万円

二　次のイ又はロに掲げる者（次号から第七号までに掲げる者を除く。）　二万円

イ　支給認定を受けた指定難病の患者及び当該支給認定を受けた指定難病の患者の生計を維持する者として厚生労働省令で定めるもの（以下この項において「支給認定基準世帯員」という。）についての指定特定医療（法第五条第一項に規定する指定特定医療をいう。以下この項において同じ。）のあった月の属する年度（指定特定医療のあった月が四月から六月までの場合にあっては、前年度）分の地方税法（昭和二十五年法律第二百二十六号）の規定による市町村民税（同法の規定による特別区民税を含む。以下この項において同じ。）の同法第二百九十二条第一項第二号に掲げる所得割（同法第三百二十八条

の規定によって課する所得割を除く。以下この項において同じ。）の額を厚生労働省令で定めるところにより合算した額が二十五万千円未満である場合における当該支給認定を受けた指定難病の患者又はその保護者

ロ　支給認定を受けた指定難病の患者が、当該支給認定に係る指定難病に係る特定医療（法第五条第一項に規定する特定医療をいう。）について、費用が高額な治療を長期間にわたり継続しなければならない者として厚生労働大臣が定めるものに該当する旨の都道府県による認定を厚生労働省令で定めるところにより受けた者（次号及び第四号ロにおいて「高額難病治療継続者」という。）である場合における当該支給認定を受けた指定難病の患者又はその保護者

三　支給認定を受けた指定難病の患者及び支給認定基準世帯員についての指定特定医療のあった月の属する年度（指定特定医療のあった月が四月から六月までの場合にあっては、前年度）分の地方税法の規定による市町村民税の同法第二百九十二条第一項第二号に掲げる所得割の額を厚生労働省令で定めるところにより合算した額が七万千円未満（支給認定を受けた指定難病の患者が高額難病治療継続者である場合にあっては、二十五万千円未満）である場合における当該支給認定を受けた指定難病の患者又はその保護者（次号から第七号までに掲げる者を除く。）　一万円

四　次のイ又はロに掲げる者（次号から第七号までに掲げる者を除く。）　五千円

イ　市町村民税世帯非課税者（支給認定を受けた指定難病の患者及び支給認定基準世帯員が、指定特定医療のあった月の属する年度（指定特定医療のあった月が四月から六月までの場合にあっては、前年度）分の地方税法の規定による市町村民税を課されない者（市町村の条例で定めるところにより当該市町村民税を免除された者を含むものとし、当該市町村民税の賦課期日において同法の施行地に住所を有しない者を除く。）である場合における当該支給認定を受けた指定難病の患者又はその保護者をいう。次号において同じ。）又は支給認定を受けた指定難病の患者及び支給認定基準世帯員が指定特定医療のあった月において要保護者（生活保護法（昭和二十五年法律第百四十四号）第六条第二項に規定する要保護者をいう。次号及び第七号において同じ。）である者であって厚生労働省令で定めるものに該当する場合における当該支給認定を受けた指定難病の患者又はその保護者

ロ　支給認定を受けた指定難病の患者が高額難病治療

継続者であって、当該支給認定を受けた指定難病の患者及び支給認定基準世帯員についての指定特定医療のあった月の属する年度（指定特定医療のあった月が四月から六月までの場合にあっては、前年度）分の地方税法の規定による市町村民税の同法第二百九十二条第一項第二号に掲げる所得割の額を厚生労働省令で定めるところにより合算した額が七万千円未満である場合における当該支給認定を受けた指定難病の患者又はその保護者

五　市町村民税世帯非課税者であり、かつ、指定特定医療のあった月の属する年の前年（指定特定医療のあった月が一月から六月までの場合にあっては、前々年とする。以下この号において同じ。）中の公的年金等の収入金額（所得税法（昭和四十年法律第三十三号）第三十五条第二項第一号に規定する公的年金等の収入金額をいう。）、当該指定特定医療のあった月の属する年の前年の合計所得金額（地方税法第二百九十二条第一項第十三号に規定する合計所得金額（所得税法第三十五条第二項に規定する公的年金等の支給を受ける者については、同条第四項中「次の各号に掲げる金額の合計額とする。ただし、当該合計額が七十万円に満たないときは、七十万円」とあるのは「八十万円」として同項の規定を適用して算定した額）をいい、当該額が零を下回る場合には、零とする。）及び当該指定特定医療のあった月の属する年の前年に支給された国民年金法（昭和三十四年法律第百四十一号）に基づく障害基礎年金その他の厚生労働省令で定める給付を合計した金額の合計額が八十万円以下である者又は支給認定を受けた指定難病の患者及び支給認定基準世帯員が指定特定医療のあった月において要保護者である者であって厚生労働省令で定めるものに該当する場合における当該支給認定を受けた指定難病の患者又はその保護者（次号及び第七号に掲げる者を除く。）　二千五百円

六　支給認定を受けた指定難病の患者が、人工呼吸器その他の生命の維持に欠くことができない装置を装着していることについて特別の配慮を必要とする者として厚生労働大臣が定めるものに該当する旨の都道府県による認定を厚生労働省令で定めるところにより受けた者である場合における当該支給認定を受けた指定難病の患者又はその保護者（次号に掲げる者を除く。）　千円

七　支給認定を受けた指定難病の患者及び支給認定基準世帯員が、指定特定医療のあった月において、被保護者（生活保護法第六条第一項に規定する被保護者をいう。）である場合又は要保護者である者であって厚生

労働省令で定めるものに該当する場合における当該支給認定を受けた指定難病の患者又はその保護者　零

2　支給認定を受けた指定難病の患者が児童福祉法第十九条の三第三項に規定する医療費支給認定に係る同法第六条の二第二項に規定する小児慢性特定疾病児童等（以下この項において「医療費支給認定に係る小児慢性特定疾病児童等」という。）である場合又は支給認定を受けた指定難病の患者と生計を一にする者として厚生労働省令で定めるもの（以下この項において「医療費算定対象世帯員」という。）が支給認定を受けた指定難病の患者若しくは医療費支給認定に係る小児慢性特定疾病児童等である場合における負担上限月額は、前項の規定にかかわらず、同項各号に掲げる支給認定を受けた指定難病の患者又はその保護者の区分に応じ、当該各号に定める額に医療費按《あん》分率（当該支給認定を受けた指定難病の患者及び医療費算定対象世帯員に係る次の各号に掲げる額を合算した額をもって当該各号に掲げる額のうち最も高い額を除して得た率をいう。）を乗じて得た額（その額に十円未満の端数があるときは、これを切り捨てた額）とする。

一　前項各号に掲げる支給認定を受けた指定難病の患者又はその保護者の区分に応じ、当該各号に定める額

二　児童福祉法施行令（昭和二十三年政令第七十四号）第二十二条第一項各号に掲げる医療費支給認定保護者の区分に応じ、当該各号に定める額

（支給認定に係る政令で定める基準）

**第二条**　法第七条第一項第二号の政令で定める基準は、同一の月に受けた指定難病に係る医療につき厚生労働省令で定めるところにより算定した当該医療に要した費用の額が三万三千三百三十円を超えた月数が当該支給認定の申請を行った日の属する月以前の十二月以内に既に三月以上あるものであること又はこれに準ずるものとして厚生労働大臣が定めるものであることとする。

（支給認定を取り消す場合）

**第三条**　法第十一条第一項第四号の政令で定めるときは、支給認定を受けた指定難病の患者又はその保護者が法第六条第一項又は第十条第一項の規定による申請に関し虚偽の申請をしたときとする。

（法第十二条の政令で定める給付等）

**第四条**　法第十二条の政令で定める給付は、次に掲げるものとし、同条の政令で定める限度は、次に掲げる給付につき、それぞれ、受けることができる給付とする。

一　健康保険法（大正十一年法律第七十号）の規定による療養の給付並びに入院時食事療養費、入院時生活療養費、保険外併用療養費、療養費、訪問看護療養費、移送費、家族療養費、家族訪問看護療養費、家族移送

費、特別療養費及び高額療養費

二　船員保険法（昭和十四年法律第七十三号）の規定による療養の給付並びに入院時食事療養費、入院時生活療養費、保険外併用療養費、療養費、訪問看護療養費、移送費、家族療養費、家族訪問看護療養費、家族移送費及び高額療養費

三　労働基準法（昭和二十二年法律第四十九号。他の法律において例による場合を含む。）の規定による療養補償

四　労働者災害補償保険法（昭和二十二年法律第五十号）の規定による療養補償給付及び療養給付

五　船員法（昭和二十二年法律第百号）の規定による療養補償

六　災害救助法（昭和二十二年法律第百十八号）の規定による扶助金（災害救助法施行令（昭和二十二年政令第二百二十五号）の規定による療養扶助金に限る。）

七　児童福祉法の規定による小児慢性特定疾病医療費

八　消防組織法（昭和二十二年法律第二百二十六号）の規定による損害の補償（非常勤消防団員等に係る損害補償の基準を定める政令（昭和三十一年政令第三百三十五号）の規定による療養補償に限る。）

九　消防法（昭和二十三年法律第百八十六号）の規定による損害の補償（非常勤消防団員等に係る損害補償の基準を定める政令の規定による療養補償に限る。）

十　水防法（昭和二十四年法律第百九十三号）の規定による損害の補償（非常勤消防団員等に係る損害補償の基準を定める政令の規定による療養補償に限る。）

十一　国家公務員災害補償法（昭和二十六年法律第百九十一号。他の法律において準用し、又は例による場合を含む。）の規定による療養補償

十二　警察官の職務に協力援助した者の災害給付に関する法律（昭和二十七年法律第二百四十五号）の規定による療養給付

十三　海上保安官に協力援助した者等の災害給付に関する法律（昭和二十八年法律第三十三号）の規定による療養給付

十四　自衛隊法（昭和二十九年法律第百六十五号）の規定による損害の補償（自衛隊法施行令（昭和二十九年政令第百七十九号）の規定による療養補償に限る。）

十五　公立学校の学校医、学校歯科医及び学校薬剤師の公務災害補償に関する法律（昭和三十二年法律第百四十三号）の規定による療養補償

十六　証人等の被害についての給付に関する法律（昭和三十三年法律第百九号）の規定による療養給付

十七　国家公務員共済組合法（昭和三十三年法律第百二十八号。他の法律において準用し、又は例による場合

を含む。）の規定による療養の給付並びに入院時食事療養費、入院時生活療養費、保険外併用療養費、療養費、訪問看護療養費、移送費、家族療養費、家族訪問看護療養費、家族移送費及び高額療養費

十八　国民健康保険法（昭和三十三年法律第百九十二号）の規定による療養の給付並びに入院時食事療養費、入院時生活療養費、保険外併用療養費、療養費、訪問看護療養費、特別療養費、移送費及び高額療養費

十九　災害対策基本法（昭和三十六年法律第二百二十三号）の規定による損害の補償（非常勤消防団員等に係る損害補償の基準を定める政令の規定による療養補償に相当するもの又は災害救助法施行令の規定による療養扶助金に相当するものに限る。）

二十　地方公務員等共済組合法（昭和三十七年法律第百五十二号）の規定による療養の給付並びに入院時食事療養費、入院時生活療養費、保険外併用療養費、療養費、訪問看護療養費、移送費、家族療養費、家族訪問看護療養費、家族移送費及び高額療養費

二十一　地方公務員災害補償法（昭和四十二年法律第百二十一号）の規定による療養補償

二十二　高齢者の医療の確保に関する法律（昭和五十七年法律第八十号）の規定による療養の給付並びに入院時食事療養費、入院時生活療養費、保険外併用療養費、療養費、訪問看護療養費、特別療養費、移送費及び高額療養費

二十三　原子爆弾被爆者に対する援護に関する法律（平成六年法律第百十七号）の規定による医療の給付及び一般疾病医療費

二十四　介護保険法（平成九年法律第百二十三号）の規定による介護給付（高額医療合算介護サービス費の支給を除く。）、予防給付（高額医療合算介護予防サービス費の支給を除く。）及び市町村特別給付

二十五　武力攻撃事態等における国民の保護のための措置に関する法律（平成十六年法律第百十二号）の規定による損害の補償（非常勤消防団員等に係る損害補償の基準を定める政令の規定による療養補償に相当するもの又は災害救助法施行令の規定による療養扶助金に相当するものに限る。）

二十六　新型インフルエンザ等対策特別措置法（平成二十四年法律第三十一号）の規定による損害の補償（災害救助法施行令の規定による療養扶助金に相当するものに限る。）

（病院又は診療所に準ずる医療機関）

**第五条**　法第十四条第一項の病院又は診療所に準ずるものとして政令で定めるものは、次に掲げるものとする。

一　健康保険法第八十八条第一項に規定する指定訪問看

護事業者

二　介護保険法第四十一条第一項に規定する指定居宅サービス事業者（同法第八条第四項に規定する訪問看護を行う者に限る。）又は同法第五十三条第一項に規定する指定介護予防サービス事業者（同法第八条の二第三項に規定する介護予防訪問看護を行う者に限る。）

（法第十四条第二項第二号の政令で定める法律）

**第六条**　法第十四条第二項第二号の政令で定める法律は、次のとおりとする。

一　児童福祉法

二　医師法（昭和二十三年法律第二百一号）

三　歯科医師法（昭和二十三年法律第二百二号）

四　保健師助産師看護師法（昭和二十三年法律第二百三号）

五　医療法（昭和二十三年法律第二百五号）

六　精神保健及び精神障害者福祉に関する法律（昭和二十五年法律第百二十三号）

七　医薬品、医療機器等の品質、有効性及び安全性の確保等に関する法律（昭和三十五年法律第百四十五号）

八　薬剤師法（昭和三十五年法律第百四十六号）

九　介護保険法

十　障害者の日常生活及び社会生活を総合的に支援するための法律（平成十七年法律第百二十三号）

十一　再生医療等の安全性の確保等に関する法律（平成二十五年法律第八十五号）

（法第二十三条第八号の政令で定める法律）

**第七条**　法第二十三条第八号の政令で定める法律は、次のとおりとする。

一　健康保険法

二　身体障害者福祉法（昭和二十四年法律第二百八十三号）

三　前条各号に掲げる法律

（医療に関する審査機関）

**第八条**　法第二十五条第三項の政令で定める医療に関する審査機関は、社会保険診療報酬支払基金法（昭和二十三年法律第百二十九号）に定める特別審査委員会、国民健康保険法第四十五条第六項に規定する厚生労働大臣が指定する法人に設置される診療報酬の審査に関する組織及び介護保険法第百七十九条に規定する介護給付費等審査委員会とする。

（特定医療費等に係る国の負担及び補助）

**第九条**　法第三十一条第一項の規定により、毎年度国が都道府県に対して負担する額は、特定医療費の支給に要する費用の額から、その年度におけるその費用のための寄附金その他の収入の額を控除した額につき、厚生労働大臣が定める基準によって算定した額とする。

２　法第三十一条第二項の規定により、毎年度国が都道府県に対して補助する額は、療養生活環境整備事業に要する費用の額から、その年度におけるその費用のための寄附金その他の収入の額を控除した額につき、厚生労働大臣が定める基準によって算定した額とする。

（厚生労働省令への委任）

**第十条**　この政令で定めるもののほか、この政令の実施のため必要な手続その他の事項は、厚生労働省令で定める。

## 附　則（抄）

（施行期日）

**第一条**　この政令は、平成二十七年一月一日から施行する。ただし、附則第十三条の規定は、公布の日〔平成二十六年十一月十二日〕から施行する。

（支給認定に係る政令で定める基準の特例）

**第二条**　法の施行の日の前日において厚生労働大臣が定める医療に関する給付が行われるべき療養を受けていた者に係る第二条の規定の適用については、平成二十九年十二月三十一日までの間、「又は」とあるのは「若しくは」と、「定めるものであること」とあるのは「定めるものであること又はその病状の程度が療養を継続する必要があるものとして厚生労働大臣が定めるものであること」とする。

（指定特定医療に係る負担上限月額の経過的特例）

**第三条**　法の施行の日の前日において厚生労働大臣が定める医療に関する給付が行われるべき療養を受け、法の施行の日から継続して支給認定を受けている指定難病の患者（次条において「難病療養継続者」という。）に係る第一条第一項の規定の適用については、平成二十九年十二月三十一日までの間、次の表の上欄に掲げる同項の規定中同表の中欄に掲げる字句は、それぞれ同表の下欄に掲げる字句とする。

| | | |
|---|---|---|
| 第一号 | 三万円 | 二万円 |
| 第二号 | 二　次のイ又はロに掲げる者（次号から第七号までに掲げる者を除く。）<br>二万円 | 二　次のイに掲げる者（次号から第七号までに掲げる者を除く。）<br>一万円 |
| 第三号 | 七万千円未満（支給認定を受けた指定難病の患者が高額難病治療継続者である場合にあっては、二十五万千円未満）<br>一万円 | 七万千円未満<br>五千円 |
| 第四号 | 高額難病治療継続者 | 、当該支給認定に係 |

| | |
|---|---|
| ロ | 第五号 |
| であって、当該支給認定を受けた指定難病の患者及び支給認定基準世帯員についての指定特定医療のあった月の属する年度（指定特定医療のあった月が四月から六月までの場合にあっては、前年度）分の地方税法の規定による市町村民税の同法第二百九十二条第一項第二号に掲げる所得割の額を厚生労働省令で定めるところにより合算した額が七万千円未満 | 八十万円以下である者 |
| る指定難病の病状の程度が一定以上である者として厚生労働大臣が定めるものに該当する旨の都道府県の認定を厚生労働省令で定めるところにより受けた者（次号において「重症認定患者」という。） | 八十万円以下である者（支給認定を受けた指定難病の患者が重症認定患者である場合にあっては、八十万円を超えるものを含む。） |

**第四条**　支給認定を受けた指定難病の患者又は第一条第二項に規定する医療費算定対象世帯員が難病療養継続者又は児童福祉法施行令の一部を改正する政令（平成二十六年政令第三百五十七号）附則第三条に規定する小児慢性特定疾病医療継続者である場合における第一条第二項の規定の適用については、平成二十九年十二月三十一日までの間、同項中「前項の」とあるのは「前項（附則第三条の規定により読み替えて適用する場合を含む。以下同じ。）の」と、同項第二号中「第二十二条第一項各号」とあるのは「第二十二条第一項各号（児童福祉法施行令の一部を改正する政令（平成二十六年政令第三百五十七号）附則第三条の規定により読み替えて適用する場合を含む。）」とする。

# ◉難病の患者に対する医療等に関する法律施行規則

〔平成二十六年十一月十二日
厚生労働省令第百二十一号〕

難病の患者に対する医療等に関する法律（平成二十六年法律第五十号）及び難病の患者に対する医療等に関する法律施行令（平成二十六年政令第三百五十八号）の規定に基づき、並びにこれらの法令を実施するため、難病の患者に対する医療等に関する法律施行規則を次のように定める。

目次



## 第一章　医療

### 第一節　特定医療費の支給

（法第五条第一項の厚生労働省令で定める人数）

**第一条**　難病の患者に対する医療等に関する法律（以下「法」という。）第五条第一項の厚生労働省令で定める人数は、人口（官報で公示された最近の国勢調査又はこれに準ずる全国的な人口調査の結果による人口をいう。）のおおむね千分の一程度に相当する数とする。

（法第五条第一項の厚生労働省令で定める要件）

**第二条**　法第五条第一項の厚生労働省令で定める要件は、難病（法第一条に規定する難病をいう。以下同じ。）の診断に関し客観的な指標による一定の基準が定まっていることとする。

（法第五条第一項の厚生労働省令で定める医療）

**第三条**　法第五条第一項の厚生労働省令で定める医療は、指定難病（同項に規定する指定難病をいう。以下同じ。）及び当該指定難病に付随して発生する傷病に関する医療とする。

（特定医療費の支給）

**第四条**　都道府県は、法第五条第一項の規定に基づき、毎月、特定医療費を支給するものとする。

2　支給認定（法第七条第一項に規定する支給認定をいう。以下同じ。）を受けた指定難病の患者が指定医療機関（法第五条第一項に規定する指定医療機関をいう。以下同じ。）から指定特定医療（同項に規定する指定特定医療をいう。以下同じ。）を受けたときは、法第七条第七項の規定により当該支給認定患者等（法第七条第四項に規定する支給認定患者等をいう。以下同じ。）に支給すべき特定医療費は当該指定医療機関に対して支払うものとする。

（支給認定基準世帯員）

**第五条**　難病の患者に対する医療等に関する法律施行令（平成二十六年政令第三百五十八号。以下「令」という。）第一条第一項第二号イの厚生労働省令で定める者（以下「支給認定基準世帯員」という。）は、次の各号に掲げる支給認定を受けた指定難病の患者の区分に応じ、当該各号に定める者とする。ただし、支給認定を受けた指定難病の患者の保護者（児童福祉法（昭和二十二年法律第百六十四号）第六条に規定する保護者をいう。以下同じ。）が後期高齢者医療の被保険者である場合（第二号に掲げる場合に限る。）は、当該指定難病の患者の保護者及び当該支給認定を受けた指定難病の患者の加入している国民健康保険の被保険者（当該支給認定を受けた指定難病の患者以外の者であって、かつ、当該支給認定を受けた指定難病の患者と同一の世帯に属するものに限る。）とする。

一　支給認定を受けた指定難病の患者の加入している医療保険が国民健康保険及び後期高齢者医療以外である場合　当該支給認定を受けた指定難病の患者の加入している医療保険各法（健康保険法（大正十一年法律第七十号）、船員保険法（昭和十四年法律第七十三号）、国家公務員共済組合法（昭和三十三年法律第百二十八号）、地方公務員等共済組合法（昭和三十七年法律第百五十二号）及び私立学校教職員共済法（昭和二十八年法律第二百四十五号）をいう。以下同じ。）の規定による被保険者等（当該支給認定を受けた指定難病の患者以外の者であって、かつ、健康保険法に規定する被保険者（同法第三条第二項に規定する日雇特例被保険者を除く。）、船員保険法の規定による被保険者、国家公務員共済組合法若しくは地方公務員等共済組合法に基づく共済組合の組合員、私立学校教職員共済法の規定による私立学校教職員共済制度の加入者又は健康保険法第百二十六条の規定に基づき日雇特例被保険者手帳の交付を受け、その手帳に健康保険印紙を貼り付けるべき余白がなくなるに至るまでの間にある者をいう。）

二　支給認定を受けた指定難病の患者の加入している医療保険が国民健康保険である場合　当該支給認定を受けた指定難病の患者の加入している国民健康保険の被保険者（当該支給認定を受けた指定難病の患者以外の者であって、かつ、当該支給認定を受けた指定難病の患者と同一の世帯に属する者に限る。）

三　支給認定を受けた指定難病の患者の加入している医療保険が後期高齢者医療である場合　当該支給認定を受けた指定難病の患者の加入している後期高齢者医療の被保険者（当該支給認定を受けた指定難病の患者以外の者であって、かつ、当該支給認定を受けた指定難病の患者と同一の世帯に属する者に限る。）

（市町村民税の所得割の額を合算した額の算定方法）

**第六条**　令第一条第一項第二号イ、第三号及び第四号ロの所得割の額を合算した額の算定については、次の各号に掲げる支給認定を受けた指定難病の患者の区分に応じ、当該各号に定める額を合算するものとする。

一　支給認定を受けた指定難病の患者が医療保険各法の規定による被保険者等である場合又は被保護者（生活保護法（昭和二十五年法律第百四十四号）第六条第一項に規定する被保護者をいう。）である場合　当該支給認定を受けた指定難病の患者の市町村民税（令第一条第一項第二号イに規定する市町村民税をいう。以下この条において同じ。）の所得割（同号イに規定する所得割をいう。以下この条において同じ。）の額

二　支給認定を受けた指定難病の患者の保護者が前条ただし書に該当する場合又は支給認定を受けた指定難病の患者が同条第二号若しくは第三号に掲げる区分に該当する場合　当該支給認定を受けた指定難病の患者の市町村民税の所得割の額及び当該支給認定を受けた指定難病の患者に関する支給認定基準世帯員の市町村民税の所得割の額

三　支給認定を受けた指定難病の患者が前二号のいずれにも該当しない者である場合　当該支給認定を受けた指定難病の患者に関する支給認定基準世帯員の市町村民税の所得割の額

（令第一条第一項第四号イの厚生労働省令で定める者）

**第七条**　令第一条第一項第四号イの厚生労働省令で定める者は、同項第三号に定める額を負担上限月額（同項に規定する負担上限月額をいう。以下同じ。）としたならば保護（生活保護法第二条に規定する保護をいう。第九条及び第十条において同じ。）を必要とする状態となる者であって、同項第四号に定める額を負担上限月額としたならば保護を必要としない状態となるものとする。

（令第一条第一項第五号の厚生労働省令で定める給付）

**第八条**　令第一条第一項第五号の厚生労働省令で定める給付は、次に掲げるものとする。

一　国民年金法（昭和三十四年法律第百四十一号）に基づく障害基礎年金、遺族基礎年金及び寡婦年金並びに国民年金法等の一部を改正する法律（昭和六十年法律第三十四号。以下この条において「昭和六十年法律第三十四号」という。）第一条の規定による改正前の国

民年金法に基づく障害年金
二　厚生年金保険法（昭和二十九年法律第百十五号）に基づく障害厚生年金、障害手当金及び遺族厚生年金並びに昭和六十年法律第三十四号第三条の規定による改正前の厚生年金保険法に基づく障害年金
三　船員保険法に基づく障害年金及び障害手当金並びに昭和六十年法律第三十四号第五条の規定による改正前の船員保険法に基づく障害年金
四　国家公務員共済組合法に基づく障害共済年金、障害一時金及び遺族共済年金並びに国家公務員等共済組合法等の一部を改正する法律（昭和六十年法律第百五号）第一条の規定による改正前の国家公務員等共済組合法に基づく障害年金
五　地方公務員等共済組合法に基づく障害共済年金、障害一時金及び遺族共済年金並びに地方公務員等共済組合法等の一部を改正する法律（昭和六十年法律第百八号）第一条の規定による改正前の地方公務員等共済組合法に基づく障害年金
六　私立学校教職員共済法に基づく障害共済年金、障害一時金及び遺族共済年金並びに私立学校教職員共済組合法等の一部を改正する法律（昭和六十年法律第百六号）第一条の規定による改正前の私立学校教職員共済組合法に基づく障害年金
七　厚生年金保険制度及び農林漁業団体職員共済組合制度の統合を図るための農林漁業団体職員共済組合法等を廃止する等の法律（平成十三年法律第百一号）附則第十六条第四項に規定する移行農林共済年金のうち障害共済年金、同条第六項に規定する移行農林年金のうち障害年金及び同法附則第二十五条第四項に規定する特例年金給付のうち障害を支給事由とするもの
八　特定障害者に対する特別障害給付金の支給に関する法律（平成十六年法律第百六十六号）に基づく特別障害給付金
九　労働者災害補償保険法（昭和二十二年法律第五十号）に基づく障害補償給付及び障害給付
十　国家公務員災害補償法（昭和二十六年法律第百九十一号。他の法律において準用する場合を含む。）に基づく障害補償
十一　地方公務員災害補償法（昭和四十二年法律第百二十一号）に基づく障害補償及び同法に基づく条例の規定に基づく補償で障害を支給事由とするもの
十二　特別児童扶養手当等の支給に関する法律（昭和三十九年法律第百三十四号）に基づく特別児童扶養手当、障害児福祉手当及び特別障害者手当並びに昭和六十年法律第三十四号附則第九十七条第一項の規定による福祉手当

（令第一条第一項第五号の厚生労働省令で定める者）

**第九条**　令第一条第一項第五号の厚生労働省令で定める者は、同項第四号に定める額を負担上限月額としたならば保護を必要とする状態となる者であって、同項第五号に定める額を負担上限月額としたならば保護を必要としない状態となるものとする。

（令第一条第一項第七号の厚生労働省令で定める者）

**第十条**　令第一条第一項第七号の厚生労働省令で定める者は、同項第五号又は第六号に掲げる区分に応じ、それぞれ同項第五号又は第六号に定める額を負担上限月額としたならば保護を必要とする状態となる者であって、同項第七号に定める額を負担上限月額としたならば保護を必要としない状態となるものとする。

（令第一条第二項の厚生労働省令で定める者）

**第十一条**　令第一条第二項の厚生労働省令で定める者は、次の各号に掲げる支給認定を受けた指定難病の患者の区分に応じ、当該各号に定める者とする。

一　支給認定を受けた指定難病の患者が第五条第一号に掲げる区分に該当する場合　支給認定基準世帯員及び当該患者の加入している医療保険各法の規定による被保険者等の被扶養者

二　支給認定を受けた指定難病の患者が第五条第二号又は第三号に掲げる区分に該当する場合　支給認定基準世帯員

（支給認定の申請等）

**第十二条**　法第六条第一項の規定により、支給認定の申請をしようとする指定難病の患者又はその保護者は、次に掲げる事項を記載した申請書を、その居住地の都道府県に提出しなければならない。

一　当該申請に係る指定難病の患者の氏名、性別、居住地、生年月日及び連絡先

二　当該申請に係る指定難病の患者の保護者が当該申請をしようとする場合においては、当該保護者の氏名、居住地、連絡先及び当該患者との続柄

三　当該申請に係る指定難病の名称

四　当該申請に係る指定難病の患者の医療保険各法、国民健康保険法（昭和三十三年法律第百九十二号）又は高齢者の医療の確保に関する法律（昭和五十七年法律第八十号）による被保険者証（健康保険法第百二十六条の規定による日雇特例被保険者手帳（健康保険印紙を貼り付けるべき余白があるものに限る。）及び被扶養者証を含む。）、組合員証又は加入者証に記載されている記号、番号及び保険者名称

五　支給認定基準世帯員の氏名

六　当該申請に係る指定難病の患者が特定医療（法第五条第一項に規定する特定医療をいう。以下同じ。）を

受ける指定医療機関として希望するものの名称及び所在地

七　当該申請に係る指定難病の患者が高額難病治療継続者（令第一条第一項第二号ロに規定する高額難病治療継続者をいう。）に該当するかの別

八　当該申請に係る指定難病の患者が令第一条第一項第六号に規定する厚生労働大臣が定めるものに該当するかの別

九　当該申請に係る指定難病の患者が児童福祉法第十九条の三第三項に規定する医療費支給認定に係る同法第六条の二第二項に規定する小児慢性特定疾病児童等（以下この号において「医療費支給認定に係る小児慢性特定疾病児童等」という。）である場合又は令第一条第二項に規定する医療費算定対象世帯員が支給認定を受けた指定難病の患者若しくは医療費支給認定に係る小児慢性特定疾病児童等である場合は、当該支給認定を受けた指定難病の患者又は当該医療費支給認定に係る小児慢性特定疾病児童等に関する事項

十　その他必要な事項

2　前項の申請書には、次に掲げる書類を添付しなければならない。ただし、都道府県は、当該書類により証明すべき事実を公簿等によって確認することができるときは、当該書類を省略させることができる。

一　指定医（法第六条第一項に規定する指定医をいう。以下同じ。）の診断書（同項に規定する診断書をいう。以下同じ。）

二　前項第七号から第九号までの事項を証する書類その他負担上限月額の算定のために必要な事項に関する書類

3　支給認定を受けたことのない指定難病の患者にあっては、前項第一号の指定医の診断書は、第十五条第一項第一号に規定する難病指定医の診断書とする。

（申請内容の変更の届出）

**第十三条**　支給認定患者等は、第三十一条で定める期間内において、前条第一項各号（第三号及び第六号から第九号までを除く。）に掲げる事項又は負担上限月額の算定のために必要な事項に変更があったときは、速やかに、当該支給認定患者等に対し支給認定を行った都道府県に当該事項を届け出なければならない。

2　前項の届出をしようとする支給認定患者等は、次の各号に掲げる事項を記載した届出書に医療受給者証（法第七条第四項に規定する医療受給者証をいう。以下同じ。）を添えて都道府県に提出しなければならない。

一　当該支給認定を受けた指定難病の患者の氏名、居住地及び連絡先

二　当該指定難病の患者の保護者が当該支給認定を受け

ている場合においては、当該保護者の氏名、居住地、連絡先及び当該患者との続柄

三　前項に規定する事項のうち、変更があった事項とその変更内容

四　その他必要な事項

3　前項の届出書には、同項第三号に掲げる事項を証する書類を添付しなければならない。ただし、都道府県は、当該書類により証明すべき事実を公簿等によって確認することができるときは、当該書類を省略させることができる。

（厚生労働省令で定める診断書）

**第十四条**　法第六条第一項の厚生労働省令で定める診断書は、次に掲げる事項を記載し、当該診断書を作成した医師が記名押印又は署名した書面とする。

一　支給認定を受けようとする指定難病の患者の氏名、性別及び生年月日

二　当該患者がかかっている指定難病の名称及びその病状の程度

三　診断書の作成年月日

四　その他参考となる事項

（指定医の指定）

**第十五条**　都道府県知事は、法第六条第一項の規定により、診断又は治療に五年以上（医師法（昭和二十三年法律第二百一号）に規定する臨床研修を受けている期間を含む。）従事した経験を有する医師であって次の各号に掲げる区分のいずれかに該当するものを、その申請に基づき、当該区分に応じ、当該各号に掲げる指定医として指定するものとする。

一　難病指定医　次のいずれかに該当する者であって、かつ、診断書を作成するのに必要な知識と技能を有すると認められるもの

イ　厚生労働大臣が定める認定機関が認定する専門医（以下「専門医」という。）の資格を有すること。

ロ　都道府県知事が行う研修を修了していること。

二　協力難病指定医　都道府県知事が行う研修を修了している者であって、かつ、診断書（支給認定を受けたことのある指定難病の患者の当該支給認定に係る指定難病に係るものに限る。）を作成するのに必要な知識と技能を有すると認められるもの

2　都道府県知事は、前項の規定にかかわらず、第二十条第二項又は第三項の規定により前項の規定による指定医の指定（以下「指定医の指定」という。）を取り消された後五年を経過していない者その他指定医として著しく不適当と認められる者については、指定医の指定をしないことができる。

（指定医の指定の申請）

**第十六条**　指定医の指定の申請をしようとする医師は、次に掲げる事項を記載した申請書を、第三号の医療機関の所在地を管轄する都道府県知事に提出しなければならない。

一　当該申請を行う医師の氏名、生年月日、連絡先、医籍の登録番号及び登録年月日並びに担当する診療科名

二　当該申請を行う医師が認定を受けている専門医の資格の名称及びその認定機関又は前条第一項第一号ロ若しくは同項第二号に規定する研修の名称及びその修了日

三　主として指定難病の診断を行う医療機関の名称及び所在地

四　その他必要な事項

2　前項の申請書には、次に掲げる書類を添付しなければならない。ただし、都道府県知事は、当該書類により証明すべき事実を公簿等によって確認することができるときは、当該書類を省略させることができる。

一　申請者の経歴書

二　医師免許証の写し

三　専門医の資格を証明する書面又は前条第一項第一号ロに規定する研修の課程を修了したことを証する書面（難病指定医の指定を受けようとする場合に限る。）

四　前条第一項第二号に規定する研修の課程を修了したことを証する書面（協力難病指定医の指定を受けようとする場合に限る。）

（指定医の指定の更新）

**第十七条**　指定医（専門医の資格を有する難病指定医を除く。）は、指定医の指定を受けた日から五年を超えない日までの間に、第十五条第一項各号に掲げる指定医の区分に応じ当該各号の都道府県知事が行う研修を受けなければならない。ただし、当該五年を超えない日までの間に実施されるいずれの研修をも受けることができないことについて、災害、傷病、長期の海外渡航その他のやむを得ない理由が存すると都道府県知事が認めたときは、この限りでない。

2　指定医の指定は、五年ごとにその更新を受けなければ、その期間の経過によって、その効力を失う。

（指定医の職務）

**第十八条**　指定医は、診断書の作成及び法第三条第一項の規定に基づき国が講ずる難病に関する情報の収集に関する施策に資する情報の提供の職務を行う。

（申請内容の変更の届出）

**第十九条**　指定医は、第十六条第一項第一号又は第三号に掲げる事項に変更があったときは、変更のあった事項及びその年月日を、当該指定医の指定をした都道府県知事に速やかに届け出なければならない。

（指定の辞退及び取消し）

**第二十条**　指定医は、その指定を辞退することができる。

2　指定医がその医師免許を取り消され、又は期間を定めて医業の停止を命ぜられたときは、都道府県知事は、その指定を取り消さなければならない。

3　指定医が法若しくは法に基づく命令に違反したとき又は指定難病の診断若しくは治療に関し著しく不当な行為を行ったときその他指定医として著しく不適当と認められるときは、都道府県知事は、その指定を取り消し、又は一年以内の期間を定めてその指定の効力を停止することができる。

4　指定医が、第十六条第一項第三号の医療機関の所在地を管轄する都道府県知事に変更があった旨の届出を行ったときは、都道府県知事は、その指定を取り消すことができる。

（公表）

**第二十一条**　都道府県知事は、次に掲げる場合には、その旨を公表するものとする。

一　第十五条の規定による指定医の指定をしたとき。

二　第十九条の規定による届出があったとき。

三　前条の規定による指定医の指定の辞退があったとき又は同条の規定により指定医の指定を取り消し、若しくは指定の効力を停止したとき。

（令第二条の指定難病に係る医療に要した費用の額の算定方法）

**第二十二条**　令第二条の指定難病に係る医療に要した費用の額の算定方法は、健康保険の療養に要する費用の額の算定方法の例によるものとする。ただし、これによることができないとき、及びこれによることを適当としないときの算定方法は、厚生労働大臣の定めるところによる。

（法第七条第二項の厚生労働省令で定める場合）

**第二十三条**　法第七条第二項の厚生労働省令で定める場合は、申請書の記載事項に不備がある場合又は申請書に必要な書類が添付されていない場合とする。

（指定医療機関の選定）

**第二十四条**　都道府県は、法第七条第三項の規定により、指定医療機関の中から、当該支給認定に係る第十二条第一項の申請書における同項第六号の事項に係る記載を参考として、当該支給認定を受けた指定難病の患者が特定医療を受けることが相当と認められるものを、当該支給認定を受けた指定難病の患者が指定特定医療を受ける指定医療機関として定めるものとする。

（法第七条第四項の厚生労働省令で定める事項）

**第二十五条**　法第七条第四項の厚生労働省令で定める事項は、次に掲げるものとする。

一　当該支給認定を受けた指定難病の患者の氏名、性別、居住地及び生年月日
二　当該支給認定を受けた指定難病の患者が十八歳未満である場合においては、当該患者の保護者の氏名、居住地及び当該患者との続柄
三　当該支給認定に係る指定難病の名称
四　当該支給認定の年月日及び受給者番号
五　当該支給認定を受けた指定難病の患者が指定特定医療を受ける指定医療機関に関する事項
六　負担上限月額に関する事項
七　当該支給認定の有効期間（法第九条に規定する支給認定の有効期間をいう。以下同じ。）
八　その他必要な事項

（医療受給者証の再交付）
**第二十六条**　都道府県は、医療受給者証を破り、汚し、又は失った支給認定患者等から、支給認定の有効期間内において、医療受給者証の再交付の申請があったときは、医療受給者証を交付しなければならない。

（医療受給者証の再交付の申請）
**第二十七条**　前条の申請をしようとする支給認定患者等は、次に掲げる事項を記載した申請書を、都道府県に提出しなければならない。
一　当該支給認定を受けた指定難病の患者の氏名、性別、居住地、生年月日及び連絡先
二　当該指定難病の患者の保護者が当該支給認定を受けている場合においては、当該患者の保護者の氏名、居住地、連絡先及び当該患者との続柄
三　申請の理由
2　医療受給者証を破り、又は汚した場合の前条の申請には、前項の申請書に、当該医療受給者証を添えなければならない。
3　医療受給者証の再交付を受けた後、失った医療受給者証を発見したときは、速やかにこれを都道府県に返還しなければならない。

（医療受給者証の提示）
**第二十八条**　支給認定を受けた指定難病の患者は、法第七条第六項の規定により、指定特定医療を受けるに当たっては、その都度、指定医療機関に対して医療受給者証を提示しなければならない。

（指定難病審査会の委員の任期）
**第二十九条**　法第八条第一項の指定難病審査会の補欠の委員の任期は、前任者の残任期間とする。
2　指定難病審査会の委員は、再任されることができる。

（会長）
**第三十条**　指定難病審査会に会長一人を置き、委員の互選によってこれを定める。

2　会長は、会務を総理し、指定難病審査会を代表する。
3　会長に事故があるときは、あらかじめその指名する委員が、その職務を代理する。

（法第九条の厚生労働省令で定める期間）
**第三十一条**　法第九条の厚生労働省令で定める期間は、一年以内であって、支給認定を受けた指定難病の患者が、当該支給認定を受けた指定難病の病状の程度及び治療の状況からみて指定特定医療を受けることが必要な期間とする。ただし、当該期間を延長する特別の事情があると認められるときは、一年三月を超えない範囲内において都道府県知事が定める期間とする。

（法第十条第一項の厚生労働省令で定める事項）
**第三十二条**　法第十条第一項の厚生労働省令で定める事項は、次に掲げるものとする。
一　法第七条第三項の規定に基づき定められた指定医療機関
二　負担上限月額及び負担上限月額に関する事項
三　支給認定に係る指定難病の名称

（支給認定の変更の申請）
**第三十三条**　法第十条第一項の規定により支給認定の変更を申請しようとする支給認定患者等は、次の各号に掲げる事項を記載した申請書に医療受給者証を添えて都道府県に提出しなければならない。
一　当該支給認定を受けた指定難病の患者の氏名、居住地及び連絡先
二　当該指定難病の患者の保護者が当該支給認定を受けている場合においては、当該保護者の氏名、居住地、連絡先及び当該患者との続柄
三　前条各号に掲げる事項のうち変更の必要が生じたもの
四　その他必要な事項
2　前項の申請書には、同項第三号に掲げる事項を証する書類を添付しなければならない。ただし、都道府県は、当該書類により証明すべき事実を公簿等によって確認することができるときは、当該書類を省略させることができる。

（医療受給者証の返還を求める場合の手続）
**第三十四条**　都道府県は、法第十一条第一項の支給認定の取消しを行ったときは、同条第二項の規定により次に掲げる事項を書面により支給認定患者等に通知し、医療受給者証の返還を求めるものとする。
一　法第十一条第一項の規定に基づき支給認定の取消しを行った旨
二　医療受給者証を返還する必要がある旨
三　医療受給者証の返還先及び返還期限
2　当該支給認定の取消しに係る支給認定患者等の医療受

給者証が既に都道府県に提出されているときは、都道府県は、前項の規定にかかわらず、同項の書面に同項第二号及び第三号に掲げる事項を記載することを要しない。

### 第二節　指定医療機関

（指定医療機関の指定の申請）

**第三十五条**　法第十四条第一項の規定により指定医療機関の指定を受けようとする病院又は診療所の開設者は、次に掲げる事項を記載した申請書を、当該病院又は診療所の所在地の都道府県知事に提出しなければならない。

一　病院又は診療所の名称及び所在地

二　開設者の住所、氏名又は名称

三　保険医療機関（健康保険法第六十三条第三項第一号に規定する保険医療機関をいう。以下同じ。）である旨

四　標ぼうしている診療科名

五　法第十四条第二項各号に該当しないことを誓約する旨

六　役員の氏名及び職名

七　その他必要な事項

2　法第十四条第一項の規定により指定医療機関の指定を受けようとする薬局の開設者は、次に掲げる事項を記載した申請書を、当該薬局の所在地の都道府県知事に提出しなければならない。

一　薬局の名称及び所在地

二　開設者の住所、氏名又は名称

三　保険薬局（健康保険法第六十三条第三項第一号に規定する保険薬局をいう。以下同じ。）である旨

四　法第十四条第二項各号に該当しないことを誓約する旨

五　役員の氏名及び職名

六　その他必要な事項

3　法第十四条第一項の規定により指定医療機関の指定を受けようとする指定訪問看護事業者等（令第五条第一号及び第二号に掲げる事業者をいう。以下同じ。）は、次に掲げる事項を記載した申請書を、当該申請に係る訪問看護ステーション等（指定訪問看護事業者等が当該指定に係る訪問看護事業（健康保険法第八十八条第一項に規定する訪問看護事業をいう。）又は訪問看護（介護保険法（平成九年法律第百二十三号）第八条第四項に規定する訪問看護をいう。）に係る居宅サービス事業（同条第一項に規定する居宅サービス事業をいう。）若しくは介護予防訪問看護（同法第八条の二第四項に規定する介護予防訪問看護をいう。）に係る介護予防サービス事業（同条第一項に規定する介護予防サービス事業をいう。）を行う事業所をいう。以下同じ。）の所在地の都道府県知事に提出しなければならない。

一　指定訪問看護事業者等の名称及び主たる事務所の所在地並びにその代表者の住所及び氏名
二　当該申請に係る訪問看護ステーション等の名称及び所在地
三　指定訪問看護事業者等である旨
四　法第十四条第二項各号に該当しないことを誓約する旨
五　役員の氏名及び職名
六　その他必要な事項

（法第十四条第二項第三号の指定の取消しに該当しないこととすることが相当であると認められるものとして厚生労働省令で定めるもの）

**第三十六条**　法第十四条第二項第三号の指定の取消しに該当しないこととすることが相当であると認められるものとして厚生労働省令で定めるものは、厚生労働大臣又は都道府県知事が法第二十一条第一項その他の規定による報告等の権限を適切に行使し、当該指定の取消しの処分の理由となった事実及び当該事実の発生を防止するための当該指定医療機関による業務管理体制の整備についての取組の状況その他の当該事実に関して当該指定医療機関が有していた責任の程度を確認した結果、当該指定医療機関が当該指定の取消しの理由となった事実について組織的に関与していると認められない場合に係るものとする。

（聴聞決定予定日の通知）

**第三十七条**　法第十四条第二項第五号の規定による通知は、法第二十一条第一項の規定による検査が行われた日（以下この条において「検査日」という。）から十日以内に、当該検査日から起算して六十日以内の特定の日を通知するものとする。

（法第十四条第三項第一号の厚生労働省令で定める事業所又は施設）

**第三十八条**　法第十四条第三項第一号の厚生労働省令で定める事業所又は施設は、訪問看護ステーション等とする。

（厚生労働省令で定める指定医療機関）

**第三十九条**　法第十五条第二項で準用する健康保険法第六十八条第二項の厚生労働省令で定める指定医療機関は、保険医（健康保険法第六十四条に規定する保険医をいう。）である医師若しくは歯科医師の開設する診療所である保険医療機関又は保険薬剤師（健康保険法第六十四条に規定する保険薬剤師をいう。）である薬剤師の開設する保険薬局であって、その指定を受けた日からおおむね引き続き当該開設者である保険医若しくは保険薬剤師のみが診療若しくは調剤に従事しているもの又はその指定を受けた日からおおむね引き続き当該開設者である保険医若しくは保険薬剤師及びその者と同一の世帯に属する配偶者、直系血族若しくは兄弟姉妹である保険医若しくは保険薬剤師のみが診療若しくは調剤に従事しているものとする。

（良質かつ適切な医療の提供）

**第四十条**　指定医療機関は、指定特定医療を提供するに当たっては、支給認定を受けた指定難病の患者の療養生活の質の維持向上を図るために良質かつ適切な医療を厚生労働大臣が定めるところにより提供しなければならない。

（変更の届出を行うべき事項）

**第四十一条**　法第十九条の厚生労働省令で定める事項は、指定医療機関が病院又は診療所であるときは第三十五条第一項各号（第一号及び第五号を除く。）に掲げる事項とし、薬局であるときは同条第二項各号（第一号及び第四号を除く。）に掲げる事項とし、指定訪問看護事業者等であるときは同条第三項各号（第一号及び第四号を除く。）に掲げる事項とする。

（変更の届出）

**第四十二条**　指定医療機関の開設者等（法第十四条第一項の規定に基づき指定を受けた病院若しくは診療所若しくは薬局の開設者又は指定訪問看護事業者等をいう。以下同じ。）は、当該指定医療機関の名称及び所在地並びに前条の事項に変更があったときは、法第十九条の規定に基づき、変更のあった事項及びその年月日を、速やかに、当該指定医療機関の所在地（当該指定医療機関が指定訪問看護事業者等であるときは、当該指定に係る訪問看護ステーション等の所在地をいう。以下同じ。）の都道府県知事に届け出なければならない。

（届出）

**第四十三条**　指定医療機関の開設者等は、次に掲げる場合には、速やかに当該指定医療機関の所在地の都道府県知事に届け出るものとする。

一　当該医療機関の業務を休止し、廃止し、又は再開したとき。

二　医療法（昭和二十三年法律第二百五号）第二十四条、第二十八条若しくは第二十九条、健康保険法第九十五条、介護保険法第七十七条第一項又は医薬品、医療機器等の品質、有効性及び安全性の確保等に関する法律（昭和三十五年法律第百四十五号）第七十二条第四項若しくは第七十五条第一項に規定する処分を受けたとき。

（指定辞退の申出）

**第四十四条**　法第二十条の規定により指定医療機関の指定を辞退しようとする指定医療機関の開設者等は、その旨を、当該指定医療機関の所在地の都道府県知事に申し出なければならない。

（診療報酬の請求、支払等）

**第四十五条**　都道府県が法第二十五条第一項の規定により特定医療費の請求の審査を行うこととしている場合においては、指定医療機関は、療養の給付及び公費負担医療に関する費用の請求に関する省令（昭和五十一年厚生省令第三十六号）、訪問看護療養費及び公費負担医療に関する費用の請求に関する省令（平成四年厚生省令第五号）又は介護給付費及び公費負担医療等に関する費用等の請求に関する省令（平成十二年厚生省令第二十号）の定めるところにより、当該指定医療機関が行った医療に係る診療報酬を請求するものとする。

2　前項の場合において、都道府県は、当該指定医療機関に対し、都道府県知事が当該指定医療機関の所在地の都道府県の社会保険診療報酬支払基金事務所に置かれた審査委員会、社会保険診療報酬支払基金法（昭和二十三年法律第百二十九号）に定める特別審査委員会、国民健康保険法に定める国民健康保険診療報酬審査委員会、同法第四十五条第六項に規定する厚生労働大臣が指定する法人に設置される診療報酬の審査に関する組織、高齢者の医療の確保に関する法律に定める後期高齢者医療診療報酬審査委員会又は介護保険法第百七十九条に規定する介護給付費審査委員会の意見を聴いて決定した額に基づいて、その診療報酬を支払うものとする。

3　法第二十五条第四項の厚生労働省令で定める者は、国民健康保険法第四十五条第六項に規定する厚生労働大臣が指定する法人とする。

## 第二章　療養生活環境整備事業

（法第二十八条第一項第一号の厚生労働省令で定める便宜）

**第四十六条**　法第二十八条第一項第一号の厚生労働省令で定める便宜は、難病の患者、その家族その他の関係者に対する必要な情報の提供及び助言並びに相談及び指導その他の難病の患者及びその家族に必要な支援とする。

（法第二十八条第一項第三号の厚生労働省令で定める基準）

**第四十七条**　法第二十八条第一項第三号の厚生労働省令で定める基準は、次のとおりとする。

一　病状が安定し、又はこれに準ずる状態にあり、かつ、居宅において看護師等（看護師その他次条に規定する者をいう。）が行う療養上の世話及び必要な診療の補助を要すること。

二　指定難病の患者であること。

三　指定難病を主たる要因として在宅で人工呼吸器を使用していること。

（法第二十八条第一項第三号の厚生労働省令で定める者）

**第四十八条**　法第二十八条第一項第三号の厚生労働省令で定める者は、保健師、助産師、准看護師、理学療法士、作業療法士及び言語聴覚士とする。

（法第二十八条第一項第三号の訪問看護を行う事業の実施方法）

**第四十九条**　法第二十八条第一項第三号の訪問看護を行う事業は、訪問看護ステーション等その他の訪問看護を行う医療機関に当該事業に係る訪問看護を委託し、当該医療機関に対し、当該訪問看護の実施に必要な費用を交付することにより行うものとする。

（法第二十八条第二項の厚生労働省令で定める者）

**第五十条**　法第二十八条第二項の厚生労働省令で定める者は、同条第一項第一号に掲げる事業を適切、公正、中立かつ効率的に実施することができる法人等であって、都道府県が適当と認めるものとする。

（難病相談支援センターの設置の届出）

**第五十一条**　法第二十九条第三項の厚生労働省令で定める事項は、次に掲げるものとする。

一　難病相談支援センター（法第二十九条第一項の難病相談支援センターをいう。第三号において同じ。）の名称及び所在地

二　法第二十八条第二項の委託を受けた者（以下この条において「受託者」という。）であって、法第二十九条第三項の届出を行うものの名称及び主たる事務所の所在地並びにその代表者の氏名、住所及び職名

三　難病相談支援センターの設置の予定年月日

四　営業日及び営業時間

五　担当する区域

六　その他必要と認める事項

2　受託者は、収支予算書及び事業計画書並びに適切、公正かつ中立な業務の運営を確保するための措置について記載した文書を都道府県知事に提出しなければならない。

## **第三章**　雑則

**第五十二条**　法第二十一条第二項（法第三十五条第二項において準用する場合を含む。）の規定により当該職員が携帯すべき証明書の様式は、様式第一号のとおりとする。

2　法第三十六条第三項において準用する法第二十一条第二項の規定により当該職員が携帯すべき証明書の様式は、様式第二号のとおりとする。

### **附　則**（抄）

**第一条**　この省令は平成二十七年一月一日から施行する。

（支給認定の申請の特例）

**第二条**　都道府県は、法の施行前に支給認定の申請をする指定難病の患者又はその保護者が、令附則第三条に規定

する難病療養継続者に該当する場合は、指定医でない医師が作成した診断書についても、これを指定医の診断書とみなして支給認定を行うことができる。

（指定医の指定の特例）

**第三条**　都道府県知事は、平成二十九年三月三十一日までの間に限り、第十五条第一項の規定にかかわらず、その申請に基づき、施行日において診断又は治療に五年以上（医師法に規定する臨床研修を受けている期間を含む。）従事した経験を有する医師であって、指定難病の診断及び治療に従事した経験を有する者を難病指定医に指定することができる。

2　前項に規定する指定医にあっては、第十七条第一項の規定にかかわらず、平成二十九年三月三十一日までに同項に規定する研修を受けなければならないものとし、当該研修を受けなかったときは、前項の指定は、当該日にその効力を失う。

難病の患者に対する医療等に関する法律施行規則

## 様式第一号（第五十二条第一項関係）

（表面）

特定医療検査証

第　　　　号

| | |
|---|---|
| 写<br><br>真 | 官　職<br>又は職名<br><br>氏　　名<br><br>生年月日<br><br>難病の患者に対する医療等に関する法律第二十一条及び第三十五条に定める当該職員であることを証する。<br><br>平成　　年　　月　　日　交付 |

都　道　府　県　知　事　　　　印

（裏面）

難病の患者に対する医療等に関する法律（抄）

（報告等）

第二十一条　都道府県知事は、特定医療の実施に関して必要があると認めるときは、指定医療機関若しくは指定医療機関の開設者若しくは管理者、医師、薬剤師その他の従業者であった者（以下この項において「開設者であった者等」という。）に対し報告若しくは診療録、帳簿書類その他の物件の提出若しくは提示を命じ、指定医療機関の開設者若しくは管理者、医師、薬剤師その他の従業者（開設者であった者等を含む。）に対し出頭を求め、又は当該職員に、関係者に対し質問させ、若しくは指定医療機関について設備若しくは診療録、帳簿書類その他の物件を検査させることができる。

2　前項の規定による質問又は検査を行う場合においては、当該職員は、その身分を示す証明書を携帯し、かつ、関係人の請求があるときは、これを提示しなければならない。

3　第一項の規定による権限は、犯罪捜査のために認められたものと解釈してはならない。

4　指定医療機関が、正当な理由がなく、第一項の規定による報告若しくは提出若しくは提示を命ぜられてこれに従わず、若しくは虚偽の報告をし、又は同項の規定による検査を拒み、妨げ、若しくは忌避したときは、都道府県知事は、当該指定医療機関に対する特定医療費の支払を一時差し止めることができる。

（報告等）

第三十五条　都道府県は、特定医療費の支給に関して必要があると認めるときは、指定難病の患者、その保護者若しくは配偶者若しくはその患者の属する世帯の世帯主その他その世帯に属する者又はこれらの者であった者に対し、報告若しくは文書その他の物件の提出若しくは提示を命じ、又は当該職員に質問させることができる。

2　第二十一条第二項の規定は前項の規定による質問について、同条第三項の規定は前項の規定による権限について準用する。

注意

1　この検査証は、他人に貸与し、又は譲渡してはならない。

2　この検査証は、職名の異動を生じ、又は不用となったときは、速やかに、返還しなければならない。

1．厚紙その他の材料を用い、使用に十分耐えうるものとする。

2．大きさは、縦54ミリメートル、横86ミリメートルとする。

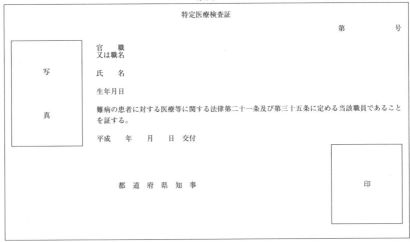

## 様式第二号（第五十二条第二項関係）

（表面）

<table>
<tr><td colspan="2">特定医療検査証<br><br>第　　　　　　号<br><br></td></tr>
<tr><td>写<br><br>真</td><td>官　職<br>又は職名<br><br>氏　名<br><br>生年月日<br><br>難病の患者に対する医療等に関する法律第三十六条に定める当該職員であることを証する。<br><br>平成　　年　　月　　日　交付</td></tr>
<tr><td>厚　生　労　働　大　臣</td><td>印</td></tr>
</table>

（裏面）

難病の患者に対する医療等に関する法律（抄）

（報告等）

第二十一条　（略）

2　前項の規定による質問又は検査を行う場合においては、当該職員は、その身分を示す証明書を携帯し、かつ、関係人の請求があるときは、これを提示しなければならない。

3　第一項の規定による権限は、犯罪捜査のために認められたものと解釈してはならない。

4　（略）

（厚生労働大臣の特定医療費の支給に関する調査等）

第三十六条　厚生労働大臣は、特定医療費の支給に関して緊急の必要があると認めるときは、当該都道府県の知事との密接な連携の下に、当該特定医療費の支給に係る指定難病の患者若しくはその保護者又はこれらの者であった者に対し、当該特定医療費の支給に係る特定医療の内容に関し、報告若しくは文書その他の物件の提出若しくは提示を命じ、又は当該職員に質問させることができる。

2　厚生労働大臣は、特定医療費の支給に関して緊急の必要があると認めるときは、当該都道府県の知事との密接な連携の下に、特定医療を行った者若しくはこれを使用した者に対し、その行った特定医療に関し、報告若しくは当該特定医療の提供の記録、帳簿書類その他の物件の提出若しくは提示を命じ、又は当該職員に関係者に対し質問させることができる。

3　第二十一条第二項の規定は前二項の規定による質問について、同条第三項の規定は前二項の規定による権限について準用する。

第四十五条　第三十六条第一項の規定による報告若しくは物件の提出若しくは提示をせず、若しくは虚偽の報告若しくは虚偽の物件の提出若しくは提示をし、又は同項の規定による当該職員の質問に対して、答弁せず、若しくは虚偽の答弁をした者は、三十万円以下の罰金に処する。

第四十六条　第三十六条第二項の規定による報告若しくは物件の提出若しくは提示をせず、若しくは虚偽の報告若しくは虚偽の物件の提出若しくは提示をし、又は同項の規定による当該職員の質問に対して、答弁せず、若しくは虚偽の答弁をした者は、十万円以下の過料に処する。

注意

1　この検査証は、他人に貸与し、又は譲渡してはならない。

2　この検査証は、職名の異動を生じ、又は不用となったときは、速やかに、返還しなければならない。

1．厚紙その他の材料を用い、使用に十分耐えうるものとする。

2．大きさは、縦54ミリメートル、横86ミリメートルとする。

# ◉療養の給付及び公費負担医療に関する費用の請求に関する省令

〔昭和五十一年八月二日厚生省令第三十六号〕

注　平成二六年一一月一三日厚生労働省令第一二二号改正現在

（療養の給付及び公費負担医療に関する費用の請求）

**第一条**　保険医療機関若しくは次に掲げる医療に関する給付（以下「公費負担医療」という。）を担当する病院若しくは診療所（以下単に「保険医療機関」という。）又は保険薬局若しくは公費負担医療を担当する薬局（以下単に「保険薬局」という。）は、療養の給付（健康保険法（大正十一年法律第七十号）第百四十五条に規定する特別療養費、入院時食事療養費、入院時生活療養費、保険外併用療養費、家族療養費及び高額療養費の支給を含む。第八号を除き、以下同じ。）又は公費負担医療に関し費用を請求しようとするときは、電子情報処理組織の使用による請求（厚生労働大臣が定める事項を電子情報処理組織（審査支払機関の使用に係る電子計算機（入出力装置を含む。以下同じ。）と、療養の給付及び公費負担医療に関する費用（以下「療養の給付費等」という。）の請求をしようとする保険医療機関又は保険薬局の使用に係る電子計算機とを電気通信回線で接続した電子情報処理組織をいう。以下同じ。）を使用して、厚生労働大臣の定める方式に従って電子計算機から入力して審査支払機関の使用に係る電子計算機に備えられたファイルに記録して行う療養の給付費等の請求をいう。以下同じ。）又は光ディスク等を用いた請求（厚生労働大臣が定める事項を電子計算機を使用して厚生労働大臣の定める方式に従つて記録した厚生労働大臣の定める規格に適合するフレキシブルディスク又は光ディスク（以下「光ディスク等」という。）を提出することにより行う療養の給付費等の請求をいう。以下同じ。）により行うものとする。

一　児童福祉法（昭和二十二年法律第百六十四号）第十九条の二第一項の小児慢性特定疾病医療費の支給、第二十条第二項の医療に係る療育の給付又は同法第二十一条の五の二十八第一項の肢体不自由児通所医療費若しくは同法第二十四条の二十第一項（同法第二十四条の二十四第二項において適用する場合を含む。）の障害児入所医療費の支給

二　障害者の日常生活及び社会生活を総合的に支援するための法律（平成十七年法律第百二十三号）第五十八条第一項の自立支援医療費、同法第七十条第一項の療養介護医療費又は同法第七十一条第一項の基準該当療養介護医療費の支給

三　精神保健及び精神障害者福祉に関する法律（昭和二十五年法律第百二十三号）第三十条第一項の規定により費用の負担が行われる医療に関する給付
四　生活保護法（昭和二十五年法律第百四十四号）第十五条（中国残留邦人等の円滑な帰国の促進並びに永住帰国した中国残留邦人等及び特定配偶者の自立の支援に関する法律（平成六年法律第三十号）第十四条第四項（中国残留邦人等の円滑な帰国の促進及び永住帰国後の自立の支援に関する法律の一部を改正する法律（平成十九年法律第百二十七号）附則第四条第二項において準用する場合を含む。）においてその例による場合を含む。）の医療扶助又は医療支援給付
五　削除
六　麻薬及び向精神薬取締法（昭和二十八年法律第十四号）第五十八条の十七第一項の規定により費用の負担が行われる医療に関する給付
七　原子爆弾被爆者に対する援護に関する法律（平成六年法律第百十七号）第十条の医療の給付又は同法第十八条の一般疾病医療費の支給
八　戦傷病者特別援護法（昭和三十八年法律第百六十八号）第十条の療養の給付又は同法第二十条の更生医療の給付
九　母子保健法（昭和四十年法律第百四十一号）第二十条の養育医療の給付
九の二　感染症の予防及び感染症の患者に対する医療に関する法律（平成十年法律第百十四号）第三十七条第一項又は第三十七条の二第一項の規定により費用の負担が行われる医療に関する給付
九の三　石綿による健康被害の救済に関する法律（平成十八年法律第四号）第四条第一項の医療費の支給
九の四　特定B型肝炎ウイルス感染者給付金等の支給に関する特別措置法（平成二十三年法律第百二十六号）第十二条第一項の定期検査費又は同法第十三条第一項の母子感染防止医療費の支給
九の五　難病の患者に対する医療等に関する法律（平成二十六年法律第五十号）第五条第一項の特定医療費の支給
十　前各号に掲げるもののほか医療に関する給付であつて厚生労働大臣が定めるもの

2　電子情報処理組織の使用による請求を行う場合において、療養の給付費等のうち、厚生労働大臣の定めるものに係る請求を行う場合には、診療日ごとの症状、経過及び診療内容を明らかにすることができる情報を前項のファイルに記録しなければならない。

3　光ディスク等を用いた請求を行う場合において、療養の給付費等のうち、厚生労働大臣の定めるものに係る請

求を行う場合には、診療日ごとの症状、経過及び診療内容を明らかにすることができる情報を光ディスク等に記録して、審査支払機関に提出しなければならない。

（療養の給付費等の請求日）

**第二条** 電子情報処理組織の使用による請求又は光ディスク等を用いた請求は、各月分について翌月十日までに行わなければならない。

2 電子情報処理組織の使用による請求は、審査支払機関の使用に係る電子計算機に備えられたファイルへの記録がされた時に当該審査支払機関に到達したものとみなす。

（療養の給付費等の請求の開始等の届出）

**第三条** 保険医療機関又は保険薬局は、電子情報処理組織の使用による請求又は光ディスク等を用いた請求を始めようとするときは、あらかじめ、次に掲げる事項を当該請求に係る審査支払機関に届け出なければならない。

一 保険医療機関又は保険薬局の名称及び所在地

二 審査支払機関の使用に係る電子計算機に備えられたファイルに第一条の記録を行うために使用するプログラム（電子計算機に対する指令であつて、一の結果を得ることができるように組み合わされたものをいう。以下同じ。）又は光ディスク等に同条の記録を行うために使用するプログラムの名称、当該プログラムの作成者の氏名又は名称及び電子情報処理組織の使用による請求又は光ディスク等を用いた請求を始めようとする年月

三 その他厚生労働大臣が定める事項

2 保険医療機関又は保険薬局は、審査支払機関の使用に係る電子計算機に備えられたファイルに第一条の記録を行うために使用するプログラム又は光ディスク等に同条の記録を行うために使用するプログラムを変更しようとするとき（療養の給付費等の額の算定方法が改められたことに伴う変更を行おうとするときを除く。）は、あらかじめ、次に掲げる事項を当該請求に係る審査支払機関に届け出なければならない。

一 保険医療機関又は保険薬局の名称及び所在地

二 変更後のプログラムの名称及び当該プログラムの作成者の氏名又は名称

三 変更後のプログラムを使用して電子情報処理組織の使用による請求又は光ディスク等を用いた請求を始めようとする年月

四 その他厚生労働大臣が定める事項

（電子情報処理組織の使用による請求の代行）

**第四条** 前三条の規定は、医師、歯科医師又は薬剤師を主たる構成員とする団体（その団体を主たる構成員とする団体を含む。）で、医療保険の運営及び審査支払機関の

業務運営に密接な関連を有し、かつ、十分な社会的信用を有するものが電子情報処理組織の使用による請求の事務を代行する場合について準用する。この場合において、第一条第一項中「費用を請求」とあるのは「医師、歯科医師又は薬剤師を主たる構成員とする団体（その団体を主たる構成員とする団体を含む。）で、医療保険の運営及び審査支払機関の業務運営に密接な関連を有し、かつ、十分な社会的信用を有するものであつて療養の給付及び公費負担医療に関する費用（以下「療養の給付費等」という。）の請求の代行を行うもの（以下「事務代行者」という。）を介して費用を請求」と、「電子情報処理組織の使用」とあるのは「事務代行者を介した電子情報処理組織の使用」と、「療養の給付及び公費負担医療に関する費用（以下「療養の給付費等」という。）の請求をしようとする保険医療機関又は保険薬局」とあるのは「事務代行者」と、「厚生労働大臣の定める方式に従つて電子計算機」とあるのは「事務代行者を介して厚生労働大臣の定める方式に従つて電子計算機」と、同条第二項中「電子情報処理組織」とあるのは「事務代行者を介した電子情報処理組織」と、「係る請求を」とあるのは「係る請求を事務代行者を介して」と、「前項の」とあるのは「事務代行者を介して前項の」と、第二条第一項及び第二項中「電子情報処理組織」とあるのは「事務代行者を介した電子情報処理組織」と、第三条第一項各号列記以外の部分中「電子情報処理組織」とあるのは「事務代行者を介した電子情報処理組織」と、「始めようとするときは」とあるのは「始めようとするとき、又は事務代行者を介した電子情報処理組織の使用による請求をやめようとするときは」と、同項第一号中「保険医療機関又は保険薬局」とあるのは「保険医療機関又は保険薬局及び事務代行者」と、同項第二号中「審査支払機関」とあるのは「事務代行者を介した電子情報処理組織の使用による請求又は光ディスク等を用いた請求を始めようとする場合にあつては、審査支払機関」と、「電子情報処理組織の使用による請求又は光ディスク等を用いた請求を始めようとする年月」とあるのは「事務代行者を介した電子情報処理組織の使用による請求又は光ディスク等を用いた請求を始めようとする年月、事務代行者を介した電子情報処理組織の使用による請求をやめようとする場合にあつてはその年月」と、同条第二項各号列記以外の部分中「を変更」とあるのは「を事務代行者が変更」と、同項第一号中「保険医療機関又は保険薬局」とあるのは「保険医療機関又は保険薬局及び事務代行者」と、同項第三号中「電子情報処理組織」とあるのは「事務代行者を介した電子情報処理組織」と読み替えるものとする。

（療養の給付費等の請求の特例）

**第五条**　レセプトコンピュータ（療養の給付費等の請求を行う者の使用に係る電子計算機であつて、診療報酬請求書及び診療報酬明細書並びに調剤報酬請求書及び調剤報酬明細書（以下「レセプト」という。）を電磁的記録（電子的方式、磁気的方式その他人の知覚によつては認識することができない方式で作られる記録であつて、電子計算機による情報処理の用に供されるものをいう。）をもつて作成することができるものをいう。以下同じ。）を使用していない保険医療機関又は保険薬局（次条第一項の届出を行つたものであつて同条第三項の届出を行つていないものを除く。）は、第一条の規定にかかわらず、書面による請求（療養の給付費等について、保険医療機関にあつては診療報酬請求書に診療報酬明細書を、保険薬局にあつては調剤報酬請求書に調剤報酬明細書を添えて、これを当該診療報酬請求書又は調剤報酬請求書の審査支払機関に提出することにより請求することをいう。以下同じ。）を行うことができる。

2　前項の規定により書面による請求を行つている保険医療機関又は保険薬局は、電子情報処理組織の使用による請求又は光ディスク等を用いた請求を行える体制を整備するよう努めるものとする。

**第六条**　保険医療機関である診療所又は保険薬局（レセプトコンピュータを使用している診療所又は保険薬局であつて、電子情報処理組織の使用による請求又は光ディスク等を用いた請求を行える体制を有するものを除く。）のうち、次の表の上欄に掲げる保険医療機関又は保険薬局において診療又は調剤に従事する常勤の保険医又は保険薬剤師の年齢が、それぞれ同表の下欄に掲げる日において、いずれも六十五歳以上であるものであつて、その旨を審査支払機関に届け出たものは、第一条の規定にかかわらず、書面による請求を行うことができる。

<table>
<tr><td>レセプトコンピュータを使用している薬局</td><td>平成二十一年四月一日</td></tr>
<tr><td>レセプトコンピュータを使用している診療所（歯科に係る療養の給付費等の請求を行う場合を除く。）</td><td>平成二十二年七月一日</td></tr>
<tr><td>レセプトコンピュータを使用している診療所（歯科に係る療養の給付費等の請求を行う場合に限る。）</td><td rowspan="2">平成二十三年四月一日</td></tr>
<tr><td>レセプトコンピュータを使用していない診療所又は薬局</td></tr>
</table>

2　前項の規定により届出を行おうとする保険医療機関又は保険薬局のうち次の表の上欄に掲げるものは、それぞれ同表の下欄に掲げる日までに、届け出るものとする。

| | |
|---|---|
| レセプトコンピュータを使用している薬局 | 平成二十一年十二月十日 |

| | |
|---|---|
| レセプトコンピュータを使用している診療所（歯科に係る療養の給付費等の請求を行う場合を除く。） | 平成二十二年三月三十一日 |
| レセプトコンピュータを使用している診療所（歯科に係る療養の給付費等の請求を行う場合に限る。） | 平成二十二年十二月三十一日 |
| レセプトコンピュータを使用していない診療所又は薬局 | |

3　第一項の届出を行つた保険医療機関又は保険薬局であつて、同項の表の上欄に掲げる保険医療機関又は保険薬局において、それぞれ同表の下欄に掲げる日における年齢が六十五歳未満である常勤の保険医又は保険薬剤師が新たに診療又は調剤に従事することとなつたものは、当該保険医又は保険薬剤師に係る登録情報を、速やかに審査支払機関に届け出なければならない。

4　前項に規定する届出を行つた保険医療機関又は保険薬局（レセプトコンピュータを使用していないものを除く。）は、当該届出の日の属する月及びその翌月に限り、第一条の規定にかかわらず、書面による請求を行うことができる。

（書面による請求）

**第七条**　保険医療機関又は保険薬局は、書面による請求を始めようとするときは、あらかじめ、その旨を当該請求に係る審査支払機関に届け出なければならない。

2　書面による請求を行う場合において、療養の給付費等のうち、厚生労働大臣の定めるものに係る請求を行う場合には、診療日ごとの症状、経過及び診療内容を明らかにすることができる資料を添付しなければならない。

3　書面による請求を行う場合には、レセプトの提出は、厚生労働大臣が定める様式により行うものとする。

4　書面による請求を行う場合には、診療報酬請求書及び調剤報酬請求書は、各月分について翌月十日までに提出しなければならない。

**附　則**（抄）

（施行期日）

**第一条**　この省令は、昭和五十一年十一月一日から施行する。〔以下略〕

# ◉訪問看護療養費及び公費負担医療に関する費用の請求に関する省令

〔平成四年二月二十九日
厚生省令第五号〕

注　平成二六年一一月一三日厚生労働省令第一二二号改正現在

（訪問看護療養費及び公費負担医療に関する費用の請求）

**第一条**　指定訪問看護事業者は、訪問看護療養費（家族訪問看護療養費及び健康保険法（大正十一年法律第七十号）第百四十五条に規定する特別療養費を含む。以下同じ。）の支給又は次に掲げる医療に関する給付（以下「公費負担医療」という。）に関し費用を請求しようとするときは、当該指定に係る訪問看護事業を行う事業所（以下「訪問看護ステーション」という。）ごとに、訪問看護療養費請求書に訪問看護療養費明細書を添えて、これを当該訪問看護療養費請求書の審査支払機関に提出しなければならない。

一　児童福祉法（昭和二十二年法律第百六十四号）第十九条の二第一項の小児慢性特定疾病医療費の支給

二　障害者の日常生活及び社会生活を総合的に支援するための法律（平成十七年法律第百二十三号）第五十八条第一項の自立支援医療費、同法第七十条第一項の療養介護医療費又は同法第七十一条第一項の基準該当療養介護医療費の支給

三　削除

四　生活保護法（昭和二十五年法律第百四十四号）第十五条（中国残留邦人等の円滑な帰国の促進並びに永住帰国した中国残留邦人等及び特定配偶者の自立の支援に関する法律（平成六年法律第三十号）第十四条第四項（中国残留邦人等の円滑な帰国の促進及び永住帰国後の自立の支援に関する法律の一部を改正する法律（平成十九年法律第百二十七号）附則第四条第二項において準用する場合を含む。）においてその例による場合を含む。）の医療扶助又は医療支援給付

五　削除

六　原子爆弾被爆者に対する援護に関する法律（平成六年法律第百十七号）第十条の医療の給付又は同法第十八条の一般疾病医療費の支給

七　戦傷病者特別援護法（昭和三十八年法律第百六十八号）第十条の療養の給付又は同法第二十条の更生医療の給付

七の二　石綿による健康被害の救済に関する法律（平成十八年法律第四号）第四条第一項の医療費の支給

七の三　難病の患者に対する医療等に関する法律（平成

二十六年法律第五十号）第五条第一項の特定医療費の支給

八　前各号に掲げるもののほか医療に関する給付であって厚生労働大臣が定めるもの

（訪問看護療養費請求書等の様式）

**第二条**　前条の訪問看護療養費請求書及び訪問看護療養費明細書は、厚生労働大臣が定める様式による。

（訪問看護療養費請求書の提出日）

**第三条**　第一条の訪問看護療養費請求書は、各月分について翌月十日までに提出しなければならない。

**附　則**

この省令は、平成四年四月一日から施行する。

# 2　告示

## ◉難病の患者に対する医療等に関する法律第五条第一項の規定に基づき厚生労働大臣が指定する指定難病及び同法第七条第一項第一号の規定に基づき厚生労働大臣が定める病状の程度

（平成二十六年十月二十一日厚生労働省告示第三百九十三号）

**注**　平成二七年五月一三日厚労告第二六六号改正現在

難病の患者に対する医療等に関する法律（平成二十六年法律第五十号）第五条第一項の規定に基づき厚生労働大臣が指定する指定難病及び同法第七条第一項第一号の規定に基づき厚生労働大臣が定める病状の程度を次のように定め、平成二十七年一月一日から適用する。

難病の患者に対する医療等に関する法律第五条第一項の規定に基づき厚生労働大臣が指定する指定難病は次の各号に掲げるとおりとし、同法第七条第一項第一号の規定に基づき厚生労働大臣が定める病状の程度は、個々の指定難病の特性に応じ、日常生活又は社会生活に支障があると医学的に判断される程度とする。

一　球脊髄性筋萎縮症
二　筋萎縮性側索硬化症
三　脊髄性筋萎縮症
四　原発性側索硬化症
五　進行性核上性麻痺《ひ》
六　パーキンソン病
七　大脳皮質基底核変性症
八　ハンチントン病
九　神経有棘《きょく》赤血球症
十　シャルコー・マリー・トゥース病
十一　重症筋無力症
十二　先天性筋無力症候群
十三　多発性硬化症／視神経脊髄炎
十四　慢性炎症性脱髄性多発神経炎／多巣性運動ニューロパチー

十五　封入体筋炎
十六　クロウ・深瀬症候群
十七　多系統萎縮症
十八　脊髄小脳変性症（多系統萎縮症を除く。）
十九　ライソゾーム病
二十　副腎白質ジストロフィー
二十一　ミトコンドリア病
二十二　もやもや病
二十三　プリオン病
二十四　亜急性硬化性全脳炎
二十五　進行性多巣性白質脳症
二十六　ＨＴＬＶ―１関連脊髄症
二十七　特発性基底核石灰化症
二十八　全身性アミロイドーシス
二十九　ウルリッヒ病
三十　遠位型ミオパチー
三十一　ベスレムミオパチー
三十二　自己貪食空胞性ミオパチー
三十三　シュワルツ・ヤンペル症候群
三十四　神経線維腫症
三十五　天疱瘡《ぼうそう》
三十六　表皮水疱《ほう》症
三十七　膿疱《のうほう》性乾癬《せん》（汎発型）
三十八　スティーヴンス・ジョンソン症候群
三十九　中毒性表皮壊死症
四十　高安動脈炎
四十一　巨細胞性動脈炎
四十二　結節性多発動脈炎
四十三　顕微鏡的多発血管炎
四十四　多発血管炎性肉芽腫症
四十五　好酸球性多発血管炎性肉芽腫症
四十六　悪性関節リウマチ
四十七　バージャー病
四十八　原発性抗リン脂質抗体症候群
四十九　全身性エリテマトーデス
五十　皮膚筋炎／多発性筋炎
五十一　全身性強皮症
五十二　混合性結合組織病
五十三　シェーグレン症候群
五十四　成人スチル病
五十五　再発性多発軟骨炎
五十六　ベーチェット病
五十七　特発性拡張型心筋症
五十八　肥大型心筋症
五十九　拘束型心筋症
六十　再生不良性貧血

六十一　自己免疫性溶血性貧血
六十二　発作性夜間ヘモグロビン尿症
六十三　特発性血小板減少性紫斑病
六十四　血栓性血小板減少性紫斑病
六十五　原発性免疫不全症候群
六十六　IgA腎症
六十七　多発性嚢《のう》胞腎
六十八　黄色靭《じん》帯骨化症
六十九　後縦靭《じん》帯骨化症
七十　広範脊柱管狭窄《さく》症
七十一　特発性大腿《たい》骨頭壊死症
七十二　下垂体性ADH分泌異常症
七十三　下垂体性TSH分泌亢《こう》進症
七十四　下垂体性PRL分泌亢《こう》進症
七十五　クッシング病
七十六　下垂体性ゴナドトロピン分泌亢《こう》進症
七十七　下垂体性成長ホルモン分泌亢《こう》進症
七十八　下垂体前葉機能低下症
七十九　家族性高コレステロール血症（ホモ接合体）
八十　甲状腺ホルモン不応症
八十一　先天性副腎皮質酵素欠損症
八十二　先天性副腎低形成症
八十三　アジソン病

八十四　サルコイドーシス
八十五　特発性間質性肺炎
八十六　肺動脈性肺高血圧症
八十七　肺静脈閉塞症／肺毛細血管腫症
八十八　慢性血栓塞栓性肺高血圧症
八十九　リンパ脈管筋腫症
九十　網膜色素変性症
九十一　バッド・キアリ症候群
九十二　特発性門脈圧亢《こう》進症
九十三　原発性胆汁性肝硬変
九十四　原発性硬化性胆管炎
九十五　自己免疫性肝炎
九十六　クローン病
九十七　潰瘍性大腸炎
九十八　好酸球性消化管疾患
九十九　慢性特発性偽性腸閉塞症
百　巨大膀胱《ぼうこう》短小結腸腸管蠕《ぜん》動不全症
百一　腸管神経節細胞僅少症
百二　ルビンシュタイン・テイビ症候群
百三　CFC症候群
百四　コステロ症候群
百五　チャージ症候群
百六　クリオピリン関連周期熱症候群

百七　全身型若年性特発性関節炎
百八　ＴＮＦ受容体関連周期性症候群
百九　非典型溶血性尿毒症症候群
百十　ブラウ症候群
百十一　先天性ミオパチー
百十二　マリネスコ・シェーグレン症候群
百十三　筋ジストロフィー
百十四　非ジストロフィー性ミオトニー症候群
百十五　遺伝性周期性四肢麻痺《ひ》
百十六　アトピー性脊髄炎
百十七　脊髄空洞症
百十八　脊髄髄膜瘤《りゅう》
百十九　アイザックス症候群
百二十　遺伝性ジストニア
百二十一　神経フェリチン症
百二十二　脳表ヘモジデリン沈着症
百二十三　禿《とく》頭と変形性脊椎症を伴う常染色体劣性白質脳症
百二十四　皮質下梗塞と白質脳症を伴う常染色体優性脳動脈症
百二十五　神経軸索スフェロイド形成を伴う遺伝性びまん性白質脳症
百二十六　ペリー症候群

---

百二十七　前頭側頭葉変性症
百二十八　ビッカースタッフ脳幹脳炎
百二十九　痙攣《けいれん》重積型（二相性）急性脳症
百三十　先天性無痛無汗症
百三十一　アレキサンダー病
百三十二　先天性核上性球麻痺《ひ》
百三十三　メビウス症候群
百三十四　中隔視神経形成異常症／ドモルシア症候群
百三十五　アイカルディ症候群
百三十六　片側巨脳症
百三十七　限局性皮質異形成
百三十八　神経細胞移動異常症
百三十九　先天性大脳白質形成不全症
百四十　ドラベ症候群
百四十一　海馬硬化を伴う内側側頭葉てんかん
百四十二　ミオクロニー欠神てんかん
百四十三　ミオクロニー脱力発作を伴うてんかん
百四十四　レノックス・ガストー症候群
百四十五　ウエスト症候群
百四十六　大田原症候群
百四十七　早期ミオクロニー脳症
百四十八　遊走性焦点発作を伴う乳児てんかん
百四十九　片側痙攣《けいれん》・片麻痺《ひ》・てんかん症候群

百五十　環状20番染色体症候群
百五十一　ラスムッセン脳炎
百五十二　ＰＣＤＨ19関連症候群
百五十三　難治頻回部分発作重積型急性脳炎
百五十四　徐波睡眠期持続性棘《きょく》徐波を示すてんかん性脳症
百五十五　ランドウ・クレフナー症候群
百五十六　レット症候群
百五十七　スタージ・ウェーバー症候群
百五十八　結節性硬化症
百五十九　色素性乾皮症
百六十　先天性魚鱗癬《りんせん》
百六十一　家族性良性慢性天疱瘡《ぼうそう》
百六十二　類天疱瘡《ぼうそう》（後天性表皮水疱《ほう》症を含む。）
百六十三　特発性後天性全身性無汗症
百六十四　眼皮膚白皮症
百六十五　肥厚性皮膚骨膜症
百六十六　弾性線維性仮性黄色腫
百六十七　マルファン症候群
百六十八　エーラス・ダンロス症候群
百六十九　メンケス病
百七十　オクシピタル・ホーン症候群
百七十一　ウィルソン病

---

百七十二　低ホスファターゼ症
百七十三　ＶＡＴＥＲ症候群
百七十四　那須・ハコラ病
百七十五　ウィーバー症候群
百七十六　コフィン・ローリー症候群
百七十七　有馬症候群
百七十八　モワット・ウィルソン症候群
百七十九　ウィリアムズ症候群
百八十　ＡＴＲ－Ｘ症候群
百八十一　クルーゾン症候群
百八十二　アペール症候群
百八十三　ファイファー症候群
百八十四　アントレー・ビクスラー症候群
百八十五　コフィン・シリス症候群
百八十六　ロスムンド・トムソン症候群
百八十七　歌舞伎症候群
百八十八　多脾《ひ》症候群
百八十九　無脾《ひ》症候群
百九十　鰓《さい》耳腎症候群
百九十一　ウェルナー症候群
百九十二　コケイン症候群
百九十三　プラダー・ウィリ症候群
百九十四　ソトス症候群

百九十五　ヌーナン症候群
百九十六　ヤング・シンプソン症候群
百九十七　1p36欠失症候群
百九十八　4p欠失症候群
百九十九　5p欠失症候群
二百　第14番染色体父親性ダイソミー症候群
二百一　アンジェルマン症候群
二百二　スミス・マギニス症候群
二百三　22q11.2欠失症候群
二百四　エマヌエル症候群
二百五　脆弱X症候群関連疾患
二百六　脆弱X症候群
二百七　総動脈幹遺残症
二百八　修正大血管転位症
二百九　完全大血管転位症
二百十　単心室症
二百十一　左心低形成症候群
二百十二　三尖《せん》弁閉鎖症
二百十三　心室中隔欠損を伴わない肺動脈閉鎖症
二百十四　心室中隔欠損を伴う肺動脈閉鎖症
二百十五　ファロー四徴症
二百十六　両大血管右室起始症
二百十七　エプスタイン病

二百十八　アルポート症候群
二百十九　ギャロウェイ・モワト症候群
二百二十　急速進行性糸球体腎炎
二百二十一　抗糸球体基底膜腎炎
二百二十二　一次性ネフローゼ症候群
二百二十三　一次性膜性増殖性糸球体腎炎
二百二十四　紫斑病性腎炎
二百二十五　先天性腎性尿崩症
二百二十六　間質性膀胱炎（ハンナ型）
二百二十七　オスラー病
二百二十八　閉塞性細気管支炎
二百二十九　肺胞蛋《たん》白症（自己免疫性又は先天性）
二百三十　肺胞低換気症候群
二百三十一　α1―アンチトリプシン欠乏症
二百三十二　カーニー複合
二百三十三　ウォルフラム症候群
二百三十四　ペルオキシソーム病（副腎白質ジストロフィーを除く。）
二百三十五　副甲状腺機能低下症
二百三十六　偽性副甲状腺機能低下症
二百三十七　副腎皮質刺激ホルモン不応症
二百三十八　ビタミンD抵抗性くる病／骨軟化症
二百三十九　ビタミンD依存性くる病／骨軟化症

二百四十　フェニルケトン尿症
二百四十一　高チロシン血症１型
二百四十二　高チロシン血症２型
二百四十三　高チロシン血症３型
二百四十四　メープルシロップ尿症
二百四十五　プロピオン酸血症
二百四十六　メチルマロン酸血症
二百四十七　イソ吉草酸血症
二百四十八　グルコーストランスポーター１欠損症
二百四十九　グルタル酸血症１型
二百五十　グルタル酸血症２型
二百五十一　尿素サイクル異常症
二百五十二　リジン尿性蛋《たん》白不耐症
二百五十三　先天性葉酸吸収不全
二百五十四　ポルフィリン症
二百五十五　複合カルボキシラーゼ欠損症
二百五十六　筋型糖原病
二百五十七　肝型糖原病
二百五十八　ガラクトース—１—リン酸ウリジルトランスフェラーゼ欠損症
二百五十九　レシチンコレステロールアシルトランスフェラーゼ欠損症
二百六十　シトステロール血症
二百六十一　タンジール病
二百六十二　原発性高カイロミクロン血症
二百六十三　脳腱黄色腫症
二百六十四　無βリポタンパク血症
二百六十五　脂肪萎縮症
二百六十六　家族性地中海熱
二百六十七　高ＩｇＤ症候群
二百六十八　中條・西村症候群
二百六十九　化膿《のう》性無菌性関節炎・壊疽《えそ》性膿《のう》皮症・アクネ症候群
二百七十　慢性再発性多発性骨髄炎
二百七十一　強直性脊椎炎
二百七十二　進行性骨化性線維異形成症
二百七十三　肋骨異常を伴う先天性側弯《わん》症
二百七十四　骨形成不全症
二百七十五　タナトフォリック骨異形成症
二百七十六　軟骨無形成症
二百七十七　リンパ管腫症／ゴーハム病
二百七十八　巨大リンパ管奇形（頸《けい》部顔面病変）
二百七十九　巨大静脈奇形（頸《けい》部口腔咽頭びまん性病変）
二百八十　巨大動静脈奇形（頸《けい》部顔面又は四肢病変）
二百八十一　クリッペル・トレノネー・ウェーバー症候

群
二百八十二　先天性赤血球形成異常性貧血
二百八十三　後天性赤芽球癆《ろう》
二百八十四　ダイアモンド・ブラックファン貧血
二百八十五　ファンコニ貧血
二百八十六　遺伝性鉄芽球性貧血
二百八十七　エプスタイン症候群
二百八十八　自己免疫性出血病XIII
二百八十九　クロンカイト・カナダ症候群
二百九十　非特異性多発性小腸潰瘍症
二百九十一　ヒルシュスプルング病（全結腸型又は小腸型）
二百九十二　総排泄腔外反症
二百九十三　総排泄腔遺残
二百九十四　先天性横隔膜ヘルニア
二百九十五　乳幼児肝巨大血管腫
二百九十六　胆道閉鎖症
二百九十七　アラジール症候群
二百九十八　遺伝性膵《すい》炎
二百九十九　嚢《のう》胞性線維症
三百　ＩｇＧ４関連疾患
三百一　黄斑ジストロフィー
三百二　レーベル遺伝性視神経症
三百三　アッシャー症候群
三百四　若年発症型両側性感音難聴
三百五　遅発性内リンパ水腫
三百六　好酸球性副鼻腔炎

**前　文**〔平二七・五・一三厚労告二六六〕抄

〔前略〕平成二十七年七月一日から適用する。

# ◉難病の患者に対する医療等に関する法律第五条第二項第二号の厚生労働大臣が定める額

〔平成二十六年十一月二十一日
厚生労働省告示第四百二十六号〕

難病の患者に対する医療等に関する法律（平成二十六年法律第五十号）第五条第二項第二号の規定に基づき、難病の患者に対する医療等に関する法律第五条第二項第二号の厚生労働大臣が定める額を次のように定め、平成二十七年一月一日から適用する。

難病の患者に対する医療等に関する法律（以下「法」という。）第五条第二項第二号の厚生労働大臣が定める額は、次の各号に掲げる区分に応じ、当該各号に定める額とする。

一　被保護者（生活保護法（昭和二十五年法律第百四十四号）第六条第一項に規定する被保護者をいう。）又は要保護者（同法第六条第二項に規定する要保護者をいう。）である者であって、かつ、食事療養標準負担額（健康保険法（大正十一年法律第七十号）第八十五条第二項に規定する食事療養標準負担額又は高齢者の医療の確保に関する法律（昭和五十七年法律第八十号）第七十四条第二項に規定する食事療養標準負担額をいう。以下同じ。）を負担することとしたならば保護（生活保護法第二条に規定する保護をいう。以下同じ。）を必要とする状態となる者であってこの号に定める額を負担することとしたならば保護を必要としない状態となるもの　零

二　指定難病（法第五条第一項に規定する指定難病をいう。）の患者又はその保護者（同項に規定する保護者をいう。）であって、支給認定（法第七条第一項に規定する支給認定をいう。）を受けた患者が難病の患者に対する医療等に関する法律施行令（平成二十六年政令第三百五十八号）附則第三条に規定する難病療養継続者に該当するもの　食事療養標準負担額の二分の一

三　前二号に掲げる者以外の者　食事療養標準負担額

# ◉難病の患者に対する医療等に関する法律第五条第二項第三号の厚生労働大臣が定める額

〔平成二十六年十一月二十一日
厚生労働省告示第四百二十七号〕

難病の患者に対する医療等に関する法律（平成二十六年法律第五十号）第五条第二項第三号の規定に基づき、難病の患者に対する医療等に関する法律第五条第二項第三号の厚生労働大臣が定める額を次のように定め、平成二十七年一月一日から適用する。

難病の患者に対する医療等に関する法律（以下「法」という。）第五条第二項第三号の厚生労働大臣が定める額は、次の各号に掲げる区分に応じ、当該各号に定める額とする。

一　被保護者（生活保護法（昭和二十五年法律第百四十四号）第六条第一項に規定する被保護者をいう。）又は要保護者（同法第六条第二項に規定する要保護者をいう。）である者であって、かつ、生活療養標準負担額（健康保険法（大正十一年法律第七十号）第八十五条の二第二項に規定する生活療養標準負担額又は高齢者の医療の確保に関する法律（昭和五十七年法律第八十号）第七十五条第二項に規定する生活療養標準負担額をいう。以下同じ。）を負担することとしたならば保護（生活保護法第二条に規定する保護をいう。以下同じ。）を必要とする状態となる者であってこの号に定める額を負担することとしたならば保護を必要としない状態となるもの　零

二　指定難病（法第五条第一項に規定する指定難病をいう。）の患者又はその保護者（同項に規定する保護者をいう。）であって、支給認定（法第七条第一項に規定する支給認定をいう。）を受けた患者が難病の患者に対する医療等に関する法律施行令（平成二十六年政令第三百五十八号）附則第三条に規定する難病療養継続者に該当するもの　生活療養標準負担額の二分の一

三　前二号に掲げる者以外の者　生活療養標準負担額

# ◉難病の患者に対する医療等に関する法律施行令第一条第一項第二号ロの厚生労働大臣が定めるもの

〔平成二十六年十一月二十一日
厚生労働省告示第四百二十八号〕

難病の患者に対する医療等に関する法律施行令（平成二十六年政令第三百五十八号）第一条第一項第二号ロの規定に基づき、難病の患者に対する医療等に関する法律施行令第一条第一項第二号ロの厚生労働大臣が定めるものを次のように定め、平成二十七年一月一日から適用する。

難病の患者に対する医療等に関する法律施行令第一条第一項第二号ロの規定に基づき、支給認定（難病の患者に対する医療等に関する法律（平成二十六年法律第五十号。以下「法」という。）第七条第一項に規定する支給認定をいう。）に係る指定難病（法第五条第一項に規定する指定難病をいう。以下同じ。）に係る特定医療（同項に規定する特定医療をいう。以下同じ。）について、費用が高額な治療を長期間にわたり継続しなければならない者として厚生労働大臣が定めるものは、同一の月に受けた指定難病に係る特定医療（支給認定を受けた月以後のものに限る。）に要した費用の額につき法第五条第二項及び第三項で定めるところにより算定した額が五万円を超えた月数が難病の患者に対する医療等に関する法律施行令第一条第一項第二号ロに規定する高額難病治療継続者に係る認定の申請を行った日の属する月以前の十二月以内に既に六月以上あるものとする。

## ◉難病の患者に対する医療等に関する法律施行令第一条第一項第六号の人工呼吸器その他の生命の維持に欠くことができない装置を装着していることについて特別の配慮を必要とする者として厚生労働大臣が定めるもの

〔平成二十六年十一月二十一日 厚生労働省告示第四百二十九号〕

難病の患者に対する医療等に関する法律施行令（平成二十六年政令第三百五十八号）第一条第一項第六号の規定に基づき、難病の患者に対する医療等に関する法律施行令第一条第一項第六号の人工呼吸器その他の生命の維持に欠くことができない装置を装着していることについて特別の配慮を必要とする者として厚生労働大臣が定めるものを次のように定め、平成二十七年一月一日から適用する。

難病の患者に対する医療等に関する法律施行令第一条第一項第六号の人工呼吸器その他の生命の維持に欠くことができない装置を装着していることについて特別の配慮を必要とする者として厚生労働大臣が定めるものは、支給認定（法第七条第一項に規定する支給認定をいう。）を受けた指定難病（法第五条第一項に規定する指定難病をいう。）により、次の一及び二に掲げる要件を満たす者とする。

一　継続して常時生命維持管理装置を装着する必要がある者であること。

二　日常生活動作が著しく制限されている者であること。

## ◉難病の患者に対する医療等に関する法律施行令附則第二条の規定により厚生労働大臣が定める医療に関する給付が行われるべき療養を受けていた者及びその病状の程度が当該療養を継続する必要があるものとして厚生労働大臣が定めるもの

（平成二十六年十一月二十一日厚生労働省告示第四百三十号）

難病の患者に対する医療等に関する法律施行令（平成二十六年政令第三百五十八号）附則第二条の規定に基づき、難病の患者に対する医療等に関する法律施行令附則第二条の規定により厚生労働大臣が定める医療に関する給付が行われるべき療養を受けていた者及びその病状の程度が当該療養を継続する必要があるものとして厚生労働大臣が定めるものを次のように定め、平成二十七年一月一日から適用する。

難病の患者に対する医療等に関する法律施行令附則第二条の規定により厚生労働大臣が定める医療に関する給付が行われるべき療養を受けていた者は、原因が不明であって、治療方法が確立していない、いわゆる難病のうち、治療がきわめて困難であり、かつ、その医療費も高額である疾病の患者に対する治療研究に係る医療の給付として厚生労働省健康局長が定める給付を受けていた者とし、その病状の程度が当該療養を継続する必要があるものとして厚生労働大臣が定めるものは、当該治療研究に係る対象疾病ごとの認定基準に該当するものとする。

## ◉難病の患者に対する医療等に関する法律施行令附則第三条の規定に基づき厚生労働大臣が定める医療に関する給付

（平成二十六年十一月二十一日
厚生労働省告示第四百三十一号）

難病の患者に対する医療等に関する法律施行令（平成二十六年政令第三百五十八号）附則第三条の規定に基づき、難病の患者に対する医療等に関する法律施行令附則第三条の規定に基づき厚生労働大臣が定める医療に関する給付を次のように定め、平成二十七年一月一日から適用する。

難病の患者に対する医療等に関する法律施行令附則第三条の規定に基づき厚生労働大臣が定める医療に関する給付は、原因が不明であって、治療方法が確立していない、いわゆる難病のうち、治療がきわめて困難であり、かつ、その医療費も高額である疾病の患者に対する治療研究に係る医療の給付であって、厚生労働省健康局長が定めるものとする。

## ◉難病の患者に対する医療等に関する法律施行令附則第三条の規定により読み替えて適用される同令第一条第一項第四号ロに規定する厚生労働大臣が定めるもの

（平成二十六年十一月二十一日
厚生労働省告示第四百三十二号）

難病の患者に対する医療等に関する法律施行令（平成二十六年政令第三百五十八号）附則第三条の規定に基づき、難病の患者に対する医療等に関する法律施行令附則第三条の規定により読み替えて適用される同令第一条第一項第四号ロに規定する厚生労働大臣が定めるものを次のように定め、平成二十七年一月一日から適用する。

難病の患者に対する医療等に関する法律施行令附則第三条の規定により読み替えて適用される同令第一条第一項第四号ロに規定する厚生労働大臣が定めるものは、身体の機能障害が永続し又は長期安静を必要とする状態にあるため、日常生活に著しい支障があると認められる者として厚生労働省健康局長が定めるものとする。

## ◉難病の患者に対する医療等に関する法律施行規則第十五条第一項第一号イに規定する厚生労働大臣が定める認定機関が認定する専門医の資格

（平成二十六年十一月二十一日
厚生労働省告示第四百三十三号）

難病の患者に対する医療等に関する法律施行規則（平成二十六年厚生労働省令第百二十一号）第十五条第一項第一号イの規定に基づき、難病の患者に対する医療等に関する法律施行規則第十五条第一項第一号イに規定する厚生労働大臣が定める認定機関が認定する専門医の資格を次のように定め、平成二十七年一月一日から適用する。

難病の患者に対する医療等に関する法律施行規則第十五条第一項第一号イに規定する厚生労働大臣が定める認定機関が認定する専門医の資格は、次の表の上欄に掲げる認定機関に応じ下欄に掲げる専門医の資格とする。

| 認定機関 | 専門医の資格 |
|---|---|
| 日本内科学会 | 総合内科専門医 |
| 日本小児科学会 | 小児科専門医 |
| 日本皮膚科学会 | 皮膚科専門医 |
| 日本精神神経学会 | 精神科専門医 |
| 日本外科学会 | 外科専門医 |
| 日本整形外科学会 | 整形外科専門医 |
| 日本産科婦人科学会 | 産婦人科専門医 |
| 日本眼科学会 | 眼科専門医 |
| 日本耳鼻咽喉科学会 | 耳鼻咽喉科専門医 |
| 日本泌尿器科学会 | 泌尿器科専門医 |
| 日本脳神経外科学会 | 脳神経外科専門医 |
| 日本医学放射線学会 | 放射線科専門医 |
| 日本麻酔科学会 | 麻酔科専門医 |
| 日本病理学会 | 病理専門医 |
| 日本臨床検査医学会 | 臨床検査専門医 |
| 日本救急医学会 | 救急科専門医 |
| 日本形成外科学会 | 形成外科専門医 |
| 日本リハビリテーション医学会 | リハビリテーション科専門医 |
| 日本消化器病学会 | 消化器病専門医 |
| 日本循環器学会 | 循環器専門医 |
| 日本呼吸器学会 | 呼吸器専門医 |

| | |
|---|---|
| 日本血液学会 | 血液専門医 |
| 日本内分泌学会 | 内分泌代謝科（内科・小児科・産婦人科）専門医 |
| 日本糖尿病学会 | 糖尿病専門医 |
| 日本腎臓学会 | 腎臓専門医 |
| 日本肝臓学会 | 肝臓専門医 |
| 日本アレルギー学会 | アレルギー専門医 |
| 日本感染症学会 | 感染症専門医 |
| 日本老年医学会 | 老年病専門医 |
| 日本神経学会 | 神経内科専門医 |
| 日本消化器外科学会 | 消化器外科専門医 |
| 日本胸部外科学会 | 呼吸器外科専門医 |
| 日本呼吸器外科学会 | |
| 日本胸部外科学会 | 心臓血管外科専門医 |
| 日本心臓血管外科学会 | |
| 日本血管外科学会 | |
| 日本小児外科学会 | 小児外科専門医 |
| 日本リウマチ学会 | リウマチ専門医 |
| 日本小児循環器学会 | 小児循環器専門医 |
| 日本小児神経学会 | 小児神経専門医 |

| | |
|---|---|
| 日本小児血液・がん学会 | 小児血液・がん専門医 |
| 日本周産期・新生児医学会 | 周産期（新生児）専門医 |
| | 周産期（母体・胎児）専門医 |
| 日本婦人科腫瘍学会 | 婦人科腫瘍専門医 |
| 日本生殖医学会 | 生殖医療専門医 |
| 日本頭頸部外科学会 | 頭頸部がん専門医 |
| 日本放射線腫瘍学会 | 放射線治療専門医 |
| 日本医学放射線学会 | |
| 日本医学放射線学会 | 放射線診断専門医 |
| 日本手外科学会 | 手外科専門医 |
| 日本脊髄外科学会 | 脊椎脊髄外科専門医 |
| 日本脊椎脊髄病学会 | |
| 日本集中治療医学会 | 集中治療専門医 |

# ◉難病の患者に対する医療等に関する法律第五条第三項の規定による特定医療に要する費用の額の算定方法及び同法第十七条第二項の規定による診療方針

〔平成二十六年十一月二十一日
厚生労働省告示第四百三十四号〕

難病の患者に対する医療等に関する法律（平成二十六年法律第五十号）第五条第三項及び第十七条第二項の規定に基づき、難病の患者に対する医療等に関する法律第五条第三項の規定による特定医療に要する費用の額の算定方法及び同法第十七条第二項の規定による診療方針を次のように定め、平成二十七年一月一日から適用する。

一　七十五歳以上の者及び六十五歳以上七十五歳未満の者であって高齢者の医療の確保に関する法律施行令（平成十九年政令第三百十八号）別表に定める程度の障害の状態にあるもの（次号に規定する者を除く。）に係る指定医療機関（難病の患者に対する医療等に関する法律第五条第一項に規定する指定医療機関をいう。以下同じ。）が行う特定医療に要する費用の額の算定方法及び指定医療機関の診療方針は、後期高齢者医療の療養の給付に要する費用の額の算定方法及び診療方針の例による。

二　介護保険法（平成九年法律第百二十三号）の規定により医療に関する給付を受ける者に係る指定医療機関が行う特定医療に要する費用の額の算定方法及び指定医療機関の診療方針は、介護保険の介護給付費、指定居宅サービス及び指定介護予防サービスの取扱いの例による。

## ◉難病の患者に対する医療等に関する法律施行令第九条第一項の規定により毎年度国が都道府県に対して負担する額の算定に関する基準

〔平成二十六年十一月二十一日
厚生労働省告示第四百三十五号〕

難病の患者に対する医療等に関する法律施行令（平成二十六年政令第三百五十八号）第九条第一項の規定に基づき、難病の患者に対する医療等に関する法律施行令第九条第一項の規定により毎年度国が都道府県に対して負担する額の算定に関する基準を次のように定め、平成二十七年一月一日から適用する。

難病の患者に対する医療等に関する法律施行令第九条第一項の規定により毎年度国が都道府県に対して負担する額は、次に掲げる額のいずれか少ない額に百分の五十を乗じた額とする。

一　難病の患者に対する医療等に関する法律（平成二十六年法律第五十号）第五条第二項及び第三項に基づく特定医療費の額から同法第十二条に基づき給付を行わないとした額を控除した額

二　特定医療費の支給に要する費用の実支出額から寄附金その他の収入額を控除した額

# ◉難病の患者に対する医療等に関する法律施行規則第二十二条の規定による指定難病に係る医療に要した費用の額の算定方法

〔平成二十六年十一月二十一日
厚生労働省告示第四百三十六号〕

難病の患者に対する医療等に関する法律施行規則（平成二十六年厚生労働省令第百二十一号）第二十二条の規定に基づき、難病の患者に対する医療等に関する法律施行規則第二十二条の規定による指定難病に係る医療に要した費用の額の算定方法を次のように定め、平成二十七年一月一日から適用する。

一　七十五歳以上の者及び六十五歳以上七十五歳未満の者であって高齢者の医療の確保に関する法律施行令（平成十九年政令第三百十八号）別表に定める程度の障害の状態にあるもの（次号に規定する者を除く。）に係る指定医療機関（難病の患者に対する医療等に関する法律（平成二十六年法律第五十号）第五条第一項に規定する指定医療機関をいう。以下同じ。）が行う指定難病に係る医療に要した費用の額の算定方法は、後期高齢者医療の療養の給付に要する費用の額の算定方法の例による。

二　介護保険法（平成九年法律第百二十三号）の規定により医療に関する給付を受ける者に係る指定医療機関が行う指定難病に係る医療に要した費用の額の算定方法は、介護保険の介護給付費、指定居宅サービス及び指定介護予防サービスの取扱いの例による。

# ◉指定医療機関療養担当規程

〔平成二十六年十一月二十一日
厚生労働省告示第四百三十七号〕

難病の患者に対する医療等に関する法律施行規則（平成二十六年厚生労働省令第百二十一号）第四十条の規定に基づき、指定医療機関療養担当規程を次のように定め、平成二十七年一月一日から適用する。

（指定医療機関の義務）

**第一条**　難病の患者に対する医療等に関する法律（平成二十六年法律第五十号。以下「法」という。）第五条第一項に規定する指定難病の患者に対し特定医療を行う指定医療機関（同項に規定する指定医療機関をいう。以下同じ。）は、法及び難病の患者に対する医療等に関する法律施行規則第四十条に定めるところによるほか、この規程に定めるところにより、法の規定による特定医療を担当しなければならない。

（診療の拒否の禁止）

**第二条**　指定医療機関は、指定特定医療を受ける指定難病の患者（以下「受診者」という。）の診療を正当な理由なく拒んではならない。

（診療開始時の注意）

**第三条**　指定医療機関は、指定難病の患者又はその保護者（法第五条第一項に規定する保護者をいう。）から法第七条第四項に規定する医療受給者証を提示して受診者の診療を求められたときは、その医療受給者証が有効であることを確かめた後でなければ診療をしてはならない。

（診療時間）

**第四条**　指定医療機関は、自己の定めた診療時間において診療をするほか、受診者が、やむを得ない事情により、その診療時間に診療を受けることができないときは、その者のために便宜な時間を定めて診療をしなければならない。

（診療録）

**第五条**　指定医療機関は、受診者に関する診療録に健康保険の例によって医療の担当に関し必要な事項を記載しなければならない。

（帳簿）

**第六条**　指定医療機関は、診療及び診療報酬の請求に関する帳簿及びその他の物件をその完結の日から五年間保存しなければならない。

（通知）

**第七条**　指定医療機関が受診者について次の各号のいずれかに該当する事実のあることを知った場合には、速やかに、意見を付して医療受給者証を交付した都道府県に通知しなければならない。

一　受診者が正当な理由なく、診療に関する指導に従わないとき。

二　受診者が詐欺その他不正な手段により診療を受け、又は受けようとしたとき。

（指定訪問看護事業者等に関する特例）

**第八条**　指定医療機関である健康保険法（大正十一年法律第七十号）第八十八条第一項に規定する指定訪問看護事業者又は介護保険法（平成九年法律第百二十三号）第四十一条第一項に規定する指定居宅サービス事業者（同法第八条第四項に規定する訪問看護を行う者に限る。）若しくは同法第五十三条第一項に規定する指定介護予防サービス事業者（同法第八条の二第四項に規定する介護予防訪問看護を行う者に限る。）にあっては、第五条中「関する診療録」とあるのは「対する指定訪問看護又は指定居宅サービス（訪問看護に限る。）若しくは指定介護予防サービス（介護予防訪問看護に限る。）の提供に関する諸記録」と、「健康保険の例によって」とあるのは「健康保険又は後期高齢者医療の例によって（指定居宅サービス事業者又は指定介護予防サービス事業者にあっては介護保険の例によって）」と、それぞれ読み替えて適用する。

（薬局に関する特例）

**第九条**　指定医療機関である薬局にあっては、第五条中「診療録」とあるのは「調剤録」と読み替えて適用する。

## ◉難病の患者に対する医療等に関する法律施行令第九条第二項の規定により毎年度国が都道府県に対して補助する額の算定に関する基準

〔平成二十六年十一月二十一日
厚生労働省告示第四百三十八号〕

難病の患者に対する医療等に関する法律施行令（平成二十六年政令第三百五十八号）第九条第二項の規定に基づき、難病の患者に対する医療等に関する法律施行令第九条第二項の規定により毎年度国が都道府県に対して補助する額の算定に関する基準を次のように定め、平成二十七年一月一日から適用する。

難病の患者に対する医療等に関する法律施行令第九条第二項の規定により毎年度国が都道府県に対して補助する額は、次に掲げる額のうちいずれか少ない額に百分の五十を乗じた額とする。ただし、千円未満の端数が生じた場合には、これを切り捨てるものとする。

一　難病の患者に対する医療等に関する法律（平成二十六年法律第五十号）第二十八条第一項の規定に基づく療養生活環境整備事業の実施に必要と認められる額又は都道府県が療養生活環境整備事業の実施に必要と認める経費のうち補助の対象となる経費に係る実支出額のいずれか少ない額

二　療養生活環境整備事業の実施に要する費用の総額から寄附金その他の収入額を控除した額

# 3 通知

## ○「指定医の指定」について

（平成二十六年十一月二十一日　健疾発一一二一第一号
各都道府県衛生主管部(局)長宛　厚生労働省健康局疾病対策課長通知）

難病の患者に対する医療等に関する法律（平成二十六年法律第五十号。以下「法」という。）第六条第一項に規定する医師の指定について、難病の患者に対する医療等に関する法律第六条第一項に規定する指定医の申請等に係る事務取扱要領（別紙）を作成したので、特定医療の給付水準の確保、指定事務の円滑かつ適正な運営を期するため、貴職におかれても、これを参考としつつ遺漏なきよう努めるとともに、関係者及び関係団体に対する周知方につき配慮願いたい。

なお、この通知は、地方自治法（昭和二十二年法律第六十七号）第二百四十五条の四第一項の規定に基づく技術的助言であることを申し添える。

別紙

難病の患者に対する医療等に関する法律第六条第一項に規定する指定医の指定に係る事務取扱要領

難病の患者に対する医療等に関する法律（平成二十六年法律第五十号。以下「法」という。）第六条第一項に規定する診断書（以下「臨床調査個人票」という。）の交付を適正に行うため、同項に基づき都道府県知事が定める指定医（以下「指定医」という。）の指定については、法及び難病の患者に対する医療等に関する法律施行規則（平成二十六年厚生労働省令第百二十一号。以下「規則」という。）に定めるところによるほか、この要領により行う。

第一　指定医の職務

指定医は、指定難病（法第五条第一項に規定する指定難病をいう。以下同じ。）の患者が指定難病にかかっていること及びその病状の程度を証する臨床調査個人票の作成の職務並びに法第三条第一項の規定に基づき国が講ずる難病に関する情報の収集に関する施策に資する情報の提供の職務を行うこと。

第二　指定医の区分

指定医は、規則第十五条第一項第一号に規定する難病指定医（以下「難病指定医」という。）及び同項第二号に規定する協力難病指定医（以下「協力難病指定医」という。）とし、都道府県知事が、医師の申請に基づき、当該区分に応じ、指定すること。

1　難病指定医

難病指定医は、診断又は治療に五年以上（医師法（昭和二十三年法律第二百一号）に規定する臨床研修を受けている期間を含む。以下同じ。）従事した経験を有する医師のうち、次のいずれかに該当する者であって、かつ、臨床調査個人票を作成するのに必要な知識と技能を有すると認められる者とすること。

①　別表1の厚生労働大臣が定める認定機関が認定する専門医（以下「専門医」という。）の資格を有すること。

②　臨床調査個人票（新規用及び更新用）の作成のために必要なものとして都道府県知事が行う研修（指定難病の診断又は治療に関する一般的知識及び専門的知識を修得するためのもの）を修了していること。

2　協力難病指定医

協力難病指定医は、診断又は治療に五年以上従事した経験を有する医師のうち、臨床調査個人票（更新用）の作成のために必要なものとして都道府県知事が行う研修（指定難病の診断又は治療に関する一般的知識を修得するためのもの）を修了している者であって、かつ、更新のための臨床調査個人票を作成するのに必要な知識と技能を有すると認められる者とすること。

3　指定の経過的特例

都道府県知事は、平成二十九年三月三十一日までの間に限り、その申請に基づき、法の施行日（平成二十七年一月一日）において診断又は治療に五年以上従事した経験を有する医師であって、これまでに特定疾患治療研究事業に係る診断書を作成した実績があるなど、指定難病の診断及び治療に従事した経験を有する者として適切な医療を行うことができると認められる者を難病指定医に指定することができること。

ただし、当該難病指定医が、指定医であることを継続するためには、1の①の専門医の資格を有する難病指定医を除き、平成二十九年三月三十一日までに第五(1)の指定医の更新のための研修を受けなければならないものとし、当該難病指定医が、当該研修を平成二十九年三月三十一日までに受けなかった場合には、当該難病指定医の指定は平成二十九年四月一日以降はその効力を失ったこととすること。

第三　指定医の指定の申請

1　指定の申請の手続

(1)　指定医の指定の申請を行おうとする医師は、別紙様式第1号に定める指定医指定申請書に、次に掲げる書類を添付して、主たる勤務地（当該医師が主として指定難病の診断を行う医療機関の所在地をいう。以下同じ。）の都道府県知事に提出すること。

なお、指定医指定申請書の記載事項である主たる勤務地以外に勤務することのある医療機関については、申請を行おうとする者の可能な範囲で記載すること。

①　診断又は治療に五年以上従事したことを証する経歴書（別紙様式第2号。専門医の資格を有する難病指定医の場合には、③の専門医資格を証明する書面で足りる。）

②　医師免許証の写し

③　専門医の資格を証明する書面又は規則第十五条第一項第二号若しくは第二項に規定する研修の課程を修了したことを証する書面（写しでも可）

④　②又は③の書類が交付された後に氏名が変更された場合は、本人であることを証明する書類（戸籍抄本等）の写し

(2)　指定医指定申請書に記載された個人情報については、指定医の指定や規則第二十一条に規定する公表、規則第十五条第一項第一号ロ及び第二号に規定する研修の通知など、指定医制度の運用のためにのみ利用すること。

2　指定医の実務経験

(1)　規則第十五条第一項に規定する「診断又は治療に従事した経験」（以下「実務経験」という。）は、医療機関等において行った患者の診断又は治療（難病に対する診断や治療に限らない。）をいうものであること。

(2)　実務経験の期間については、以下のとおりとすること。

①　主として患者の診断又は治療に当たっていた期間を対象とするものとし、診断又は治療に全く当たっていない期間を除くこととすること。

②　第二の1のとおり、臨床研修の期間を含むこととすること。

③　診断又は治療に関して行われる症例検討会等への参加、保健所における相談業務等に従事した期間、外国留学等外国において患者の診断又は治療に当たった期間など、患者の診断又は治療に関係する業務等に従事した期間については、これを含

むものとすること。

3　指定医の研修

指定医の研修については、法制度やこれに関する実務を踏まえて、都道府県が行うこととすること。また、都道府県は、必要に応じて、難病に係る専門的な知識の提供等を行うことができる医師会等に当該研修を委託することができることとすること。

(1)　難病指定医の養成のための研修

第二の1の②に規定する研修については、難病指定医の果たす役割について知識を習得できるような内容として、次の①から⑦までに掲げる事項について行うこと。

①　難病の医療費助成制度、難病患者のデータ登録についての理解を深める内容とする。

②　難病指定医等の職務を理解する内容とする。

③　医療費助成制度における診断基準、重症度分類、臨床調査個人票等について理解する内容とする。

④　指定医療機関療養担当規程の遵守等、指定医療機関が行うことについて理解する内容とする。

⑤　難病指定医等が行うべき実務について知識を深め、診断基準等に沿って適切に臨床調査個人票の記入を行うなどの内容とする。

⑥　必要な検査の実施や、診断が困難で、臨床調査個人票が十分に記載できない場合に、適切な他の難病指定医を紹介できるよう、難病に対する地域の医療提供体制や全国的な医療支援体制について知識を習得する内容とする。

⑦　代表的な疾患に係る疾患概要や診断基準、重症度分類、臨床調査個人票、診療ガイドライン等について理解を深めるとともに、実際の症例検討や文献考察等を通して最新の知見に触れながら、診断や治療に当たっての臨床的な問題点について理解する内容とする。

(2)　協力難病指定医の養成のための研修

第二の2に規定する研修については、協力難病指定医の果たす役割について知識を習得できるような内容として、次の①から⑥までに掲げる事項について行うこと。

①　難病の医療費助成制度、難病患者のデータ登録についての理解を深める内容とする。

②　難病指定医等の職務を理解する内容とする。

③　医療費助成制度における診断基準、重症度分類、臨床調査個人票等について理解する内容とする。

④　指定医療機関療養担当規程の遵守等、指定医療

機関が行うことについて理解する内容とする。

⑤ 難病指定医等が行うべき実務について知識を深め、診断基準等に沿って適切に臨床調査個人票の記入を行うなどの内容とする。

⑥ 必要な検査の実施や、診断が困難で、臨床調査個人票が十分に記載できない場合に、適切な難病指定医を紹介できるよう、難病に対する地域の医療提供体制や全国的な医療支援体制について知識を習得する内容とする。

## 第四　指定医の指定

### 1　指定

(1) 都道府県知事は、指定医の指定をしたときは、次に掲げる事項を記載した指定通知書（別紙様式第3号）を当該指定医に交付するとともに、次に掲げる事項（④を除く。）について公表すること。

① 医師氏名

② 診療に主に従事する医療機関の名称及び所在地

③ 診療に主に従事する医療機関において担当する診療科名

④ 指定年月日及び指定有効期間

(2) 指定通知書に、次のとおり、別表2の都道府県番号二桁、当該指定医の区分記号（専門医資格を有する難病指定医：S、研修を受けた難病指定医：T、経過的特例による難病指定医：P、協力難病指定医：C）、各都道府県が定める任意の番号七桁とを組み合わせた指定医番号を記載することとし、指定医が、指定難病の患者の臨床調査個人票を作成する際に、当該指定医番号を当該臨床調査個人票に記載させることにより、当該臨床調査個人票が指定医により作成されていることを確認できるようにすること。

| | | | | | | | | | |
|---|---|---|---|---|---|---|---|---|---|
| | | | | | | | | | |

2桁　別表2の都道府県番号
1桁　指定医区分
7桁　各都道府県が定める任意の番号（右詰で記入し、空欄部分に0を記入）

(3) 指定医の指定は、平成二十七年一月一日の法の施行日前に行うことが可能であること。

(4) 指定医の有効期間（法施行前に指定された日から法施行日までの期間を含む。）は、五年を超えない期間とすること。

(5) 第二の3の経過的特例に係る指定を行う場合には、都道府県知事は、指定通知書（別紙様式第3号）に、平成二十九年三月三十一日までの間に研修を受けることが必要であり、当該研修を受けなかった場合には、平成二十九年四月一日以降はその効力を失うことについて記載すること。

(6) 各都道府県において、指定をした指定医の名簿等を備えて管理すること。

2　指定の申請の却下

(1)　都道府県知事は、指定医の指定の申請を行おうとする医師が、規則第十五条に規定する要件を満たしていない場合には、当該医師を指定しないこととすること。

(2)　また、都道府県知事は、指定医の指定の申請を行おうとする医師が、第二の1又は2の要件を満たしている場合であっても、不適切な臨床調査個人票を作成したことがあるなど、臨床調査個人票を作成するのに必要な知識と技能を有していないと認められる場合については、指定医の指定をしないことができること。

(3)　都道府県知事は、規則第二十条の規定により指定医の指定を取り消された後五年を経過していない者その他指定医として著しく不適当と認められる者については、規則第十五条第二項に基づき、指定医の指定をしないことができること。

(4)　都道府県知事は、指定をしないこととした場合には、その旨を記載した通知書を申請者に交付すること。

3　指定医の指定に係る申請内容の変更

(1)　指定医は、当該指定医が行った申請について、規則第十六条第一項第一号又は第三号に規定する事項に変更があったときは、変更のあった事項及びその年月日を、「指定変更届出書」（別紙様式第4号）に指定通知書を添えて、当該指定医の指定をした都道府県知事に届け出ること。

「指定変更届出書」の提出を受けた都道府県知事は、当該届け出をした指定医に対し、変更後の指定通知書を交付すること。

(2)　都道府県知事は、変更の届出があり、当該指定医に関して前記第四の1の(1)に基づき既に公表した事項に変更が生じた場合には、その旨を公表すること。

(3)　指定医は、主として指定難病の診断を行う医療機関を、当該指定医の指定をした都道府県知事の管轄する都道府県以外の都道府県に所在する医療機関に変更したとき又は変更しようとするときは、改めて、変更後の当該医療機関の所在地を管轄する都道府県知事に対して、新規の申請を、指定医指定申請書（別紙様式第1号）を提出することにより行うこと。併せて、変更前の当該医療機関の所在地を管轄する都道府県知事に対して、当該医療機関の変更があった旨を届け出ること。当該届出が行われた都道府県知事は、規則第二十条第四項に基づき、当該指定医の指定を取り消すこと。

変更した後の当該医療機関の所在地を管轄する都道府県知事は、当該申請をした指定医に対し、指定通知書を交付するとともに、当該指定医に関して前記第四の1の(1)に基づき既に公表した事項であって、医療機関に関するものについて変更が生じた場合は、その旨を公表すること。

第五　指定医の指定の更新

(1)　専門医の資格を有しない難病指定医及び協力難病指定医は、指定医の指定を受けた日から五年を超えない日までの間に、指定医の指定を受けた日から五年を超えない日までの間に、難病指定医又は協力難病指定医の区分に応じ都道府県知事が行う研修を受けなければならないこと。ただし、当該五年を超えない日までに実施されるいずれの研修をも受けることができないことについて、災害、傷病、長期の海外渡航その他のやむを得ない理由が存すると都道府県知事が認めたときは、この限りでないこととすること。

(2)　専門医の資格を有しない難病指定医及び協力難病指定医の指定の更新は、以下のとおりとすること。

①　五年ごとにその更新を受けなければ、その期間の経過によって、その効力を失うこと。

②　指定の更新のために行う研修については、実務としての指定難病の患者の診断経験等も踏まえた内容とし、別に定める。

(3)　専門医の資格を有する難病指定医の指定の更新については以下のとおりとすること。

①　五年ごとにその更新を受けなければ、その期間の経過によって、その効力を失うこと。

②　当該難病指定医は、指定の更新を行う際に、専門医の資格を有していることが必要であること。

③　当該難病指定医が、専門医の資格の更新をしなかった等の理由により当該専門医の資格を失った場合には、その旨を当該難病指定医の指定をした都道府県知事に届け出ること。

④　更新を行う必要がある年より以前に、難病指定医の資格の更新を行うことも可能とすること。

(4)　指定医は、指定医の指定を受けた日から五年を超えない日までの間に、「指定医更新申請書」（別紙様式第5号）により、更新の申請を行うこと。

(5)　都道府県知事は、申請者より「指定医更新申請書」の提出があった場合には、第四の1及び2に準じて、「指定更新通知書」（別紙様式第6号）又は指定を行わない旨の通知書を当該申請者に対して交付すること。

第六　指定の取消し等

(1)　指定医がその医師免許を取り消され、又は期間を定めて医業の停止を命ぜられたときは、都道府県知事は、その指定を取り消さなければならないこと。

(2) 指定医が法若しくは法に基づく命令に違反したとき又は指定難病の診断若しくは治療に関し著しく不当な行為を行ったときその他指定医として著しく不適当と認められるときは、都道府県知事は、その指定を取り消し、又は期間を定めてその指定の効力を停止することができること。

(3) 指定医は、指定医の指定を取り消されたとき又は期間を定めてその職務の停止を命ぜられたときは、速やかに指定通知書を都道府県知事に返納するものとすること。

(4) 都道府県知事は、(1)又は(2)により、指定医の指定を取り消したときには、その旨を公表すること。

(5) 都道府県知事は、指定の取消しを行う前にあらかじめ、臨床調査個人票の作成に係る指定医の診断、診断又は治療による公費の請求等が適切に行われているかについて事前に確認を行い、必要に応じて指定医の研修を当該指定医に改めて行わせるなど十分な指導等を行うこと。

第七 指定後における事務取扱い

(1) 指定医は自らの責任のもと指定通知書を管理することとし、指定通知書の有効期間についても十分注意すること。なお、指定通知書の有効期間が切れた後、指定医であるものとして行った診断書の作成等の行為は取り消し得るものとなること。

(2) 指定医は、指定医の辞退をするときは、指定を受けた都道府県知事に、別紙様式第7号により届け出ること。また、指定医が死亡した場合にあっては、その者の親族又は診療に従事していた医療機関の管理者が都道府県知事に届け出るものとすること。

(3) (2)により、辞退又は死亡の届出があったときは、都道府県知事は、その旨を公表すること。

(4) 指定医は、指定通知書を紛失し又はき損したときは、その旨（き損のときは指定通知書を添付）を都道府県知事に届け出るものとすること。

## 別表 1

厚生労働大臣が定める認定機関が認定する専門医の資格

| 認定機関 | 専門医の資格 |
|---|---|
| 日本内科学会 | 総合内科専門医 |
| 日本小児科学会 | 小児科専門医 |
| 日本皮膚科学会 | 皮膚科専門医 |
| 日本精神神経学会 | 精神科専門医 |
| 日本外科学会 | 外科専門医 |
| 日本整形外科学会 | 整形外科専門医 |
| 日本産科婦人科学会 | 産婦人科専門医 |
| 日本眼科学会 | 眼科専門医 |
| 日本耳鼻咽喉科学会 | 耳鼻咽喉科専門医 |
| 日本泌尿器科学会 | 泌尿器科専門医 |
| 日本脳神経外科学会 | 脳神経外科専門医 |
| 日本医学放射線学会 | 放射線科専門医 |
| 日本麻酔科学会 | 麻酔科専門医 |
| 日本病理学会 | 病理専門医 |
| 日本臨床検査医学会 | 臨床検査専門医 |
| 日本救急医学会 | 救急科専門医 |
| 日本形成外科学会 | 形成外科専門医 |
| 日本リハビリテーション医学会 | リハビリテーション科専門医 |
| 日本消化器病学会 | 消化器病専門医 |
| 日本循環器学会 | 循環器専門医 |
| 日本呼吸器学会 | 呼吸器専門医 |
| 日本血液学会 | 血液専門医 |
| 日本内分泌学会 | 内分泌代謝科(内科・小児科・産婦人科)専門医 |

| | |
|---|---|
| 日本糖尿病学会 | 糖尿病専門医 |
| 日本腎臓学会 | 腎臓専門医 |
| 日本肝臓学会 | 肝臓専門医 |
| 日本アレルギー学会 | アレルギー専門医 |
| 日本感染症学会 | 感染症専門医 |
| 日本老年医学会 | 老年病専門医 |
| 日本神経学会 | 神経内科専門医 |
| 日本消化器外科学会 | 消化器外科専門医 |
| 日本胸部外科学会 | 呼吸器外科専門医 |
| 日本呼吸器外科学会 | |
| 日本胸部外科学会 | 心臓血管外科専門医 |
| 日本心臓血管外科学会 | |
| 日本血管外科学会 | |
| 日本小児外科学会 | 小児外科専門医 |
| 日本リウマチ学会 | リウマチ専門医 |
| 日本小児循環器学会 | 小児循環器専門医 |
| 日本小児神経学会 | 小児神経専門医 |
| 日本小児血液・がん学会 | 小児血液・がん専門医 |
| 日本周産期・新生児医学会 | 周産期（新生児）専門医 |
| | 周産期（母体・胎児）専門医 |
| 日本婦人科腫瘍学会 | 婦人科腫瘍専門医 |
| 日本生殖医学会 | 生殖医療専門医 |
| 日本頭頸部外科学会 | 頭頸部がん専門医 |
| 日本放射線腫瘍学会 | 放射線治療専門医 |
| 日本医学放射線学会 | |
| 日本医学放射線学会 | 放射線診断専門医 |

<table>
<tr><td>日本手外科学会</td><td>手外科専門医</td></tr>
<tr><td>日本脊髄外科学会</td><td rowspan="2">脊椎脊髄外科専門医</td></tr>
<tr><td>日本脊椎脊髄病学会</td></tr>
<tr><td>日本集中治療医学会</td><td>集中治療専門医</td></tr>
</table>

**別表2**

都道府県番号

| 都道府県名 | コード | 都道府県名 | コード | 都道府県名 | コード |
|---|---|---|---|---|---|
| 北海道 | 01 | 石川 | 17 | 岡山 | 33 |
| 青森 | 02 | 福井 | 18 | 広島 | 34 |
| 岩手 | 03 | 山梨 | 19 | 山口 | 35 |
| 宮城 | 04 | 長野 | 20 | 徳島 | 36 |
| 秋田 | 05 | 岐阜 | 21 | 香川 | 37 |
| 山形 | 06 | 静岡 | 22 | 愛媛 | 38 |
| 福島 | 07 | 愛知 | 23 | 高知 | 39 |
| 茨城 | 08 | 三重 | 24 | 福岡 | 40 |
| 栃木 | 09 | 滋賀 | 25 | 佐賀 | 41 |
| 群馬 | 10 | 京都 | 26 | 長崎 | 42 |
| 埼玉 | 11 | 大阪 | 27 | 熊本 | 43 |
| 千葉 | 12 | 兵庫 | 28 | 大分 | 44 |
| 東京 | 13 | 奈良 | 29 | 宮崎 | 45 |
| 神奈川 | 14 | 和歌山 | 30 | 鹿児島 | 46 |
| 新潟 | 15 | 鳥取 | 31 | 沖縄 | 47 |
| 富山 | 16 | 島根 | 32 | | |

様式第１号

# 指定医指定申請書

平成　　年　　月　　日

○○○都道府県知事　殿

医師氏名　　　　　　　印

〒

住　所

電話番号

難病の患者に対する医療等に関する法律第６条第１項に規定する医師の指定を受けたいので、同法施行規則第15条の規定により、下記のとおり申請します。

<table>
<tr><td colspan="3">生年月日</td><td>明治<br>大正<br>昭和<br>平成　年　月　日</td><td>性別</td><td>男・女</td></tr>
<tr><td colspan="3">医籍登録番号</td><td></td><td>医籍<br>登録年月日</td><td>大正<br>昭和　年　月　日<br>平成</td></tr>
<tr><td colspan="3">申請区分</td><td colspan="3">難病指定医　・　協力難病指定医</td></tr>
<tr><td rowspan="2">①又は②のいずれかを記載（※）</td><td>①</td><td>専門医の資格の名称</td><td></td><td>専門医の認定機関</td><td></td></tr>
<tr><td>②</td><td>研修の名称</td><td></td><td>研修修了日</td><td>平成　年　月　日</td></tr>
<tr><td colspan="6">※　上記①又は②の記載要領<br>①を記載する場合：専門医資格による難病指定医の申請の場合。<br>②を記載する場合：都道府県が実施する指定医の養成に係る研修受講による難病指定医又は協力難病指定医の申請の場合。<br>なお、経過的特例による難病指定医の指定申請を行う場合は、①と②のいずれも記載不要。</td></tr>
<tr><td colspan="3" rowspan="4">主たる勤務先の医療機関</td><td>医療機関名</td><td colspan="2"></td></tr>
<tr><td>所在地</td><td colspan="2">〒</td></tr>
<tr><td>電話番号</td><td colspan="2"></td></tr>
<tr><td>担当する診療科</td><td colspan="2"></td></tr>
</table>

添付書類

1　経歴書（様式第２号）

2　医師免許証の写し

3　難病指定医の申請の際は、専門医に認定されていることを証明する書類（写し可）又は難病指定医の研修修了を証明する書類（写し可）

4　協力難病指定医の申請の際は、協力難病指定医の研修修了を証明する書類（写し可）

（裏面に続く）

（裏面）

○主たる勤務先以外に勤務をすることのある医療機関

| | | |
|---|---|---|
| 1 | 医療機関名 | |
| | 所　在　地 | 〒 |
| | 電 話 番 号 | |
| | 担当する診療科 | |
| 2 | 医療機関名 | |
| | 所　在　地 | 〒 |
| | 電 話 番 号 | |
| | 担当する診療科 | |
| 3 | 医療機関名 | |
| | 所　在　地 | 〒 |
| | 電 話 番 号 | |
| | 担当する診療科 | |
| 4 | 医療機関名 | |
| | 所　在　地 | 〒 |
| | 電 話 番 号 | |
| | 担当する診療科 | |
| 5 | 医療機関名 | |
| | 所　在　地 | 〒 |
| | 電 話 番 号 | |
| | 担当する診療科 | |

様式第２号

# 経　　歴　　書

※５年以上の実務経験があることが分かれば、全ての経歴をご記載いただく必要はありません。

平成　　年　　月　　日現在

| フリガナ | | 性　別 | 生　年　月　日 |
|---|---|---|---|
| 氏　　名 | 印 | 男・女 | 明治<br>大正<br>昭和<br>平成　　年　　月　　日 |

| 診断又は治療に従事した期間 | 従事した診療科 | 従　事　し　た　医　療　機　関　名 |
|---|---|---|
| 自　　年　　月<br>至　　年　　月 | | |
| 自　　年　　月<br>至　　年　　月 | | |
| 自　　年　　月<br>至　　年　　月 | | |
| 自　　年　　月<br>至　　年　　月 | | |
| 自　　年　　月<br>至　　年　　月 | | |
| 自　　年　　月<br>至　　年　　月 | | |
| 自　　年　　月<br>至　　年　　月 | | |
| 自　　年　　月<br>至　　年　　月 | | |
| 自　　年　　月<br>至　　年　　月 | | |
| 自　　年　　月<br>至　　年　　月 | | |
| 自　　年　　月<br>至　　年　　月 | | |
| 合　計　従　事　期　間 | | 計　　　年　　　か月 |

様式第３号

番　　　　　　号
平成　　年　　月　　日

指　定　通　知　書

殿

○○○都道府県知事　　○○　○○　　印

難病の患者に対する医療等に関する法律第６条第１項に規定する医師として、平成○○年○○月○○日付けの申請に基づき、下記のとおり指定しますので通知します。

| | | | |
|---|---|---|---|
| 指定医氏名 | | 生年月日 | 明治<br>大正<br>昭和<br>平成　　年　　月　　日 |
| 連　絡　先 | 〒<br>（電話番号　　　　　　　　　） | | |
| 医　籍<br>登録番号 | | 医　籍<br>登録年月日 | 大正<br>昭和<br>平成　　年　　月　　日 |
| 指定医の種類 | 難病指定医　・　協力難病指定医 | | |
| 指定医番号（※） | | | |
| 主たる<br>勤務先の<br>医療機関名 | | 担当する<br>診療科 | |
| 医療機関の<br>所在地 | | | |
| 指定有効期間 | | | |

※　指定医番号は、都道府県番号、指定医区分及び各都道府県が定める任意の番号を組み合わせたもの

（備考）

1　指定医は、指定から５年ごとに研修の受講と更新申請が必要となります。

2　上記の記載事項に変更があった場合は、変更の届出が必要になります。

3　経過的特例により難病指定医に指定された場合には、平成29年３月31日までの間に指定医の研修を受けることが必要です。当該研修を受けなかった場合には、平成29年４月１日以降はその効力を失うことになります。

＊　指定通知の記載事項については、指定要領に定めるもの以外は適宜省略可。

様式第４号

# 指　定　変　更　届　出　書

○○○都道府県知事　殿

指定医番号
医 師 氏 名　　　　　　　　　　　印

難病の患者に対する医療等に関する法律第６条第１項に規定する医師の指定について、下記のとおり申請事項の変更があったため届け出ます。

<table>
<tr><td colspan="3">変 更 年 月 日</td><td colspan="6">年　　月　　日</td></tr>
<tr><td rowspan="8">変更のある事項にチェックし、変更後の内容を記載</td><td>□</td><td>指 定 医 氏 名</td><td colspan="6"></td></tr>
<tr><td>□</td><td>連　絡　先</td><td colspan="6">〒<br>（電話番号　　　　　　　　）</td></tr>
<tr><td>□</td><td>医　　籍<br>登 録 番 号</td><td></td><td></td><td></td><td></td><td></td><td></td></tr>
<tr><td>□</td><td>医　　籍<br>登録年月日</td><td colspan="6">大正<br>昭和　　年　　月　　日<br>平成</td></tr>
<tr><td rowspan="4">□</td><td rowspan="4">主たる勤務先の<br>医 療 機 関</td><td colspan="2">医療機関名</td><td colspan="4"></td></tr>
<tr><td colspan="2">所 在 地</td><td colspan="4">〒</td></tr>
<tr><td colspan="2">電 話 番 号</td><td colspan="4"></td></tr>
<tr><td colspan="2">担当する<br>診 療 科</td><td colspan="4"></td></tr>
</table>

（備考）
1　変更のない事項については記載不要。
2　医籍の登録番号及び登録年月日に変更がある場合は、医師免許証の写しを添付。

（裏面に続く）

（裏面）

○主たる勤務先以外に勤務をすることのある医療機関の変更等

| | | |
|---|---|---|
| 1 | 医療機関名 | |
| | 所　在　地 | 〒 |
| | 電 話 番 号 | |
| | 担当する診療科 | |
| 2 | 医療機関名 | |
| | 所　在　地 | 〒 |
| | 電 話 番 号 | |
| | 担当する診療科 | |
| 3 | 医療機関名 | |
| | 所　在　地 | 〒 |
| | 電 話 番 号 | |
| | 担当する診療科 | |
| 4 | 医療機関名 | |
| | 所　在　地 | 〒 |
| | 電 話 番 号 | |
| | 担当する診療科 | |
| 5 | 医療機関名 | |
| | 所　在　地 | 〒 |
| | 電 話 番 号 | |
| | 担当する診療科 | |

様式第５号

# 指定医指定更新申請書

平成　　年　　月　　日

○○○都道府県知事　殿

指定医番号

医師氏名　　　　　　　　印

難病の患者に対する医療等に関する法律第６条第１項に規定する医師の指定について更新したいので、下記のとおり申請します。

<table>
<tr><td colspan="3">申請区分</td><td colspan="3">難病指定医　・　協力難病指定医</td></tr>
<tr><td rowspan="2">①又は②のいずれかを記載</td><td>①</td><td>専門医の資格の名称</td><td></td><td>専門医の認定機関</td><td></td></tr>
<tr><td>②</td><td>研修の名称</td><td></td><td>研修修了日</td><td></td></tr>
<tr><td rowspan="8">変更のある事項にチェックし、変更後の内容を記載</td><td>□</td><td>指定医氏名</td><td colspan="3"></td></tr>
<tr><td>□</td><td>連絡先</td><td colspan="3">〒<br>（電話番号　　　　　　　）</td></tr>
<tr><td>□</td><td>医籍登録番号</td><td colspan="3"></td></tr>
<tr><td>□</td><td>医籍登録年月日</td><td>大正<br>昭和<br>平成</td><td colspan="2">年　　月　　日</td></tr>
<tr><td rowspan="4">□</td><td rowspan="4">主たる勤務先の医療機関</td><td>医療機関名</td><td colspan="2"></td></tr>
<tr><td>所在地</td><td colspan="2">〒</td></tr>
<tr><td>電話番号</td><td colspan="2"></td></tr>
<tr><td>担当する診療科</td><td colspan="2"></td></tr>
</table>

添付書類

1　難病指定医の更新申請の際は、専門医に認定されていることを証明する書類（写し可）又は難病指定医の研修修了を証明する書類（写し可）

2　協力難病指定医の申請の際は、協力難病指定医の研修修了を証明する書類（写し可）

3　医籍の登録番号及び登録年月日に変更がある場合は、医師免許証の写しを添付。

（裏面）

○主たる勤務先以外に勤務をすることのある医療機関の変更等

| | | |
|---|---|---|
| 1 | 医療機関名 | |
| | 所　在　地 | 〒 |
| | 電 話 番 号 | |
| | 担当する診療科 | |
| 2 | 医療機関名 | |
| | 所　在　地 | 〒 |
| | 電 話 番 号 | |
| | 担当する診療科 | |
| 3 | 医療機関名 | |
| | 所　在　地 | 〒 |
| | 電 話 番 号 | |
| | 担当する診療科 | |
| 4 | 医療機関名 | |
| | 所　在　地 | 〒 |
| | 電 話 番 号 | |
| | 担当する診療科 | |
| 5 | 医療機関名 | |
| | 所　在　地 | 〒 |
| | 電 話 番 号 | |
| | 担当する診療科 | |

様式第６号

番　　　　　号
平成　　年　　月　　日

指　定　通　知　書（更新）

殿

〇〇〇都道府県知事　　〇〇　〇〇　　印

難病の患者に対する医療等に関する法律第６条第１項に規定する医師として、平成〇〇年〇〇月〇〇日付けの申請に基づき、下記のとおり指定を更新しますので通知します。

| | | | |
|---|---|---|---|
| 指定医氏名 | | 生年月日 | 明治<br>大正<br>昭和<br>平成　　年　　月　　日 |
| 連　絡　先 | 〒<br>（電話番号　　　　　　　　） | | |
| 医籍登録番号 | | 医籍登録年月日 | 大正<br>昭和<br>平成　　年　　月　　日 |
| 指定医の種類 | 難病指定医　・　協力難病指定医 | | |
| 指定医番号（※） | | | |
| 主たる勤務先の医療機関名 | | 担当する診療科 | |
| 医療機関の所在地 | | | |
| 指定有効期間 | | | |

※　指定医番号は、都道府県番号、指定医区分及び各都道府県が定める任意の番号を組み合わせたもの

（備考）

1　指定医は、指定から５年ごとに研修の受講と更新申請が必要となります。

2　上記の記載事項に変更があった場合は、変更の届出が必要になります。

＊　指定通知の記載事項については、指定要領に定めるもの以外は適宜省略可。

様式第７号

# 辞　退　届

平成　　年　　月　　日

○○○都道府県知事　殿

指定医番号
医 師 氏 名　　　　　　　　　印

難病の患者に対する医療等に関する法律第６条第１項に規定する医師の指定について、下記のとおり指定を辞退します。

<table>
<tr><td>指定医氏名</td><td colspan="2"></td></tr>
<tr><td>連絡先</td><td colspan="2">〒<br><br>(電話番号　　　　　　　　　　　　)</td></tr>
<tr><td rowspan="4">主たる勤務先の医療機関</td><td>医療機関名</td><td></td></tr>
<tr><td>所在地</td><td>〒</td></tr>
<tr><td>電話番号</td><td></td></tr>
<tr><td>担当する診療科</td><td></td></tr>
<tr><td>辞退理由</td><td colspan="2"></td></tr>
</table>

＊　辞退届の記載事項については、法令で定めるものはないため、適宜省略可。

## ○「指定医療機関の指定」について（抄）

〔平成二十六年十一月二十一日　健疾発一一二一第二号
各都道府県衛生主管部(局)長宛　厚生労働省健康局疾病対策課長通知〕

難病の患者に対する医療等に関する法律（平成二十六年法律第五十号。以下「法」という。）第十四条第一項の規定による指定医療機関の指定について、指定医療機関指定要領（別紙）を作成したので、特定医療の給付水準の確保、指定事務の円滑かつ適正な運営を期するため、貴職におかれても、これを参考としつつ遺漏なきよう努めるとともに、関係者及び関係団体に対する周知方につき配慮願いたい。

なお、この通知は、地方自治法（昭和二十二年法律第六十七号）第二百四十五条の四第一項の規定に基づく技術的助言であることを申し添える。

**別紙**

指定医療機関指定要領

第一　指定・更新の申請及び変更の届出の事務

1　指定の申請の事務

(1)　法第十四条第一項の規定に基づき指定医療機関の指定を申請しようとする者（以下「申請者」という。）からの難病の患者に対する医療等に関する法律施行規則（平成二十六年厚生労働省令第百二十一号。以下「規則」という。）第三十五条各項に規定する申請書（以下「申請書」という。）は、別紙様式1により医療機関（診療所、薬局、指定訪問看護事業者、指定居宅サービス事業者及び指定介護予防サービス事業者を含む。）の所在地の都道府県知事へ提出させること。

(2)　都道府県知事は、前記(1)の申請があった場合は、所要の審査を行った上で、審査した結果の通知を、別紙様式4により速やかに申請者へ通知すること。

なお、指定年月日は、原則として、指定の決定をした日の属する月の翌月初日とすること。

2　変更の届出

(1)　指定医療機関が、その名称及び所在地その他規則第四十一条に定める変更を行うべき事項に変更を生じた場合は、当該指定医療機関に対し、法第十九条の規定に基づき、変更の届出（以下「変更届出」という。）を別紙様式2により当該指定医療機関の所在地の都道府県知事に提出させること。

(2)　都道府県知事は、変更届出のあった事項について所要の確認を行った上で、内容に不備がある場合には質問や指導を行うこと。

3　指定の更新

(1)　法第十五条第一項の規定に基づき指定医療機関の指定の更新をしようとする者（以下「更新申請者」という。）からの指定医療機関に係る指定の更新に関する申請書（以下「更新申請書」という。）は、別紙様式3により当該指定医療機関の所在地の都道府県知事に提出させること。

(2)　都道府県知事は、所要の審査を行った上で、審査した結果の通知を、別紙様式5により速やかに更新申請者へ通知すること。

4　その他

(1)　都道府県知事は、指定医療機関において患者が良質かつ適切な医療を受けられるよう、特定医療を提供する体制の整備に努めるとともに、変更届出等の必要な手続について、提出漏れが生じないよう指定医療機関への指導を行うこと。特に有効期間の満了を迎える指定医療機関に対しては、その旨を連絡し、更新申請の手続が円滑に行われるよう取り組むこと。

(2)　都道府県知事は、指定医療機関の指定（更新を含む。以下この項において同じ。）、名称及び所在地の変更、指定の辞退並びに指定の取消しがあった場合は、法第二十四条の規定に基づき公示し、特定医療費の支給認定を受けている患者及びその保護者並びにその他関係機関等に対して、ホームページや広報を通じて広く周知すること。

第二　審査（確認）

1　審査（確認）については、次に掲げる事項を満たしているかどうかを判断するものとする。

(1)　指定医療機関療養担当規程（平成二十六年厚生労働省告示第四百三十七号。以下「療担規程」という。）に基づき、懇切丁寧な特定医療が行える医療機関又は事業所であること。

(2)　病院及び診療所にあっては、健康保険法（大正十一年法律第七十号）第六十三条第三項第一号に規定する保険医療機関であり、標榜科が示されていること。

(3)　薬局にあっては、同号に規定する保険薬局であること。

(4)　同法第八十八条第一項に規定する指定訪問看護事業者又は介護保険法（平成九年法律第百二十三号）第四十一条第一項に規定する指定居宅サービス事業者（同法第八条第四項に規定する訪問看護を行う者に限る。）若しくは同法第五十三条第一項に規定する指定介護予防サービス事業者（同法第八条の二第四項に規定する介護予防訪問看護を行う者に限る。）にあっては、療担規程に基づき、適切な訪問看護等が行える事業所であること。

2 次に掲げる事項に該当していないかを審査（確認）するものとする。

(1) 申請者について、「禁錮以上の刑に処せられ、その執行を終わり、又は執行を受けることがなくなるまでの者」の該当の有無。

(2) 申請者について、「この法律その他国民の保健医療に関する法律で政令で定めるものの規定により罰金の刑に処せられ、その執行を終わり、又は執行を受けることがなくなるまでの者」の該当の有無。

(3) 申請者について、「法第二十三条の規定により指定医療機関の指定を取り消され、その取消しの日から起算して五年を経過しない者（当該指定医療機関の指定を取り消された者が法人である場合においては、当該取消しの処分に係る行政手続法（平成五年法律第八十八号）第十五条の規定による通知があった日前六〇日以内に当該法人の役員又はその医療機関の管理者（以下「役員等」という。）であった者で当該取消しの日から起算して五年を経過しないものを含み、当該指定医療機関の指定を取り消された者が法人でない場合においては、当該通知があった日前六〇日以内に当該者の管理者であった者で当該取消しの日から起算して五年を経過しないものを含む。）」の該当の有無。ただし、当該取消しが、指定医療機関の指定の取消しのうち当該取消しの処分の理由となった事実その他の当該事実に関して当該指定医療機関の開設者が有していた責任の程度を考慮して、規則第三十六条に定める指定の取消しに該当しないこととすることが相当であると認められるものに該当する場合を除く。

(4) 申請者について、「法第二十三条の規定による指定医療機関の指定の取消しの処分に係る行政手続法第十五条の規定による通知があった日（(6)において「通知日」という。）から当該処分をする日又は処分をしないことを決定する日までの間に法第二十条の規定による指定医療機関の指定の辞退の申出をした者（当該辞退について相当の理由がある者を除く。）で、当該申出の日から起算して五年を経過しないものであるとき」の該当の有無。

(5) 申請者について、「法第二十一条第一項の規定による検査が行われた日から聴聞決定予定日（当該検査の結果に基づき法第二十三条の規定による指定医療機関の指定の取消しの処分に係る聴聞を行うか否かの決定をすることが見込まれる日として厚生労働省令で定めるところにより都道府県知事が当該申請者に当該検査が行われた日から一〇日以内に特定の日を通知した場合における当該特定の日をいう。）までの間に法第二十条の規定による指定医療機関の指定の辞退の申出をした者（当該辞退について相当の理由がある者を除く。）で、当該申出の日から起算して五年を経過しないものであるとき」の該当の有無。

(6)　(4)に規定する期間内に法第二十条の規定による指定医療機関の指定の辞退の申出があった場合において、申請者について、「通知日前六〇日以内に当該申出に係る法人（当該辞退について相当の理由がある者を除く。）の役員等又は当該申出に係る法人でない者（当該辞退について相当の理由がある者を除く。）の管理者であった者で、当該申出の日から起算して五年を経過しないものであるとき」の該当の有無。

(7)　申請者について、「指定医療機関の申請前五年以内に特定医療に関し不正又は著しく不当な行為をした者であるとき」の該当の有無。

(8)　申請者について、「法人で、その役員等のうちに(1)から(7)までのいずれかに該当する者のあるものであるとき」の該当の有無。

(9)　申請者について、「法人でない者で、その管理者が(1)から(7)までのいずれかに該当する者であるとき」の該当の有無。

3　審査（確認）に当たり、次に掲げる事項のいずれかの場合に該当するときは、指定医療機関の指定をしないことができる。

(1)　申請に係る病院若しくは診療所又は薬局が、健康保険法第六十三条第三項第一号に規定する保険医療機関若しくは保険薬局又は厚生労働省令で定める事業所若しくは施設でないときに該当する場合。

(2)　申請に係る病院若しくは診療所若しくは薬局又は申請者が、特定医療費の支給に関し診療又は調剤の内容の適切さを欠くおそれがあるとして重ねて法第十八条の規定による指導又は法第二十二条第一項の規定による勧告を受けたものであるときに該当する場合。

(3)　申請者が、法第二十二条第三項の規定による命令に従わないものであるときに該当する場合。

(4)　(1)から(3)までに掲げる場合のほか、当該申請に係る病院若しくは診療所又は薬局が、指定医療機関として著しく不適当と認めるものであるときに該当する場合。

**様式１―⑴**

指定医療機関指定申請書（病院又は診療所）

<table>
<tr><td rowspan="3">保険医療機関</td><td>名　　　称</td><td colspan="3"></td></tr>
<tr><td>所　在　地</td><td colspan="3"></td></tr>
<tr><td>医療機関コード</td><td colspan="3"></td></tr>
<tr><td rowspan="3">開　設　者</td><td>住　　　所</td><td colspan="3"></td></tr>
<tr><td>氏名又は名称</td><td colspan="3"></td></tr>
<tr><td>生　年　月　日</td><td></td><td>職　名</td><td></td></tr>
<tr><td colspan="2">標榜している診療科目</td><td colspan="3"></td></tr>
<tr><td colspan="2">役員の氏名及び職名</td><td colspan="3">（別紙１）</td></tr>
</table>

上記のとおり、難病の患者に対する医療等に関する法律（平成26年法律第50号）第14条第１項の規定による指定医療機関として指定されたく申請する。

また、同法第14条第２項の規定のいずれにも該当しないことを誓約する。

年　　月　　日

開　設　者

住　　　所

氏名又は名称　　　　　　　　印

○　○　○　○　殿

＊　「(別紙１)」の様式は、279頁に収載

「指定医療機関の指定」について（抄）

（誓約項目）

難病の患者に対する医療等に関する法律第14条第２項各号に該当しないことを誓約すること。

1　第１号関係

申請者が、禁錮以上の刑に処せられ、その執行を終わり、又は執行を受けることがなくなった日を経過していない。

2　第２号関係

申請者が、難病の患者に対する医療等に関する法律その他の法律（児童福祉法、医師法、歯科医師法、保健師助産師看護師法、医療法、精神保健及び精神障害者福祉に関する法律、医薬品、医療機器等の品質、有効性及び安全性の確保等に関する法律、薬剤師法、介護保険法、障害者の日常生活及び社会生活を総合的に支援するための法律）で定める規定により罰金の刑に処せられ、その執行を終わり、又は執行を受けることがなくなった日を経過していない。

3　第３号関係

申請者が、難病の患者に対する医療等に関する法律の規定により指定医療機関の指定を取り消され、その取消しの日から起算して５年を経過していない。

⑴　指定を取り消された者が法人である場合

取消しの処分に係る行政手続法（平成５年法律第88号）第15条の規定による通知があった日前60日以内に法人の役員又は医療機関の管理者（以下「役員等」という。）であった者で、取消しの日から起算して５年を経過しないものを含む。

⑵　指定を取り消された者が法人でない場合

取消しの処分に係る行政手続法第15条の規定による通知があった日前60日以内に当該者の管理者であった者で取消しの日から起算して５年を経過しないものを含む。

4　第４号関係

申請者が、難病の患者に対する医療等に関する法律の規定により指定医療機関の指定の取消しの処分に係る行政手続法第15条の規定による通知日から処分をする日又は処分をしないことを決定する日までの間に指定医療機関の指定の辞退の申出をした者（指定の辞退について相当の理由がある者を除く。）で、申出の日から起算して５年を経過していない。

5　第５号関係

申請者が難病の患者に対する医療等に関する法律の規定による検査が行われた日から聴聞決定予定日までの間に指定医療機関の指定の辞退の申出をした者（指定の辞退について相当の理由がある者を除く。）で、申出の日から起算して５年を経過していない。

6　第６号関係

第４号に規定する期間内に指定医療機関の指定の辞退の申出があった場合において、申請者が、第４号の通知の日前60日以内にその申出に係る法人（指定の辞退について相当の理由がある法人を除く。）の役員等又はその申出に係る法人でない者（当該指定の辞退について相当の理由がある者を除く。）の管理者であった者で、申出の日から起算して５年を経過していない。

7　第７号関係

申請者が、指定の申請前５年以内に特定医療に関し不正又は著しく不当な行為をした。

8　第８号関係

申請者が、法人で、その役員等のうちに第１号から第７号までのいずれかに該当する。

9　第９号関係

申請者が、法人でない者で、その管理者が第１号から第７号までのいずれかに該当する。

**様式１—⑵**

指定医療機関指定申請書（薬局）

| | | | | |
|---|---|---|---|---|
| 保険薬局 | 名称 | | | |
| | 所在地 | | | |
| | 薬局コード | | | |
| 開設者 | 住所 | | | |
| | 氏名又は名称 | | | |
| | 生年月日 | | 職名 | |
| 役員の氏名及び職名 | | （別紙１） | | |

上記のとおり、難病の患者に対する医療等に関する法律（平成26年法律第50号）第14条第１項の規定による指定医療機関として指定されたく申請する。

また、同法第14条第２項の規定のいずれにも該当しないことを誓約する。

年　月　日

開設者
住所
氏名又は名称　　　　　　　　印

○○○○殿

「指定医療機関の指定」について（抄）

（誓約項目）

難病の患者に対する医療等に関する法律第14条第２項各号に該当しないことを誓約すること。

1　第１号関係

申請者が、禁錮以上の刑に処せられ、その執行を終わり、又は執行を受けることがなくなった日を経過していない。

2　第２号関係

申請者が、難病の患者に対する医療等に関する法律その他の法律（児童福祉法、医師法、歯科医師法、保健師助産師看護師法、医療法、精神保健及び精神障害者福祉に関する法律、医薬品、医療機器等の品質、有効性及び安全性の確保等に関する法律、薬剤師法、介護保険法、障害者の日常生活及び社会生活を総合的に支援するための法律）で定める規定により罰金の刑に処せられ、その執行を終わり、又は執行を受けることがなくなった日を経過していない。

3　第３号関係

申請者が、難病の患者に対する医療等に関する法律の規定により指定医療機関の指定を取り消され、その取消しの日から起算して５年を経過していない。

(1)　指定を取り消された者が法人である場合

取消しの処分に係る行政手続法（平成５年法律第88号）第15条の規定による通知があった日前60日以内に法人の役員又は医療機関の管理者（以下「役員等」という。）であった者で、取消しの日から起算して５年を経過しないものを含む。

(2)　指定を取り消された者が法人でない場合

取消しの処分に係る行政手続法第15条の規定による通知があった日前60日以内に当該者の管理者であった者で取消しの日から起算して５年を経過しないものを含む。

4　第４号関係

申請者が、難病の患者に対する医療等に関する法律の規定により指定医療機関の指定の取消しの処分に係る行政手続法第15条の規定による通知日から処分をする日又は処分をしないことを決定する日までの間に指定医療機関の指定の辞退の申出をした者（指定の辞退について相当の理由がある者を除く。）で、申出の日から起算して５年を経過していない。

5　第５号関係

申請者が難病の患者に対する医療等に関する法律の規定による検査が行われた日から聴聞決定予定日までの間に指定医療機関の指定の辞退の申出をした者（指定の辞退について相当の理由がある者を除く。）で、申出の日から起算して５年を経過していない。

6　第６号関係

第４号に規定する期間内に指定医療機関の指定の辞退の申出があった場合において、申請者が、第４号の通知の日前60日以内にその申出に係る法人（指定の辞退について相当の理由がある法人を除く。）の役員等又はその申出に係る法人でない者（当該指定の辞退について相当の理由がある者を除く。）の管理者であった者で、申出の日から起算して５年を経過していない。

7　第７号関係

申請者が、指定の申請前５年以内に特定医療に関し不正又は著しく不当な行為をした。

8　第８号関係

申請者が、法人で、その役員等のうちに第１号から第７号までのいずれかに該当する。

9　第９号関係

申請者が、法人でない者で、その管理者が第１号から第７号までのいずれかに該当する。

**様式1—(3)**

指定医療機関指定申請書（指定訪問看護事業者等）

<table>
<tr><td rowspan="6">指定居宅サービス事業者<br>指定訪問看護事業者<br>指定介護予防サービス事業者</td><td colspan="2">名称</td><td></td></tr>
<tr><td colspan="2">主たる事務所の所在地</td><td></td></tr>
<tr><td rowspan="4">代表者</td><td>住所</td><td></td></tr>
<tr><td>氏名</td><td></td></tr>
<tr><td>生年月日</td><td></td></tr>
<tr><td>職名</td><td></td></tr>
<tr><td rowspan="2">訪問看護ステーション等</td><td colspan="2">名称</td><td></td></tr>
<tr><td colspan="2">所在地</td><td></td></tr>
<tr><td>役員の氏名及び職名</td><td colspan="3">（別紙1）</td></tr>
<tr><td>訪問看護ステーションコード<br>又は介護保険事業者番号</td><td colspan="3"></td></tr>
<tr><td colspan="4">上記のとおり、難病の患者に対する医療等に関する法律（平成26年法律第50号）第14条第1項の規定による指定医療機関として指定されたく申請する。<br>また、同法第14条第2項の規定のいずれにも該当しないことを誓約する。<br>年　月　日<br>指定居宅サービス事業者<br>指定訪問看護事業者<br>指定介護予防サービス事業者<br>所在地<br>名　称<br>代表者　　　　　　印<br>○○○○　殿</td></tr>
</table>

「指定医療機関の指定」について（抄）

（誓約項目）

難病の患者に対する医療等に関する法律第14条第２項各号に該当しないことを誓約すること。

1　第１号関係
申請者が、禁錮以上の刑に処せられ、その執行を終わり、又は執行を受けることがなくなった日を経過していない。

2　第２号関係
申請者が、難病の患者に対する医療等に関する法律その他の法律（児童福祉法、医師法、歯科医師法、保健師助産師看護師法、医療法、精神保健及び精神障害者福祉に関する法律、医薬品、医療機器等の品質、有効性及び安全性の確保等に関する法律、薬剤師法、介護保険法、障害者の日常生活及び社会生活を総合的に支援するための法律）で定める規定により罰金の刑に処せられ、その執行を終わり、又は執行を受けることがなくなった日を経過していない。

3　第３号関係
申請者が、難病の患者に対する医療等に関する法律の規定により指定医療機関の指定を取り消され、その取消しの日から起算して５年を経過していない。

(1)　指定を取り消された者が法人である場合
取消しの処分に係る行政手続法（平成５年法律第88号）第15条の規定による通知があった日前60日以内に法人の役員又は医療機関の管理者（以下「役員等」という。）であった者で、取消しの日から起算して５年を経過しないものを含む。

(2)　指定を取り消された者が法人でない場合
取消しの処分に係る行政手続法第15条の規定による通知があった日前60日以内に当該者の管理者であった者で取消しの日から起算して５年を経過しないものを含む。

4　第４号関係
申請者が、難病の患者に対する医療等に関する法律の規定により指定医療機関の指定の取消しの処分に係る行政手続法第15条の規定による通知日から処分をする日又は処分をしないことを決定する日までの間に指定医療機関の指定の辞退の申出をした者（指定の辞退について相当の理由がある者を除く。）で、申出の日から起算して５年を経過していない。

5　第５号関係
申請者が難病の患者に対する医療等に関する法律の規定による検査が行われた日から聴聞決定予定日までの間に指定医療機関の指定の辞退の申出をした者（指定の辞退について相当の理由がある者を除く。）で、申出の日から起算して５年を経過していない。

6　第６号関係
第４号に規定する期間内に指定医療機関の指定の辞退の申出があった場合において、申請者が、第４号の通知の日前60日以内にその申出に係る法人（指定の辞退について相当の理由がある法人を除く。）の役員等又はその申出に係る法人でない者（当該指定の辞退について相当の理由がある者を除く。）の管理者であった者で、申出の日から起算して５年を経過していない。

7　第７号関係
申請者が、指定の申請前５年以内に特定医療に関し不正又は著しく不当な行為をした。

8　第８号関係
申請者が、法人で、その役員等のうちに第１号から第７号までのいずれかに該当する。

9　第９号関係
申請者が、法人でない者で、その管理者が第１号から第７号までのいずれかに該当する。

**様式２―⑴**

指定医療機関変更届出書（病院又は診療所）

| | | | |
|---|---|---|---|
| 保険医療機関 | 名　　　称 | □ | |
| | 所　在　地 | □ | |
| | 医療機関コード | □ | |
| 開　設　者 | 住　　　所 | □ | |
| | 氏名又は名称 | □ | |
| | 生　年　月　日 | □ | |
| | 職　　　名 | □ | |
| 標榜している診療科目 | | □ | |
| 役員の氏名及び職名 | | □ | （別紙１） |

上記のとおり、難病の患者に対する医療等に関する法律（平成26年法律第50号）第19条第１項の規定に基づき変更の届出を行うべき事項に変更が生じたため届出を行う。

年　　月　　日

開　設　者
住　　　所
氏名又は名称　　　　　　　　印

○　○　○　○　殿

※　変更がある事項の□の中にレ印を付すること。

**様式２—⑵**

指定医療機関変更届出書（薬局）

| | | | |
|---|---|---|---|
| 保険薬局 | 名称 | □ | |
| | 所在地 | □ | |
| | 薬局コード | □ | |
| 開設者 | 住所 | □ | |
| | 氏名又は名称 | □ | |
| | 生年月日 | □ | |
| | 職名 | □ | |
| 役員の氏名及び職名 | | □ | （別紙１） |

上記のとおり、難病の患者に対する医療等に関する法律（平成26年法律第50号）第19条の規定に基づき変更の届出を行うべき事項に変更が生じたため届出を行う。

年　月　日

開設者
住所
氏名又は名称　　　印

○○○○　殿

※　変更がある事項の□の中にレ印を付すること。

**様式２―⑶**

指定医療機関変更届出書（指定訪問看護事業者等）

<table>
<tr><td rowspan="6">指定居宅サービス事業者<br>指定訪問看護事業者<br>指定介護予防サービス事業者</td><td colspan="2">名　称</td><td>□</td><td></td></tr>
<tr><td colspan="2">主たる事務所の所在地</td><td>□</td><td></td></tr>
<tr><td rowspan="4">代表者</td><td>住　所</td><td>□</td><td></td></tr>
<tr><td>氏　名</td><td>□</td><td></td></tr>
<tr><td>生年月日</td><td>□</td><td></td></tr>
<tr><td>職　名</td><td>□</td><td></td></tr>
<tr><td rowspan="2">訪問看護ステーション等</td><td colspan="2">名　称</td><td>□</td><td></td></tr>
<tr><td colspan="2">所在地</td><td>□</td><td></td></tr>
<tr><td>役員の氏名及び職名</td><td>□</td><td colspan="3">（別紙１）</td></tr>
<tr><td>訪問看護ステーションコード<br>又は介護保険事業所番号</td><td>□</td><td colspan="3"></td></tr>
<tr><td colspan="5">上記のとおり、難病の患者に対する医療等に関する法律（平成26年法律第50号）第19条の規定に基づき変更の届出を行うべき事項に変更が生じたため届出を行う。<br>年　月　日<br>指定居宅サービス事業者<br>指定訪問看護事業者<br>指定介護予防サービス事業者<br>所在地<br>名　称<br>代表者　印<br>○○○○　殿</td></tr>
</table>

※　変更がある事項の□の中にレ印を付すること。

**様式３—⑴**

指定医療機関指定更新申請書（病院又は診療所）

<table>
<tr><td rowspan="3">保険医療機関</td><td>名　　　称</td><td>□</td><td></td></tr>
<tr><td>所　在　地</td><td>□</td><td></td></tr>
<tr><td>医療機関コード</td><td>□</td><td></td></tr>
<tr><td rowspan="4">開　設　者</td><td>住　　　所</td><td>□</td><td></td></tr>
<tr><td>氏名又は名称</td><td>□</td><td></td></tr>
<tr><td>生　年　月　日</td><td>□</td><td></td></tr>
<tr><td>職　　　名</td><td>□</td><td></td></tr>
<tr><td colspan="2">標榜している診療科目</td><td>□</td><td></td></tr>
<tr><td colspan="2">役員の氏名及び職名</td><td>□</td><td>（別紙１）</td></tr>
<tr><td colspan="4">上記のとおり、難病の患者に対する医療等に関する法律（平成26年法律第50号）第15条第１項の規定に基づき指定医療機関として指定を更新されたく申請する。<br>また、同法第14条第２項の規定のいずれにも該当しないことを誓約する。<br>年　　月　　日<br>開　設　者<br>住　　　所<br>氏名又は名称　　　　　　印<br>○　○　○　○　殿</td></tr>
</table>

※　直近の指定の申請（変更届出含む）から変更がある事項の□の中にレ印を付すること。

（誓約項目）
難病の患者に対する医療等に関する法律第14条第２項各号に該当しないことを誓約すること。

1　第１号関係
申請者が、禁錮以上の刑に処せられ、その執行を終わり、又は執行を受けることがなくなった日を経過していない。

2　第２号関係
申請者が、難病の患者に対する医療等に関する法律その他の法律（児童福祉法、医師法、歯科医師法、保健師助産師看護師法、医療法、精神保健及び精神障害者福祉に関する法律、医薬品、医療機器等の品質、有効性及び安全性の確保等に関する法律、薬剤師法、介護保険法、障害者の日常生活及び社会生活を総合的に支援するための法律）で定める規定により罰金の刑に処せられ、その執行を終わり、又は執行を受けることがなくなった日を経過していない。

3　第３号関係
申請者が、難病の患者に対する医療等に関する法律の規定により指定医療機関の指定を取り消され、その取消しの日から起算して５年を経過していない。

⑴　指定を取り消された者が法人である場合
取消しの処分に係る行政手続法（平成５年法律第88号）第15条の規定による通知があった日前60日以内に法人の役員又は医療機関の管理者（以下「役員等」という。）であった者で、取消しの日から起算して５年を経過しないものを含む。

⑵　指定を取り消された者が法人でない場合
取消しの処分に係る行政手続法第15条の規定による通知があった日前60日以内に当該者の管理者であった者で取消しの日から起算して５年を経過しないものを含む。

4　第４号関係
申請者が、難病の患者に対する医療等に関する法律の規定により指定医療機関の指定の取消しの処分に係る行政手続法第15条の規定による通知日から処分をする日又は処分をしないことを決定する日までの間に指定医療機関の指定の辞退の申出をした者（指定の辞退について相当の理由がある者を除く。）で、申出の日から起算して５年を経過していない。

5　第５号関係
申請者が難病の患者に対する医療等に関する法律の規定による検査が行われた日から聴聞決定予定日までの間に指定医療機関の指定の辞退の申出をした者（指定の辞退について相当の理由がある者を除く。）で、申出の日から起算して５年を経過していない。

6　第６号関係
第４号に規定する期間内に指定医療機関の指定の辞退の申出があった場合において、申請者が、第４号の通知の日前60日以内にその申出に係る法人（指定の辞退について相当の理由がある法人を除く。）の役員等又はその申出に係る法人でない者（当該指定の辞退について相当の理由がある者を除く。）の管理者であった者で、申出の日から起算して５年を経過していない。

7　第７号関係
申請者が、指定の申請前５年以内に特定医療に関し不正又は著しく不当な行為をした。

8　第８号関係
申請者が、法人で、その役員等のうちに第１号から第７号までのいずれかに該当する。

9　第９号関係
申請者が、法人でない者で、その管理者が第１号から第７号までのいずれかに該当する。

**様式３―⑵**

指定医療機関指定更新申請書（薬局）

| | | | |
|---|---|---|---|
| 保険薬局 | 名称 | □ | |
| | 所在地 | □ | |
| | 薬局コード | □ | |
| 開設者 | 住所 | □ | |
| | 氏名又は名称 | □ | |
| | 生年月日 | □ | |
| | 職名 | □ | |
| 役員の氏名及び職名 | | □ | （別紙１） |

上記のとおり、難病の患者に対する医療等に関する法律（平成26年法律第50号）第15条第１項の規定に基づき指定医療機関として指定を更新されたく申請する。

また、同法第14条第２項の規定のいずれにも該当しないことを誓約する。

年　　月　　日

開　設　者
住　　　所
氏名又は名称　　　　　　　　印

○　○　○　○　殿

※　直近の指定の申請（変更届出含む）から変更がある事項の□の中にレ印を付すること。

（誓約項目）
難病の患者に対する医療等に関する法律第14条第２項各号に該当しないことを誓約すること。

1　第１号関係
申請者が、禁錮以上の刑に処せられ、その執行を終わり、又は執行を受けることがなくなった日を経過していない。

2　第２号関係
申請者が、難病の患者に対する医療等に関する法律その他の法律（児童福祉法、医師法、歯科医師法、保健師助産師看護師法、医療法、精神保健及び精神障害者福祉に関する法律、医薬品、医療機器等の品質、有効性及び安全性の確保等に関する法律、薬剤師法、介護保険法、障害者の日常生活及び社会生活を総合的に支援するための法律）で定める規定により罰金の刑に処せられ、その執行を終わり、又は執行を受けることがなくなった日を経過していない。

3　第３号関係
申請者が、難病の患者に対する医療等に関する法律の規定により指定医療機関の指定を取り消され、その取消しの日から起算して５年を経過していない。

⑴　指定を取り消された者が法人である場合
取消しの処分に係る行政手続法（平成５年法律第88号）第15条の規定による通知があった日前60日以内に法人の役員又は医療機関の管理者（以下「役員等」という。）であった者で、取消しの日から起算して５年を経過しないものを含む。

⑵　指定を取り消された者が法人でない場合
取消しの処分に係る行政手続法第15条の規定による通知があった日前60日以内に当該者の管理者であった者で取消しの日から起算して５年を経過しないものを含む。

4　第４号関係
申請者が、難病の患者に対する医療等に関する法律の規定により指定医療機関の指定の取消しの処分に係る行政手続法第15条の規定による通知日から処分をする日又は処分をしないことを決定する日までの間に指定医療機関の指定の辞退の申出をした者（指定の辞退について相当の理由がある者を除く。）で、申出の日から起算して５年を経過していない。

5　第５号関係
申請者が難病の患者に対する医療等に関する法律の規定による検査が行われた日から聴聞決定予定日までの間に指定医療機関の指定の辞退の申出をした者（指定の辞退について相当の理由がある者を除く。）で、申出の日から起算して５年を経過していない。

6　第６号関係
第４号に規定する期間内に指定医療機関の指定の辞退の申出があった場合において、申請者が、第４号の通知の日前60日以内にその申出に係る法人（指定の辞退について相当の理由がある法人を除く。）の役員等又はその申出に係る法人でない者（当該指定の辞退について相当の理由がある者を除く。）の管理者であった者で、申出の日から起算して５年を経過していない。

7　第７号関係
申請者が、指定の申請前５年以内に特定医療に関し不正又は著しく不当な行為をした。

8　第８号関係
申請者が、法人で、その役員等のうちに第１号から第７号までのいずれかに該当する。

9　第９号関係
申請者が、法人でない者で、その管理者が第１号から第７号までのいずれかに該当する。

**様式３―⑶**

指定医療機関指定更新申請書（指定訪問看護事業者等）

<table>
<tr><td rowspan="6">指定居宅サービス事業者<br>指定訪問看護事業者<br>指定介護予防サービス事業者</td><td colspan="2">名　　　称</td><td>□</td><td></td></tr>
<tr><td colspan="2">主たる事務所の所在地</td><td>□</td><td></td></tr>
<tr><td rowspan="4">代表者</td><td>住　　　所</td><td>□</td><td></td></tr>
<tr><td>氏　　　名</td><td>□</td><td></td></tr>
<tr><td>生　年　月　日</td><td>□</td><td></td></tr>
<tr><td>職　　　名</td><td>□</td><td></td></tr>
<tr><td rowspan="2">訪問看護ステーション等</td><td colspan="2">名　　　称</td><td>□</td><td></td></tr>
<tr><td colspan="2">所　在　地</td><td>□</td><td></td></tr>
<tr><td>役員の氏名及び職名</td><td>□</td><td colspan="3">（別紙１）</td></tr>
<tr><td>訪問看護ステーションコード又は介護保険事業所番号</td><td>□</td><td colspan="3"></td></tr>
<tr><td colspan="5">上記のとおり、難病の患者に対する医療等に関する法律（平成26年法律第50号）第15条第１項の規定に基づき指定医療機関として指定を更新されたく申請する。<br>また、同法第14条第２項の規定のいずれにも該当しないことを誓約する。<br>年　月　日<br>指定居宅サービス事業者<br>指定訪問看護事業者<br>指定介護予防サービス事業者<br>所在地<br>名　称<br>代表者　　　　　印<br>○　○　○　○　殿</td></tr>
</table>

※　直近の指定の申請（変更届出含む）から変更がある事項の□の中にレ印を付すること。

（誓約項目）
難病の患者に対する医療等に関する法律第14条第２項各号に該当しないことを誓約すること。

1　第１号関係
申請者が、禁錮以上の刑に処せられ、その執行を終わり、又は執行を受けることがなくなった日を経過していない。

2　第２号関係
申請者が、難病の患者に対する医療等に関する法律その他の法律（児童福祉法、医師法、歯科医師法、保健師助産師看護師法、医療法、精神保健及び精神障害者福祉に関する法律、医薬品、医療機器等の品質、有効性及び安全性の確保等に関する法律、薬剤師法、介護保険法、障害者の日常生活及び社会生活を総合的に支援するための法律）で定める規定により罰金の刑に処せられ、その執行を終わり、又は執行を受けることがなくなった日を経過していない。

3　第３号関係
申請者が、難病の患者に対する医療等に関する法律の規定により指定医療機関の指定を取り消され、その取消しの日から起算して５年を経過していない。

⑴　指定を取り消された者が法人である場合
取消しの処分に係る行政手続法（平成５年法律第88号）第15条の規定による通知があった日前60日以内に法人の役員又は医療機関の管理者（以下「役員等」という。）であった者で、取消しの日から起算して５年を経過しないものを含む。

⑵　指定を取り消された者が法人でない場合
取消しの処分に係る行政手続法第15条の規定による通知があった日前60日以内に当該者の管理者であった者で取消しの日から起算して５年を経過しないものを含む。

4　第４号関係
申請者が、難病の患者に対する医療等に関する法律の規定により指定医療機関の指定の取消しの処分に係る行政手続法第15条の規定による通知日から処分をする日又は処分をしないことを決定する日までの間に指定医療機関の指定の辞退の申出をした者（指定の辞退について相当の理由がある者を除く。）で、申出の日から起算して５年を経過していない。

5　第５号関係
申請者が難病の患者に対する医療等に関する法律の規定による検査が行われた日から聴聞決定予定日までの間に指定医療機関の指定の辞退の申出をした者（指定の辞退について相当の理由がある者を除く。）で、申出の日から起算して５年を経過していない。

6　第６号関係
第４号に規定する期間内に指定医療機関の指定の辞退の申出があった場合において、申請者が、第４号の通知の日前60日以内にその申出に係る法人（指定の辞退について相当の理由がある法人を除く。）の役員等又はその申出に係る法人でない者（当該指定の辞退について相当の理由がある者を除く。）の管理者であった者で、申出の日から起算して５年を経過していない。

7　第７号関係
申請者が、指定の申請前５年以内に特定医療に関し不正又は著しく不当な行為をした。

8　第８号関係
申請者が、法人で、その役員等のうちに第１号から第７号までのいずれかに該当する。

9　第９号関係
申請者が、法人でない者で、その管理者が第１号から第７号までのいずれかに該当する。

「指定医療機関の指定」について（抄）

（別紙１）

役員の氏名及び職名

申請者（法人）名（　　　　　　　　　　）

| 氏　　名 | 職　　名 |
|---|---|
| | |
| | |
| | |
| | |
| | |
| | |
| | |
| | |
| | |
| | |

**様式4―(1)**

(指定医療機関の指定)

番　　　　号
年　　月　　日

医療機関の開設者
指定居宅サービス事業者
指定訪問看護事業者
指定介護予防サービス事業者　　殿

○○○都道府県知事　印

難病の患者に対する医療等に関する法律第14条第１項の
規定による指定医療機関の指定について

　　年　　月　　日付け申請について、その内容を審査した結果、難病の患者に対する医療等に関する法律（平成26年法律第50号。以下「法」という。）第14条第１項の規定により、　　　年　　月　　日付けをもって指定する。

なお、この指定に当たっては、次の条件を付して次表のとおり承認されたものであるから了知されたい。

1　名称、所在地等法第19条及び難病の患者に対する医療等に関する法律施行規則（平成26年厚生労働省令第121号）第35条に規定される内容に変更があった場合には、速やかに届け出ること。

2　法第15条の規定に基づき、平成　　年　　月　　日までに指定の更新を受けること。

3　指定医療機関療養担当規程（平成26年厚生労働省告示第437号）により特定医療の適正な実施に努めること。

| 名　　称 | 所　在　地 |
|---|---|
| | |

※「名称」の欄には、指定訪問看護事業者等の場合、事業者の名称及び訪問看護ステーション等の名称を記載すること。

**様式４―⑵**

（指定医療機関の指定をしないこととした場合）

番　　　　号
年　　月　　日

医療機関の開設者
指定居宅サービス事業者
指定訪問看護事業者
指定介護予防サービス事業者　　殿

○○○都道府県知事　印

難病の患者に対する医療等に関する法律第14条第１項の
規定による指定医療機関の指定について

年　月　日第　　号をもって申請のあった標記については、申請内容を審査した結果、指定しないこととしたので了知されたい。

| 名　　称 | 理　　　由 |
|---|---|
| | |

※「名称」の欄には、指定訪問看護事業者等の場合、事業者の名称及び訪問看護ステーション等の名称を記載すること。

教　　示

この処分について不服がある場合は、この処分があったことを知った日の翌日から起算して60日以内に○○○○都道府県知事に対して異議申立てをすることができます。

この処分の取消しを求める訴えは、この処分の通知を受けた日の翌日から起算して６か月以内に限り、○○○○都道府県を被告として（訴訟において都道府県を代表する者は都道府県知事となります。）提起することができます（なお、この処分の通知を受けた日の翌日から起算して６か月以内であっても、この処分の日の翌日から起算して１年を経過するとこの処分の取消しの訴えを提起することができなくなります。）。また、この処分の通知を受けた日の翌日から起算して60日以内に異議申立てをした場合には、この処分の取消しの訴えは、その異議申立てに対する決定の送達を受けた日の翌日から起算して６か月以内であれば、提起することができます（なお、その異議申立てに対する決定の送達を受けた日の翌日から起算して６か月以内であっても、その異議申立てに対する決定の日の翌日から起算して１年を経過するとこの処分の取消しの訴えを提起することができなくなります。）。

## 様式5—(1)

（指定医療機関の更新）

番　　　　号
年　　月　　日

医療機関の開設者
指定居宅サービス事業者
指定訪問看護事業者
指定介護予防サービス事業者　　殿

○○○都道府県知事　印

難病の患者に対する医療等に関する法律第15条第１項の
規定による指定医療機関の更新について

　　　　年　　月　　日付け申請について、その内容を審査した結果、難病の患者に対する医療等に関する法律（平成26年法律第50号。以下「法」という。）第15条第１項の規定により、　　　年　　月　　日付けをもって更新する。

なお、この更新に当たっては、次の条件を付して次表のとおり承認されたものであるから了知されたい。

1　指定医療機関の名称、所在地等法第19条及び難病の患者に対する医療等に関する法律施行規則（平成26年厚生労働省令第121号）第35条に規定される内容に変更があった場合には、速やかに届け出ること。
2　法第15条の規定に基づき、平成　　年　　月　　日までに指定の更新を受けること。
3　指定医療機関療養担当規程（平成26年厚生労働省告示第437号）により特定医療の適正な実施に努めること。

| 名　　　称 | 所　在　地 |
|---|---|
| | |

※「名称」の欄には、指定訪問看護事業者等の場合、事業者の名称及び訪問看護ステーション等の名称を記載すること。

**様式5—(2)**

（指定医療機関の指定を更新しないこととした場合）

番　　　号
年　月　日

医療機関の開設者
指定居宅サービス事業者
指定訪問看護事業者
指定介護予防サービス事業者
殿

○○○都道府県知事　印

難病の患者に対する医療等に関する法律第15条第１項の
規定による指定医療機関の更新について

年　月　日第　　号をもって申請のあった標記については、申請内容を審査した結果、指定を更新しないこととしたので了知されたい。

| 名　　称 | 理　　　由 |
|---|---|
| | |

※「名称」の欄には、指定訪問看護事業者等の場合、事業者の名称及び訪問看護ステーション等の名称を記載すること。

教　　示

この処分について不服がある場合は、この処分があったことを知った日の翌日から起算して60日以内に○○○○都道府県知事に対して異議申立てをすることができます。

この処分の取消しを求める訴えは、この処分の通知を受けた日の翌日から起算して６か月以内に限り、○○○○都道府県を被告として（訴訟において都道府県を代表する者は都道府県知事となります。）提起することができます（なお、この処分の通知を受けた日の翌日から起算して６か月以内であっても、この処分の日の翌日から起算して１年を経過するとこの処分の取消しの訴えを提起することができなくなります。）。また、この処分の通知を受けた日の翌日から起算して60日以内に異議申立てをした場合には、この処分の取消しの訴えは、その異議申立てに対する決定の送達を受けた日の翌日から起算して６か月以内であれば、提起することができます（なお、その異議申立てに対する決定の送達を受けた日の翌日から起算して６か月以内であっても、その異議申立てに対する決定の日の翌日から起算して１年を経過するとこの処分の取消しの訴えを提起することができなくなります。）。

# ○特定医療費の支給認定について

〔平成二十六年十二月三日　健発一二〇三第一号
各都道府県知事宛　厚生労働省健康局長通知〕

難病の患者に対する医療等に関する法律（平成二十六年法律第五十号）に基づく特定医療費の支給については、平成二十七年一月一日から施行されるところであるが、標記について、特定医療費支給認定実施要綱（別紙）を作成したので、これを参考に支給認定を行うとともに、関係者に対する周知方につき配慮を願いたい。

なお、この通知は、地方自治法（昭和二十二年法律第六十七号）第二百四十五条の四第一項の規定に基づく技術的助言であることを申し添える。

**別紙**

特定医療費支給認定実施要綱

難病の患者に対する医療等に関する法律（平成二十六年法律第五十号。以下「法」という。）第五条第一項に基づく特定医療費の支給認定（以下「支給認定」という。）の事務手続及び運営等については、法令の定めるところによるほか、本要綱を踏まえ、もって支給認定の適正な実施を図られたい。

第一　定義

1　指定難病（法第五条第一項に規定する指定難病（難病（発病の機構が明らかでなく、かつ、治療方法が確立していない希少な疾病であって、当該疾病にかかることにより長期にわたり療養を必要とすることとなるものをいう。以下同じ。）のうち、当該難病の患者数が本邦において、人口（官報で公示された最近の国勢調査又はこれに準ずる全国的な人口調査の結果による人口をいう。）のおおむね千分の一程度に相当する数に達せず、かつ、当該難病の診断に関し客観的な指標による一定の基準が定まっているものであって、当該難病の患者の置かれている状況からみて当該難病の患者に良質かつ適切な医療の確保を図る必要性が高いものとして、厚生労働大臣が厚生科学審議会の意見を聴いて指定するもの）をいう。以下同じ。）の患者又はその保護者（児童福祉法（昭和二十二年法律第百六十四号）第六条に規定する保護者をいう。以下同じ。）を「指定難病の患者等」という。

2　特定医療（支給認定を受けた指定難病の患者に対し、指定医療機関が行う医療であって、指定難病及び当該指定難病に付随して発生する傷病に関する医療をいう。以下同じ。）の提供を受ける指定難病の患者を「受診者」という。

3　特定医療費の支給を受ける指定難病の患者等を「受給者」という。

4　特定医療費の支給認定の申請を行おうとする者又は行った者を「申請者」という。

5　受診者及び難病の患者に対する医療等に関する法律施行令（平成二十六年政令第三百五十八号。以下「令」という。）第一条第一項第二号に規定する支給認定基準世帯員（以下「支給認定基準世帯員」という。）で構成する世帯（特定医療費の支給に際し支給認定に用いる世帯）を「支給認定世帯」という。

第二　特定医療の対象

1　特定医療の対象となる者

(1)　特定医療の対象となる者は、指定難病にかかっていると認められる者であって、次のいずれかに該当するものとすること。

①　その病状の程度が厚生労働大臣が厚生科学審議会の意見を聴いて定める程度（個々の指定難病の特性に応じ、日常生活又は社会生活に支障があると医学的に判断される程度）である者

②　当該支給認定の申請のあった月以前の一二月以内に医療費が三万三三三〇円を超える月数が既に三月以上ある者

(2)　平成二十九年十二月三十一日までの間においては、特定医療の対象となる者は、(1)に該当する者のほか、平成二十六年十二月三十一日において特定疾患治療研究事業（「特定疾患治療研究事業について」（昭和四十八年四月十七日付け衛発第二四二号公衆衛生局長通知）における「特定疾患治療研究事業」をいう。以下同じ。）による医療に関する給付が行われるべき療養を受けていた者であって、かつ、その病状の程度が当該療養を継続する必要があるものとして特定疾患治療研究事業の対象疾患ごとの認定基準に該当する者とする。

2　特定医療費の支給対象

(1)　特定医療費の支給対象となる医療の内容

特定医療費の支給の対象となる医療の内容は以下のとおりとする。

①　診察

②　薬剤の支給

③　医学的処置、手術及びその他の治療

④　居宅における療養上の管理及びその治療に伴う世話その他の看護

⑤　病院又は診療所への入院及びその療養に伴う世話その他の看護

(2)　特定医療費の支給対象となる介護の内容

特定医療費の支給の対象となる介護の内容は以下のとおりとする。

①　訪問看護

② 訪問リハビリテーション
③ 居宅療養管理指導
④ 介護療養施設サービス
⑤ 介護予防訪問看護
⑥ 介護予防訪問リハビリテーション
⑦ 介護予防居宅療養管理指導

第三 支給認定の要件等

1 所得区分

特定医療費の支給認定については、法第五条第二項の規定により、自己負担について受給者の家計の負担能力や受診者の治療状況に応じた区分（以下「所得区分」という。）を設けて認定することとし、所得区分ごとに負担上限月額（令第一条第一項に規定する負担上限月額をいう。以下同じ。）を設けることとする。

(1) 所得区分及びそれぞれの負担上限月額は次のとおり。

① 生活保護　負担上限月額　〇円
② 低所得Ｉ　負担上限月額　二五〇〇円
③ 低所得Ⅱ　負担上限月額　五〇〇〇円
④ 一般所得Ｉ　負担上限月額　一万円
⑤ 一般所得Ⅱ　負担上限月額　二万円
⑥ 上位所得　負担上限月額　三万円

(2) (1)の所得区分のうち「④一般所得Ｉ」、「⑤一般所得Ⅱ」、「⑥上位所得」については、受診者が高額難病治療継続者（同一の月に受けた特定医療（支給認定を受けた月以後のものに限る。）の医療費総額が五万円を超えた月数が高額難病治療継続者の申請を行った月以前の一二月以内に既に六月以上ある者をいう。以下同じ。）に該当する場合には、次のとおり別途所得区分を設け、それぞれの負担上限月額を設ける。

④' 一般所得（高額継続）Ｉ
負担上限月額　五〇〇〇円
⑤' 一般所得（高額継続）Ⅱ
負担上限月額　一万円
⑥' 上位所得（高額継続）
負担上限月額　二万円

(3) (1)の所得区分のうち「④一般所得Ｉ」、「⑤一般所得Ⅱ」、「⑥上位所得」については、受診者が難病療養継続者（平成二十六年十二月三十一日において特定疾患治療研究事業による医療に関する給付が行われるべき療養を受けていた者であって、法の施行の日から継続して受診者である者をいう。以下同じ。）に該当するときには、平成二十九年十二月三十一日までの間は、次のとおり別途所得区分を設け、それぞれの負担上限月額を設ける。

④' 一般所得（療養継続）Ⅰ
負担上限月額　五〇〇〇円
⑤' 一般所得（療養継続）Ⅱ
負担上限月額　一万円
⑥' 上位所得（療養継続）
負担上限月額　二万円

(4) (1)の所得区分のうち「③低所得Ⅱ」、「④一般所得Ⅰ」、「⑤一般所得Ⅱ」、「⑥上位所得」については、受診者が難病療養継続者であって、かつ、特定疾患治療研究事業における重症患者（以下「重症認定患者」という。）に該当する場合には、平成二十九年十二月三十一日までの間は、次のとおり別途所得区分を設け、それぞれの負担上限月額を設ける。

③' 低所得（重症）Ⅱ
負担上限月額　二五〇〇円
④' 一般所得（重症）Ⅰ
負担上限月額　五〇〇〇円
⑤' 一般所得（重症）Ⅱ
負担上限月額　五〇〇〇円
⑥' 上位所得（重症）
負担上限月額　五〇〇〇円

(5) 所得区分のうち「①生活保護」以外の場合において、(1)から(4)までの所得区分にかかわらず、受診者が人工呼吸器等装着者（人工呼吸器その他の生命の維持に欠くことができない装置を装着していることについて特別の配慮を必要とする者として、支給認定を受けた指定難病により、継続して常時生命維持管理装置を装着する必要があり、かつ、日常生活動作が著しく制限されている者に該当する旨の都道府県による認定を受けた者）であると都道府県知事が認める場合には、別途負担上限月額を一〇〇〇円とする区分を設ける。

(6) 受診者が児童福祉法第十九条の三第三項に規定する医療費支給認定に係る同法第六条の二第一項に規定する小児慢性特定疾病児童等（以下「支給認定に係る小児慢性特定疾病児童等」という。）である場合又は受診者が属する医療保険と同一の医療保険に属する者のうちに受診者以外の指定難病の患者若しくは小児慢性特定疾病児童等がある場合は、当該指定難病の患者又は小児慢性特定疾病児童等の(1)から(5)までに掲げる額に医療費按分率（当該世帯における次の①及び②の額の合算額で、次の①及び②のうち当該世帯における最も高い額を除して得た率をいう。）を乗じて得た額（その額に一〇円未満の端数があるときは、これを切り捨てた額）を負担上限月額とする。

① 受給者が属する所得区分の負担上限月額

② 児童福祉法施行令（昭和二十三年政令第七十四号）第二十二条第二項に規定する小児慢性特定疾病医療支援負担上限月額

2 各所得区分の所得の内容等

(1) 1(1)の所得区分のうち「①生活保護」の対象は、次のいずれかに該当する場合であるものとする。

① 支給認定世帯の世帯員が生活保護法（昭和二十五年法律第百四十四号）の被保護者又は中国残留邦人等の円滑な帰国の促進並びに永住帰国した中国残留邦人等及び特定配偶者の自立の支援に関する法律（平成六年法律第三十号）による支援給付を受けている者（以下「支援給付受給者」という。）である場合

② 生活保護法の要保護者（以下「要保護者」という。）又は中国残留邦人等の円滑な帰国の促進並びに永住帰国した中国残留邦人等及び特定配偶者の自立の支援に関する法律による支援給付を必要とする状態にある者（以下「要支援者」という。）であって、「②低所得Ⅰ」の負担上限月額を適用したとしたならば保護又は支援給付を必要とする状態となる場合

(2) 1(1)の所得区分のうち「②低所得Ⅰ」の対象は、次のいずれかに該当する場合であるものとする。

① 支給認定世帯が市町村民税世帯非課税世帯（注1）であって、指定難病の患者等に係る次に掲げる収入の合計金額がそれぞれ八〇万円以下である場合

・地方税法上の合計所得金額（注2）
（合計所得金額が〇円を下回る場合は、〇円とする。）

・所得税法上の公的年金等の収入金額（注3）

・その他厚生労働省令で定める給付（注4）

（注1） 「市町村民税世帯非課税世帯」とは、支給認定世帯の世帯員が、受診者が特定医療を受ける日の属する年度（特定医療を受ける日の属する月が四月から六月である場合にあっては、前年度）分の地方税法（昭和二十五年法律第二百二十六号）の規定による市町村民税（同法の規定による特別区民税を含むものとし、同法第三百二十八条の規定によって課する所得割を除く。以下同じ。）が課されていない者（均等割及び所得割双方が非課税）又は市町村の条例で定めるところにより当該市町村民税を免除された者（当該市町村民税の賦課期日におい

て同法の施行地に住所を有しない者を除く。）である支給認定世帯をいう。

（注２）「合計所得金額」とは、地方税法第二百九十二条第一項第十三号に規定する合計所得金額をいう。ただし、公的年金等の支給を受ける者については、所得税法（昭和四十年法律第三十三号）第三十五条第二項に規定する雑所得の金額は、公的年金等控除額を八〇万円として算定した額とする。

（注３）「公的年金等の収入金額」とは、所得税法第三十五条第二項第一号に規定する公的年金等の収入金額をいう。

（注４）「その他厚生労働省令で定める給付」とは、難病の患者に対する医療等に関する法律施行規則（平成二十六年厚生労働省令第百二十一号。以下「規則」という。）第八条各号に掲げる国民年金法（昭和三十四年法律第百四十一号）に基づく障害基礎年金等の給付の合計金額をいう。

② 支給認定世帯の世帯員が要保護者又は要支援者であって「③低所得Ⅱ」の負担上限月額を適用したとしたならば保護又は支援給付を必要とする状態になる場合であって、かつ、所得区分が「①生活保護」の対象ではない場合

(3) １(1)の所得区分のうち「③低所得Ⅱ」の対象は、次のいずれかに該当する場合であって、かつ、所得区分が「①生活保護」及び「②低所得Ⅰ」の対象ではない場合であるものとする。

① 支給認定世帯が市町村民税世帯非課税世帯である場合

② 支給認定世帯の世帯員が要保護者若しくは要支援者であって「④一般所得Ⅰ」の負担上限月額を適用したとしたならば保護又は支援給付を必要とする状態になる場合

(4) １(1)の所得区分のうち「④一般所得Ⅰ」の対象となるのは、支給認定世帯の世帯員のうち、各医療保険制度で保険料の算定対象となっている者の市町村民税額（所得割）の合計が七万一〇〇〇円未満の場合であって、かつ、所得区分が「①生活保護」、「②低所得Ⅰ」及び「③低所得Ⅱ」の対象ではない場合であるものとする。

(5) １(1)の所得区分のうち「⑤一般所得Ⅱ」の対象となるのは、支給認定世帯の世帯員のうち、各医療保険制度で保険料の算定対象となっている者の市町村民税額（所得割）の合計が二五万一〇〇〇円未満の場合であって、かつ、所得区分が「①生活保護」、

「②低所得Ⅰ」、「③低所得Ⅱ」及び「④一般所得Ⅰ」の対象ではない場合であるものとする。

(6) 1(1)の所得区分のうち「⑥上位所得」の対象となるのは、支給認定世帯の世帯員のうち、各医療保険制度で保険料の算定対象となっている者の市町村民税額（所得割）の合計が二五万一〇〇〇円以上の場合であるものとする。

(7) 1(2)の所得区分のうち「④一般所得（高額継続Ⅰ」の対象となるのは、「④一般所得Ⅰ」の対象のうち、受診者が高額難病治療継続者に該当する場合であるものとする。

(8) 1(2)の所得区分のうち「⑤一般所得（高額継続Ⅱ」の対象となるのは、「⑤一般所得Ⅱ」の対象のうち、受診者が高額難病治療継続者に該当する場合であるものとする。

(9) 1(2)の所得区分のうち「⑥上位所得（高額継続）」の対象となるのは、「⑥上位所得」の対象のうち、受診者が高額難病治療継続者に該当する場合であるものとする。

(10) 1(3)の所得区分のうち「④一般所得（療養継続Ⅰ」の対象となるのは、「④一般所得Ⅰ」の対象のうち、難病療養継続者である場合であるものとする。

(11) 1(3)の所得区分のうち「⑤一般所得（療養継続Ⅱ」の対象となるのは、「⑤一般所得Ⅱ」の対象のうち、難病療養継続者であるものとする。

(12) 1(3)の所得区分のうち、「⑥上位所得（療養継続）」の対象となるのは、「⑥上位所得」の対象のうち、難病療養継続者であるものとする。

(13) 1(4)の所得区分のうち、「③低所得（重症）Ⅱ」の対象となるのは、「③低所得Ⅱ」の対象のうち、難病療養継続者であり、かつ、重症認定患者である場合であるものとする。

(14) 1(4)の所得区分のうち、「④一般所得（重症Ⅰ」の対象となるのは、「④一般所得Ⅰ」の対象のうち、難病療養継続者であり、かつ、重症認定患者である場合であるものとする。

(15) 1(4)の所得区分のうち、「⑤一般所得（重症Ⅱ」の対象となるのは、「⑤一般所得Ⅱ」の対象のうち、難病療養継続者であり、かつ、重症認定患者である場合であるものとする。

(16) 1(4)の所得区分のうち、「⑥上位所得（重症）」の対象となるのは、「⑥上位所得」のうち、難病療養継続者であり、かつ、重症認定患者である場合であるものとする。

(17) (4)から(16)までにおいて、市町村民税額（所得割）

の合計を判断する場合には、本要綱第三の３⑹及び第五の３に基づくこととなる。

３　支給認定世帯

⑴　支給認定世帯については、⑺に掲げる特例に該当する場合を除き、受診者と同じ医療保険の被保険者をもって、受診者の生計を維持するものとして取り扱うこととする。なお、受診者が属する医療保険が国民健康保険又は後期高齢者医療である場合は、当該受診者が加入している医療保険の被保険者であって、受診者と同一の世帯（住民基本台帳法（昭和四十二年法律第八十一号）に基づく住民基本台帳上の世帯をいう。）に属する者に限るものとする。

⑵　家族の実際の居住形態及び税制面での取扱いにかかわらず、⑺に掲げる特例に該当する場合を除き、医療保険の加入関係が異なる場合には別の支給認定世帯として取り扱う。

⑶　支給認定の申請に当たっては、特定医療費支給認定申請書（別紙様式第1号。以下「申請書」という。）の他、受診者の氏名が被保険者本人又は被扶養者として記載されている被保険者証・被扶養者証・組合員証など各種医療保険の加入関係を示すもの（以下「被保険者証等」という。）の写し（注）を申請者に提出させるものとする。あわせて、支給認定世帯に属する他の者の氏名が記載された被保険者証等の写しを提出させるものとする。

（注）　カード型の被保険者証等については、その券面の写しを提出させるものとする。以下同じ。

⑷　受診者が国民健康保険又は後期高齢者医療の被保険者である場合については、申請者の提示した被保険者証等の写しが支給認定世帯全員のものかどうかの確認を、申請者に住民票を提出させる、法第三十五条第一項の規定に基づき職権で調査する等の方法によって行うこととする。

⑸　支給認定基準世帯員の氏名が記載された被保険者証等の写しについても提出させることとする。

⑹　市町村民税世帯非課税世帯への該当の有無の判断や市町村民税額（所得割）の支給認定世帯における合計額の算定は、受診者が指定特定医療（第五の１⑶に定める指定特定医療をいう。以下同じ。）を受ける日の属する年度（指定特定医療を受ける日の属する月が四月から六月である場合にあっては、前年度）の課税状況を基準とすることが基本となる。なお、指定特定医療を受ける日の属する月が四月から六月である場合であって、七月以降も支給認定の有効期間が継続するときには、七月に市町村民税世帯

非課税世帯への該当の有無の判断や市町村民税額（所得割）の支給認定世帯における合計額の算定について再確認を行うことを必ずしも要さない。ただし、個別の判断によって再確認を行うことは差し支えない。

(7) 支給認定世帯の範囲の特例

受診者が一八歳未満で国民健康保険に加入している場合については、受給者（保護者）が後期高齢者医療に加入している場合であっても、受診者と受給者を同一の支給認定世帯とみなすものとする。

(8) 加入している医療保険が変更となった場合など支給認定世帯の状況が変化した場合は、新たな被保険者証の写し等必要な書面を添付の上、受給者に速やかに変更の届出をさせるものとする。なお、支給認定世帯の状況の変化に伴い負担上限月額等について支給認定の変更が必要となった場合には、職権で支給認定の変更を行う場合を除き、別途、支給認定の変更の申請が必要となる点に留意すること。

第四　支給認定の申請

支給認定の申請は、規則第十二条に定めるところによるが、その具体的事務処理は次によること。

1　申請に当たっては、申請書に指定医（法第六条第一項に規定する指定医をいう。以下同じ。）の作成する診断書（法第六条第一項に規定する診断書をいう。以下「臨床調査個人票」という。）、被保険者証等及び受診者の属する支給認定世帯の所得の状況等が確認できる資料（市町村民税の課税状況が確認できる資料、被保護者又は支援給付受給者であることの証明書、市町村民税世帯非課税世帯であって「低所得Ｉ」に該当すると考えられる者については指定難病の患者等に係る収入の状況が確認できる資料）を添付の上、都道府県に申請させること。

これらの資料に加え、軽症高額該当（法第七条第一項第二号に規定する基準に該当していることをいう。）に係る申請に当たっては、申請を行う月以前の一二月以内に医療費が三万三三三〇円を超えている月が三月以上あることを証明する書類を、高額難病治療継続者の認定に係る申請に当たっては、申請を行う月以前の一二月以内に医療費が五万円を超えている月が六月以上あることを証明する資料（第五の１(2)に定める自己負担上限額管理票の写し等とする。）を、重症認定患者の認定に係る申請に当たっては、医師が作成した重症であることを証明する診断書（別紙様式第６号）を、第三の１(6)に定める場合に該当する場合は、受診者が支給認定に係る小児慢性特定疾病児童等であることを証明する資料（児童福祉法第十九条の三第七項に規定する医療受給者証の写し等とする。）又は受診者と同一の医療保険に属する者が支給認定を受けた指定難病の患者若しくは支給認定に係る小児慢性特定疾病児童等であることを証明する資料（法第七条第四項に規定する医療受給者証の写し等とする。）を添付の上、都道府県に申請させること。

2　特定医療費の初回の申請に係る臨床調査個人票は、指定難病にかかっている事実を確認するに当たっての基礎資料となるものであるから、規則第十四条第一項第一号に規定する難病指定医（以下「難病指定医」という。）が作成したものとする。

また、更新の申請に係る臨床調査個人票は、難病指定医又は規則第十四条第一項第二号に規定する協力難病指定医（以下「協力難病指定医」という。）が作成したものとする。

3　都道府県は、所定の手続による申請を受理した場合は、備付けの特定医療申請受理簿に記入し、かつ、申請者が申請の資格を有するか否かを検討すること。

申請の資格を有すると認められた者については、次に掲げる要件を満たしているかを審査し、いずれも満たしている場合には当該申請を認定すること。

①　受診者が指定難病にかかっていること。

②　その受診者の病状の程度が、個々の指定難病の特定に応じ、日常生活又は社会生活に支障があると医学的に判断される程度であること。

都道府県は、受診者が当該要件を満たしていなかった場合又は当該要件を満たしていることを判定できなかった場合には、法第八条第一項に規定する指定難病審査会（以下「指定難病審査会」という。）に対し、支給認定に係る審査（以下「審査」という。）を求めること。

4　難病療養継続者に該当する者として支給認定の申請を受理した場合は、3に準じて、次に掲げる要件を満たしているかを審査し、いずれも満たしている場合には当該申請を認定すること。

①　受診者が平成二十六年十二月三十一日時点で、特定疾患治療研究事業の医療費の支給に係る疾病であった指定難病にかかっていること。

②　その受診者の病状の程度が、平成二十六年十二月三十一日時点で、特定疾患治療研究事業に係る病状の程度に関する基準を満たしていること。

都道府県は、受診者が当該要件を満たしていないと考えられる場合又は当該要件を満たしていることを判定できなかった場合には、指定難病審査会に対し、審査を求めること。

## 第五　支給認定

1　支給認定の手続

(1)　都道府県知事は、特定医療を必要とすると認められた申請者について、支給認定を行い、医療受給者証（別紙様式第2号。以下「受給者証」という。）を交付すること。

また、指定難病審査会の審査の結果、特定医療費の支給要件に該当しないと判定された場合には、理由を記載の上、申請者に却下の通知書（別紙様式第4号）を交付すること。

(2)　受給者証の交付に当たっては、支給認定世帯の所得状況、高額難病治療継続者への該当の有無の判断及び本要綱第三の1に定める負担上限月額の認定を行った上で、規則第二十五条に定める事項を記載した受給者証を交付すること。また、必要に応じ自己負担上限額管理票（別紙様式第3号。以下「管理票」という。）を受給者に交付すること。

(3)　特定医療費の支給の範囲は、受診者の指定特定医療（特定医療のうち(5)により選定された医療機関から受ける医療であって当該支給認定に係る指定難病に係るものをいう。以下同じ。）に関する費用に限られること。

(4)　支給認定の有効期間は一年以内とすること。ただし、当該期間を延長する特別の事情があると認められるときは、一年三月を超えない範囲内において都道府県知事が定める期間とすること。

(5)　特定医療を受ける指定医療機関の指定は、指定医療機関の中から、申請書における記載を参考として、受診者が特定医療を受けることが相当と認められるものを定めるものとすること。なお、同一受診者に対し複数の指定医療機関を指定することは差し支えない。

(6)　受給者から受給者証の再交付の申請があったときは、受給者証を再交付すること。また、受給者証を紛失した者に対しては、再交付の後に失った受給者証を発見したときは速やかに再交付前の受給者証を都道府県に返還しなければならない旨を申し添えるものとすること。

(7)　受診者が死亡したとき又は医療を受けることを中止したとき、支給認定の有効期間が満了したとき、受給者が他の都道府県に居住地を移したとき、その他当該都道府県において支給認定を行う理由がなくなったときは、受給者証を速やかに都道府県に返還させること。

2　支給認定世帯の所得の認定

(1)　支給認定世帯の所得は、申請者の申請に基づき認定するものとする。

(2) 申請の際の提出資料や申請者からの聞き取りから、所得区分の認定に必要な所得が一切確認できなければ、原則として所得区分を「⑥上位所得」として取り扱うこととする。

ただし、市町村民税額（所得割）が二五万一〇〇〇円未満であることについてのみ確認できた場合は所得区分を「⑤一般所得Ⅱ」として取り扱うこととする。この場合において、本要綱第三の1(2)に該当する場合は所得区分を「⑤一般所得（高額継続）Ⅱ」として、本要綱第三の1(3)に該当する場合は所得区分を「⑤一般所得（療養継続）Ⅱ」として、本要綱第三の1(4)に該当する場合は所得区分を「⑤一般所得（重症）Ⅱ」として取り扱うこととする。

また、市町村民税額（所得割）が七万一〇〇〇円未満であることについてのみ確認できた場合は所得区分を「④一般所得Ⅰ」として取り扱うこととする。この場合において、本要綱第三の1(2)に該当する場合は所得区分を「④一般所得（高額継続）Ⅰ」として、本要綱第三の1(3)に該当する場合は所得区分を「④一般所得（療養継続）Ⅰ」として、本要綱第三の1(4)に該当する場合は所得区分を「④一般所得（重症）Ⅰ」として取り扱うこととする。

さらに、市町村民税非課税であることについてのみ確認できた場合には、所得区分を「③低所得Ⅱ」として取扱うこととし、本要綱第三の1(4)に該当する場合は所得区分を「③低所得（重症）Ⅱ」として取り扱うこととする。

(3) 市町村民税（所得割）の額の確認は、各医療保険制度の保険料の算定対象となっている者の所得を確認するものとする。

3 支給認定世帯の所得区分の認定

(1) 支給認定世帯の所得区分は、受診者の属する支給認定世帯のうち、各医療保険制度で保険料の算定対象となっている者（例えば、健康保険など被用者保険では被保険者本人、国民健康保険又は後期高齢者医療では被保険者全員）に係る市町村民税の課税状況等を示す公的機関発行の適宜の資料に基づき算定し、認定を行うものとする。なお、各医療保険制度における自己負担の減額証等に基づいて市町村民税が非課税であることを認定しても差し支えない。

また、所得区分が「②低所得Ⅰ」に該当するかどうかを判断する場合には、併せて申請者の障害年金等の受給状況を示す公的機関発行の適宜の資料に基づき、申請者の収入を算定し認定するものとする。

(2) 法第三十七条に基づき、認定に際し必要な事項につき調査を行うことが可能であるが、加えて申請の際に税情報や手当の受給状況等に係る調査について本人の同意を書面で得るような取扱い等を行うことも差し支えない。

なお、この同意は原則受給者から得るものとするが、これが困難な場合は、受給者以外の保護者等に自らの身分を示す適宜の書面を提出させた上で、当該保護者等から同意を得てもよいこととする。

(3) 所得区分は、支給認定の審査時に把握されている所得状況に基づき認定するものとする。

なお、所得状況について定期的に職権で把握し、職権で把握した所得に応じた所得区分に変更することも差し支えない。

4 指定難病審査会における判定

第四の3又は4により判定を求められた指定難病審査会は、受診者の支給認定の申請に係る指定難病及びその病状の程度等について医学的知見に基づく判定を的確に行い、都道府県知事に判定の結果を報告すること。

5 未申告者の取扱い

非課税であることから税制上の申告をしておらず、課税・非課税の確認がとれない者については、原則として、申告した上で非課税の証明書を取得するよう求め、その証明書を提出させるものとする。

なお、非課税であることが確認できなければ、所得区分を「⑥上位所得」として取り扱うこと。

6 医療保険未加入者の取扱い

(1) 支給認定の申請に係る審査の段階で受診者が加入している医療保険の把握を行い、受診者又は保護者が被用者保険の加入者又は後期高齢者医療の被保険者となる場合や、支給認定世帯の世帯員が生活保護の医療扶助の受給者又は支援給付受給者となっている場合を除き、医療保険の加入手続を行っていない場合には、受診者又は保護者に対して手続を促すとともに、市町村の国民健康保険主管課に連絡し、国民健康保険の加入手続が行われるようにすること。

(2) 受給者がその有効期間内に加入医療保険の資格を喪失した場合は、被用者保険の加入者となり得る場合や、支給認定世帯の世帯員が生活保護の医療扶助の受給者又は支援給付受給者となり得る場合を除き、速やかに市町村の国民健康保険主管課に連絡し、国民健康保険の加入手続が行われるようにすること。

(3) (1)及び(2)の加入手続を行っている途上における申請に際しての支給認定世帯の取扱いについては、加入手続が完了した場合の支給認定世帯に準じて取り扱うこと。

(4)　(1)及び(2)にかかわらず、医療保険の加入手続を行わないことについて正当な理由がある場合については、支給認定の申請を受け付けることとし、所得区分の認定に当たっては「⑥上位所得」とすること。

7　支給認定の変更

(1)　受給者が支給認定の変更の申請を行うときには、変更申請書（別紙様式第1号）に必要事項を記載し、変更の生じた理由を証する書類、受給者証を添えて提出させることとする。

なお、申請書及び受給者証の記載事項の変更のうち、変更申請書の提出を要するのは、負担上限月額（所得区分、高額難病治療継続者の該当及び世帯内按分の変更等によるもの）及び受療を希望する指定医療機関、支給認定に係る指定難病の名称のみとし、これら以外の変更については、特定医療費受給者証等記載事項変更届（別紙様式第5号）をもって届出させることとする。

(2)　所得区分の変更の必要があると判断した場合は、変更の申請を行った日の属する月の翌月の初日から新たな所得区分に変更するものとし、新たな所得区分と負担上限月額を記載した受給者証を交付することとする。また、必要に応じ、新たな自己負担上限額を記載した管理票を交付すること。なお、所得区分の変更の必要がないと判断した場合は、変更認定を行わない旨の通知書（別紙様式第4号）を申請者に交付することとする。

(3)　指定医療機関の変更の必要があると判断した場合は、変更の申請を行った日に遡って新たな医療機関に変更するものとし、新たな指定医療機関を記載した受給者証を交付する。なお、指定医療機関の変更の必要がないと判断した場合は、変更認定を行わない旨の通知書を申請者に交付すること。

(4)　支給認定に係る指定難病の名称の変更の申請があったときは、指定医が作成した臨床調査個人票の提出を求めることとし、当該臨床調査個人票に基づき特定医療の要否を判定する。変更の必要があると判断した場合は、変更の申請を行った日に遡って特定医療費を支給するものとし、新たな指定難病の名称を記載した受給者証を交付する。なお、支給認定に係る指定難病の名称の変更の必要がないと判断した場合は、変更認定を行わない旨の通知書を申請者に交付すること。

8　特定医療に係る支給認定の更新

支給認定の有効期間が終了した際の支給認定の更新（以下「更新」という。）を申請する場合、申請者は、更新申請書（別紙様式第1号）に難病指定医又は協力難病指定医の診断書（以下「臨床調査個人票（更新）」という。）、被保険者証等及び支給認定世帯の所得の状況等が確認できる資料を添付の上、都道府県知事あて申請させること。都道府県知事は、必要に応じて、指定難病審査会に対し、更新の要否等についての判定を求めるとともに、更新が必要であると認められるものについて、更新後の新たな受給者証を交付すること。また、更新を必要としないと認められるものについては認定しない旨、本要綱第五の１⑴の却下手続に準じて通知書を交付すること。

第六　特定医療の受診

１　負担上限月額管理の取扱い

⑴　特定医療に係る自己負担額を管理するため、必要に応じて管理票を交付すること。

⑵　管理票の交付を受けた受給者は、指定医療機関で指定特定医療を受ける際に受給者証とともに管理票を医療機関に提示すること。

⑶　管理票を提示された指定医療機関は、受給者から自己負担を徴収した際に、徴収した自己負担額及び当月中にその受給者が指定特定医療について支払った自己負担の累積額及び医療費総額を管理票に記載する。当該月の自己負担の累積額が負担上限月額に達した場合は、管理票の所定欄にその旨を記載すること。

⑷　受給者から、当該月の自己負担の累積額が負担上限月額に達した旨の記載のある管理票の提出を受けた指定医療機関は、当該月において自己負担を徴収しないものとする。

２　食事療養費及び生活療養費

⑴　入院時の食事療養及び生活療養については、所得区分が「①生活保護」及び生活保護移行防止のため食事療養費及び生活療養費の減免措置を受けた受給者（以下「食事療養費等減免者」という。）以外の受給者には、医療保険における入院時の食事療養及び生活療養に係る標準負担額と同額分を自己負担させることとなる（健康保険の療養に要する費用の額の算定方法の例により算定した額が特定医療費の対象となり得るが、実際には医療保険が優先し、食事療養費及び生活療養費分が医療保険から支払われるため、特定医療費としては食事療養費及び生活療養費分を支払わないこととなる。）。

ただし、難病療養継続者の入院時の食事療養及び生活療養については、平成二十九年十二月三十一日までの間は、医療保険における入院時の食事療養及び生活療養に係る標準負担額の二分の一を特定医療費として支払うこととする（原則として健康保険の療養に要する費用の額の算定方法の例により算定した額が特定医療費として支給されることとなるが、医療保険が優先して適用されるため、医療保険に加入している難病療養継続者については、最終的に医療保険の標準負担額相当部分の二分の一を特定医療費として支給することとなる。)。

一方、食事療養費等減免者については、入院時の食事療養及び生活療養に係る自己負担額を〇円とするので、食事療養費等減免者以外の受給者とは異なり、少なくとも医療保険の標準負担額相当部分を特定医療費として支給することとなる。(原則として健康保険の療養に要する費用の額の算定方法の例により算定した額が特定医療費として支給されることになるが、医療保険が優先するため、医療保険に加入している食事療養費等減免者については、最終的に医療保険の標準負担額相当部分のみが、医療保険に加入していない食事療養費等減免者(被保護者等)については、健康保険の食事療養費及び生活療養費相当部分と標準負担額相当部分の合算分が、それぞれ特定医療費として支給されることとなる。)

(2) なお、入院時の食事療養及び生活療養に係る自己負担額については、負担上限月額を計算する際の自己負担額には含まれないことに留意すること。

3 指定医療機関の窓口における自己負担額

受給者の自己負担については、その性質上、医療保険制度における一部負担金の一部であるから、健康保険法第七十五条に規定する一部負担金の端数処理の規定が適用され、医療機関における自己負担の徴収に当たっては、一〇円未満の金額は、四捨五入して、自己負担を徴収するものであること。

第七 特定医療費の支給等

1 特定医療費の支給

特定医療費の支給は、受診者が受給者証を指定医療機関に提示して受けた指定特定医療に係る費用について都道府県が当該指定医療機関に支払うことにより行うことを原則とする。

2 指定医療機関

都道府県知事は、法第二十四条第一号で定めるところにより、指定を行った指定医療機関についての一覧を作成し、公示すること。

また、指定医療機関に異動(新規指定や廃止等)のあった場合には、異動のあった指定医療機関の一覧を、各月ごとに公示するとともに、社会保険診療報酬支払基金及び国民健康保険団体連合会に送付すること。

3 指定医療機関における診療報酬の請求及び支払

指定医療機関が診療報酬を請求するに当たっては、診療報酬請求書に診療報酬明細書を添付のうえ、当該指定医療機関所在地の社会保険診療報酬支払基金又は国民健康保険団体連合会に提出させること。

4　診療報酬の審査、決定及び支払

診療報酬の審査については「特定医療費の支給に係る診療（調剤）報酬の審査及び支払に関する事務の社会保険診療報酬支払基金への委託について」（健発一一一二第一〇号平成二十六年十一月十二日厚生労働省健康局長通知）及び「特定医療の給付に係る診療報酬の審査及び支払に関する事務の国民健康保険団体連合会への委託について」（健発一一一二第一二号平成二十六年十一月十二日厚生労働省健康局長通知）の定めるところによること。

第八　その他

1　医療保険各法等との関連事項

他法に基づく給付が行われる医療との関係については、令第四条の規定のとおり、健康保険法の規定による療養の給付や児童福祉法の規定による小児慢性特定疾病医療費等の支給を受けられるときは、特定医療費の支給は行わないものとすること。したがって、特定医療費の支給は、医療保険の自己負担部分を対象とすることとなる。

2　各種様式

本要綱に係る各種様式の例は別添のとおりであるので、参考とすること。

## 別紙様式第１号

新規・更新・変更申請共用

| 特定医療費（指定難病）支給認定申請書（新規・更新・変更）（※１） | | | | | | | |
|---|---|---|---|---|---|---|---|
| 受診者 | フリガナ | | 性別 | 男・女 | 年齢 | 歳 | 生年月日 |
| | 氏名 | | | | | | 明治 大正 昭和 平成 年 月 日 |
| | フリガナ | | | | | 電話 | |
| | 住所 | | | | | | |
| | 加入医療保険 | 被保険者氏名 | | | | 受診者との続柄 | |
| | | 保険種別 | | | | 被保険者証の記号・番号 | |
| | | 被保険者証発行機関名 | | | | | |
| | | 所在地 | | | | | |
| 申請者 | フリガナ | | | 受診者との関係 | | | |
| | 氏名 | | | | | | |
| | フリガナ | | | 電話番号（※２） | | | |
| | 住所（※２） | | | | | | |
| 病名 | | | | | | | |
| 自己負担上限額の特例（該当するものに☑） | □ | 人工呼吸器等装着 | | □ | 高額かつ長期（高額難病治療継続者）（※３） | | |
| | □ | 軽症高額該当（※３） | | □ | 重症患者認定（※４） | | |
| 今回申請する受診者と同じ世帯内にいる指定難病又は小児慢性特定疾病の医療費助成を受けている者又は申請中の者 | | | | 有（氏名　　　　）・無 | | | |
| 受診を希望する（指定）医療機関（薬局、訪問看護事業者等を含む） | 医療機関名 | | | 所在地 | | | |
| | | | | | | | |
| 受給者番号（※５） | | | | | | | |
| 臨床調査個人票の研究利用についての同意 | 指定難病の研究を推進するため、提出した診断書（臨床調査個人票）を厚生労働科学研究において、個人情報保護のもと疾病研究の基礎資料として使用されることに同意する（詳細については裏面を参照）。 | | | | | | |
| 私は、上記のとおり、臨床調査個人票の研究利用について同意し、特定医療費の支給を申請します。<br>申請者氏名　　　　　印　（※６）<br>平成　　年　　月　　日<br>○○○○都道府県知事　殿 | | | | | | | |

※１　新規・更新・変更のいずれかに○をする。

※２　受診者本人と異なる場合に記入。

※３　特定疾患治療研究事業の医療費助成の申請をしている方は記入する必要は無い。

※４　特定疾患治療研究事業の医療費助成の申請をしている方であって、重症患者認定基準に該当する方のみ記入。

※５　更新または変更の方のみ記入。

※６　申請者氏名については、記名押印又は自筆による署名のいずれかとすること。

（参考）本申請書の様式は、新制度における新規の申請者と兼用とすることを想定しており、※１、３、５については、新制度における新規の申請者を想定した記載を含むことから、既認定者に該当しない内容も含まれている。

（裏面）

＜同意について＞

厚生労働省では、難病の研究を推進するため、本申請書に添付された診断書（臨床調査個人票）をデータベースに登録し、厚生労働省の研究事業等の基礎資料として使用することとしています。

また、臨床調査個人票の使用に当たっては、個人情報の保護に十分配慮し、研究以外の目的には一切使用されることはありません。

なお、この同意は、添付された臨床調査個人票を疾病研究の基礎資料として活用することに対する同意であり、臨床調査研究分野の研究班で行われる臨床研究等の実施に関して協力を求める場合は、改めて、それぞれの研究者から主治医を介して説明が行われ、同意を得ることとされています。

支給認定基準世帯員（受診者と同じ医療保険に加入する者）

| | | | |
|---|---|---|---|
| 世帯員氏名 | | 受診者との続柄 | |
| 世帯員氏名 | | 受診者との続柄 | |
| 世帯員氏名 | | 受診者との続柄 | |
| 世帯員氏名 | | 受診者との続柄 | |
| 世帯員氏名 | | 受診者との続柄 | |
| 世帯員氏名 | | 受診者との続柄 | |
| 世帯員氏名 | | 受診者との続柄 | |
| 世帯員氏名 | | 受診者との続柄 | |
| 世帯員氏名 | | 受診者との続柄 | |

## 別紙様式第２号（表面）

<table>
<tr><td colspan="6">特定医療費（指定難病）受給者証</td></tr>
<tr><td colspan="2">公費負担者番号</td><td colspan="4"></td></tr>
<tr><td colspan="2">特定医療費受給者番号</td><td colspan="4"></td></tr>
<tr><td rowspan="6">受診者</td><td>フリガナ</td><td colspan="2"></td><td>性別</td><td>生年月日</td></tr>
<tr><td>氏名</td><td colspan="2"></td><td>男・女</td><td>明治<br>大正<br>昭和<br>平成　年　月　日</td></tr>
<tr><td>フリガナ</td><td colspan="4"></td></tr>
<tr><td>住所</td><td colspan="4"></td></tr>
<tr><td>保険者（※１）</td><td colspan="4"></td></tr>
<tr><td>被保険者証の記号及び番号（※２）</td><td colspan="2"></td><td>適用区分</td><td></td></tr>
<tr><td colspan="2">病名</td><td colspan="4"></td></tr>
<tr><td colspan="2" rowspan="4">保護者（受診者が18歳未満の場合記入）</td><td>フリガナ</td><td></td><td colspan="2">続柄</td></tr>
<tr><td>氏名</td><td></td><td colspan="2"></td></tr>
<tr><td>フリガナ</td><td colspan="3"></td></tr>
<tr><td>住所</td><td colspan="3"></td></tr>
<tr><td rowspan="3">指定医療機関名</td><td>病院・診療所</td><td></td><td>所在地</td><td colspan="2"></td></tr>
<tr><td>薬局</td><td></td><td>所在地</td><td colspan="2"></td></tr>
<tr><td>訪問看護事業者等</td><td></td><td>所在地</td><td colspan="2"></td></tr>
<tr><td rowspan="4">負担</td><td>自己負担上限額</td><td>月額　円</td><td>階層区分</td><td colspan="2"></td></tr>
<tr><td>人工呼吸器等装着</td><td>該当・非該当</td><td>高額かつ長期</td><td colspan="2">該当・非該当</td></tr>
<tr><td>軽症高額該当</td><td>該当・非該当</td><td>重症患者認定</td><td colspan="2">該当・非該当</td></tr>
<tr><td colspan="2">受診者と同じ世帯内にいる指定難病又は小児慢性特定疾病の医療費助成の対象患者</td><td colspan="3">有・無</td></tr>
<tr><td colspan="2">有効期間</td><td colspan="4">平成　年　月　日から　平成　年　月　日まで</td></tr>
<tr><td colspan="6">上記のとおり認定する。<br>平成　年　月　日　○○○○都道府県知事　印</td></tr>
</table>

※１　後期高齢者医療広域連合を含む

※２　後期高齢者医療制度においては被保険者番号

注意事項

1　この証を交付された方は、標記の疾病について、この証の表面に記載された金額を限度とする自己負担上限額までを医療機関に対して支払うことで保険診療を受けることが可能となります。

2　本事業の対象となる医療は、医療受給者証に記載された疾病及び当該疾病に付随して発生する傷病に関する医療に限られています。

3　保険医療機関等において診療を受ける場合、被保険者証や組合員証に添えて、この証を必ず窓口に提出して下さい。

4　緊急その他やむを得ない場合には、本医療受給者証に名称が記載されている指定医療機関以外の指定医療機関での診療等も特定医療費の支給対象となります。

5　氏名、居住地、加入している医療保険に変更があったときは、○○○知事にその旨を届け出てください。また、受診している医療機関等に変更があったときは、速やかに○○○知事に変更の申請をして下さい。

6　治癒、死亡等で受給者の資格がなくなったときは、この証を速やかに○○○知事に返還して下さい。

7　この証を破損したり、汚したり又は紛失した場合は、○○○知事に再交付の申請を行って下さい。

8　この証の有効期間満了後も引き続き継続を希望する場合には、必ず有効期間内に所定の手続を行って下さい。

9　その他指定難病の医療の受給に関しての問い合わせは、下記に連絡して下さい。

連絡先
○○○都道府県○○部○○課○○係（ＴＥＬ　000―000―0000）
又は○○○保健所　（ＴＥＬ　000―000―0000）

指定医療機関に対するお願い

指定難病の対象療養に係る高額療養費の自己負担上限額については、入院療養に限り多数回該当が適用となる場合があります。指定医療機関におかれましては、当該制度における入院療養について、個人単位、医療機関単位で多数回該当の適用の有無について確認した上で診療報酬の請求をお願いします。

**別紙様式第３号**

特　定　医　療　費（指　定　難　病）
平成　　年　　月分　自己負担上限額管理票

| 受診者名 | | 受給者番号 | |
|---|---|---|---|

月間自己負担上限額＿＿＿＿＿円

| 日　　付 | 指定医療機関名 | 医療費総額（10割分） | 自己負担額 | 自己負担の累積額（月額） | 徴収印 |
|---|---|---|---|---|---|
| 月　日 | | | | | |
| 月　日 | | | | | |
| 月　日 | | | | | |
| 月　日 | | | | | |
| 月　日 | | | | | |
| 月　日 | | | | | |
| 月　日 | | | | | |
| 月　日 | | | | | |
| 月　日 | | | | | |
| 月　日 | | | | | |
| 月　日 | | | | | |
| 月　日 | | | | | |

上記のとおり、当月の自己負担上限額に達しました。

| 日　　付 | 指定医療機関名 | 確認印 |
|---|---|---|
| 月　日 | | |

## 別紙様式第４号

支給認定と
変更認定共用

番　　　　　号
平成　　年　　月　　日

通　　知　　書

申請者

殿

○○○都道府県知事　　○○　○○　　印

難病の患者に対する医療等に関する法律第６条第１項（又は法律第10条第１項）の規定による特定医療費の申請は、下記により認定されませんでしたので通知します。

理由

1　特定医療費の対象となる疾病ではないため
2　疾病の症状の程度が特定医療費の対象となる程度ではないため
3　軽症高額該当の要件を満たしていないため
4　その他（　　　　　　　　　　　　　　　　　　　）

（1　高額かつ長期（高額難病治療継続者）の要件を満たしていないため
2　人工呼吸器等装着者の要件を満たしていないため
3　その他（　　　　　　　　　　　　　　　　　　　））

教　　　示

この処分について不服がある場合は、この処分があったことを知った日の翌日から起算して60日以内に○○○○都道府県知事に対して異議申立てをすることができます。

この処分の取消しを求める訴えは、この処分の通知を受けた日の翌日から起算して６か月以内に限り、○○○○都道府県を被告として（訴訟において都道府県を代表する者は都道府県知事となります。）提起することができます（なお、この処分の通知を受けた日の翌日から起算して６か月以内であっても、この処分の日の翌日から起算して１年を経過するとこの処分の取消しの訴えを提起することができなくなります。）。また、この処分の通知を受けた日の翌日から起算して60日以内に異議申立てをした場合には、この処分の取消しの訴えは、その異議申立てに対する決定の送達を受けた日の翌日から起算して６か月以内であれば、提起することができます（なお、その異議申立てに対する決定の送達を受けた日の翌日から起算して６か月以内であっても、その異議申立てに対する決定の日の翌日から起算して１年を経過するとこの処分の取消しの訴えを提起することができなくなります）。

**別紙様式第５号**

<table>
<tr><td colspan="10">特定医療費（指定難病）受給者証等記載事項変更届</td></tr>
<tr><td rowspan="4">受診者</td><td colspan="2">フ　リ　ガ　ナ</td><td></td><td rowspan="2">性別</td><td rowspan="2">男・女</td><td rowspan="2">年齢</td><td rowspan="2">歳</td><td colspan="2">生　年　月　日</td></tr>
<tr><td colspan="2">氏　　　名</td><td></td><td colspan="2">明治<br>大正<br>昭和<br>平成　年　月　日</td></tr>
<tr><td colspan="2">フ　リ　ガ　ナ</td><td colspan="7"></td></tr>
<tr><td colspan="2">住　　　所</td><td colspan="7"></td></tr>
<tr><td rowspan="4">保護者</td><td colspan="2">フ　リ　ガ　ナ</td><td colspan="3"></td><td colspan="2" rowspan="2">受診者との関係</td><td colspan="2" rowspan="2"></td></tr>
<tr><td colspan="2">氏　　　名</td><td colspan="3"></td></tr>
<tr><td colspan="2">フ　リ　ガ　ナ</td><td colspan="7"></td></tr>
<tr><td colspan="2">住所（受診者と異なる場合に記入）</td><td colspan="7"></td></tr>
<tr><td colspan="3">受　給　者　番　号</td><td colspan="7"></td></tr>
<tr><td rowspan="5">変更のある事項に☑</td><td colspan="2">事　項</td><td colspan="3">変　更　前</td><td colspan="4">変　更　後</td></tr>
<tr><td>□</td><td>受診者に関する事項（氏名・住所・電話番号）</td><td colspan="3"></td><td colspan="4"></td></tr>
<tr><td>□</td><td>受給者に関する事項（氏名・住所・電話番号）</td><td colspan="3"></td><td colspan="4"></td></tr>
<tr><td>□</td><td>被保険者証に関する事項（記号及び番号・保険者名・保険者所在地・受診者と同一の加入者）</td><td colspan="3"></td><td colspan="4"></td></tr>
<tr><td>□</td><td>医療保険の適用区分</td><td colspan="3"></td><td colspan="4"></td></tr>
<tr><td colspan="3">備　　　考</td><td colspan="3"></td><td colspan="4"></td></tr>
<tr><td colspan="10">私は、特定医療費支給認定申請書及び特定医療費受給者証に記載された事項の変更について、上記のとおり届け出ます。<br>届出者氏名　　　　　　　　　　印<br>平成　　年　　月　　日<br>○○○○都道府県知事　　殿</td></tr>
</table>

※１　届出者氏名については、記名押印又は自筆による署名のいずれかとすること。

※２　指定医療機関、自己負担上限額（所得区分・人工呼吸器装着・軽症高額該当・高額かつ長期・重症患者認定（※３））及び指定難病の名称の変更については、支給認定の変更を行うため、特定医療費支給認定申請書（変更）に記載し申請すること。

※３　重症患者認定の対象となるのは、特定疾患治療研究事業の医療費助成を受けていた方のみ。

**別紙様式第６号**

# 診　断　書

年　　月　　日生　男・女

患者氏名＿＿＿＿＿＿＿＿＿＿

患者住所＿＿＿＿＿＿＿＿＿＿

指定難病名＿＿＿＿＿＿＿＿＿

| ○欄 | 該当対象部位 | |
|---|---|---|
| | 眼 | |
| | 聴　器 | |
| | 肢　体 | |
| | 神経系 | |
| | 呼吸器 | |
| | 心　臓 | |
| | 腎　臓 | |
| | 肝　臓 | |
| | 血液・造血器 | |
| | その他 | |

注１：該当対象部位の左欄に○を付してください。

注２：上記の指定難病を主たる要因として、別添１「重症患者認定基準表」の対象部位別の症状が現に認められ、かつ、長期間（概ね６か月以上）継続するものと認められるかどうかについて、御記載ください。

以上のとおり診断します。

平成　　年　　月　　日

医療機関名

医療機関所在地

医師の氏名　　　　　　　　　　　印

**様式第６号別添１**

重症患者認定基準表

下記の症状が長期間継続するものと認められるもの

<table>
<tr><th colspan="2">対象部位</th><th>症状の状態</th><th>一部の例示</th></tr>
<tr><td colspan="2" rowspan="2">眼</td><td rowspan="2">①眼の機能に著しい障害を有するもの</td><td>両眼の視力の和が0.04以下のもの</td></tr>
<tr><td>両眼の視野がそれぞれ10度以内でかつ両眼による視野について視能率による損失率が95％以上のもの</td></tr>
<tr><td colspan="2">聴　　器</td><td>②聴覚機能に著しい障害を有するもの</td><td>両耳の聴力レベルが100デシベル以上のもの</td></tr>
<tr><td rowspan="10">肢<br>体</td><td rowspan="5">上肢</td><td>③両上肢の機能に著しい障害を有するもの</td><td>両上肢の用を全く廃したもの</td></tr>
<tr><td rowspan="2">④両上肢の全ての指の機能に著しい障害を有するもの</td><td>両上肢のすべての指を基部から欠き、有効長が０のもの</td></tr>
<tr><td>両上肢のすべての指の用を全く廃したもの</td></tr>
<tr><td rowspan="2">⑤一上肢の機能に著しい障害を有するもの</td><td>一上肢を上腕の２分の１以上で欠くもの</td></tr>
<tr><td>一上肢の用を全く廃したもの</td></tr>
<tr><td rowspan="2">下肢</td><td>⑥両下肢の機能に著しい障害を有するもの</td><td>両下肢の用を全く廃したもの</td></tr>
<tr><td>⑦両下肢を足関節以上で欠くもの</td><td>両下肢をショパール関節以上で欠くもの</td></tr>
<tr><td>体幹<br>・<br>脊柱</td><td>⑧体幹の機能に座っていることができない程度又は立ち上がることができない程度の障害を有するもの</td><td>腰掛、正座、あぐら、横すわりのいずれもができないもの又は、臥位又は坐位から自力のみでは立ち上がれず、他人、柱、杖、その他の器物の介護又は補助によりはじめて立ち上がることができる程度の障害を有するもの</td></tr>
<tr><td rowspan="2">肢体の機能</td><td rowspan="5">⑨身体の機能の障害又は長期にわたる安静を必要とする病状が前①～⑧と同程度以上と認められる状態であって、日常生活の用を弁ずることを不能ならしめる程度のもの</td><td>一上肢及び一下肢の用を全く廃したもの</td></tr>
<tr><td>四肢の機能に相当程度の障害を残すもの</td></tr>
<tr><td colspan="2">神 経 系</td><td>肢体の障害に準じる</td></tr>
<tr><td colspan="2" rowspan="2">呼 吸 器</td><td>活動能力の程度がゆっくりでも少し歩くと息切れがする、または、息苦しくて身の回りのこともできない状態に該当し、かつ、次のいずれかに該当するもの。⑴予測肺活量１秒率が20％以下のもの⑵動脈血ガス分析値にＡ表に掲げる異常を示すもの</td></tr>
<tr><td>いかなる負荷にも耐え得ないもの</td></tr>
</table>

| | | |
|---|---|---|
| 心　　臓 | | 浮腫、呼吸困難等の臨床症状があり、Ｂ表に掲げる症状の１又は２に該当し、かつ、Ｃ表に掲げる心臓疾患検査所見等のうち、いずれか２つ以上の所見等があるもの |
| 腎　　臓 | | Ｄ表に掲げるうち、いずれか１つ以上の所見があり、かつ、Ｅ表に掲げるうち、いずれか１つ以上の検査成績の異常に該当するもの |
| 肝　　臓 | | Ｆ表に掲げるうち、いずれか１つ以上の所見があり、かつ、Ｇ表に掲げるうち、いずれか１系列以上の検査成績が異常を示すもの |
| | | Ｇ表に掲げるうち、いずれか２系統以上の検査成績が高度異常を示し、高度の安静を必要とするもの |
| 血　液・造 血 器 | | Ｈ表に掲げるうち、いずれか１つ以上の所見があり、かつ、Ｉ表に掲げる１～４までのうち、３つ以上に該当するもの |
| | | Ｊ表に掲げるうち、いずれか１つ以上の所見があり、かつ、Ｋ表に掲げるうち、いずれか１つ以上の所見があるもの |
| そ の 他 | | |

## 呼吸器疾患の参考表

Ａ表（呼吸器疾患検査所見―動脈血ガス分析値）

| | 検　査　項　目 | 単　　位 | 異　常　値 |
|---|---|---|---|
| 1 | 動脈血$O_2$分圧 | mm Hg | 55以下 |
| 2 | 動脈血$CO_2$分圧 | mm Hg | 60以上 |

動脈血ガス分析値は、１回のみの検査成績によることなく、総合的に判定するものとする。

## 心臓疾患の参考表

Ｂ表（心臓疾患重症症状）

| | |
|---|---|
| 1 | 安静時にも心不全症状又は狭心症症状が起こり、安静からはずすと訴えが増強するもの |
| 2 | 身体活動を極度に制限する必要のある心臓病患者で、身の回りのことはかろうじてできるが、それ以上の活動では心不全症状又は狭心症症状がおこるもの |

Ｃ表（心臓疾患検査所見等）

| | |
|---|---|
| 1 | 明らかな器質性雑音が認められるもの |
| 2 | Ｘ線フィルムによる計測（心胸郭計数）で60％以上のもの |
| 3 | 胸部Ｘ線所見で、肺野に高度うっ血所見のあるもの |
| 4 | 心電図で、陳旧性心筋梗塞所見のあるもの |
| 5 | 心電図で、脚ブロック所見のあるもの |
| 6 | 心電図で、完全房室ブロック所見のあるもの |
| 7 | 心電図で、第２度以上の不完全房室ブロック所見のあるもの |
| 8 | 心電図で、心房細動又は粗動所見があり、心拍数に対する脈拍数の欠損が10以上のもの |
| 9 | 心電図で、ＳＴ低下が0.2mV以上の所見があるもの |
| 10 | 心電図で、第Ⅲ誘導及びＶ１以外の誘導のＴが逆転した所見があるもの |
| 11 | 心臓ペースメーカーを装着したもの |
| 12 | 人工弁を装着したもの |

## 腎臓疾患の参考表

D表（腎臓疾患重症症状）

| | |
|---|---|
| 1 | 尿毒症性心膜炎 |
| 2 | 尿毒症性出血傾向 |
| 3 | 尿毒症性中枢神経症状 |

E表（腎臓疾患検査所見等）

| | 検　査　項　目 | 単　　位 | 異　常　値 |
|---|---|---|---|
| 1 | 内因性クレアチニン・クリアランス値 | ml／分 | 10未満 |
| 2 | 血清クレアチニン濃度 | mg／dl | 8以上 |
| 3 | 血液尿素窒素 | mg／dl | 80以上 |

人工透析療法施行中の者にかかる腎機能検査成績は、当該療法実施前の成績による。

## 肝臓疾患の参考表

F表（肝臓疾患重症症状）

| | |
|---|---|
| 1 | 高度の腹水が存続するもの |
| 2 | 意識障害発作を繰り返すもの |
| 3 | 胆道疾患で発熱が頻発するもの |

G表（肝臓疾患検査所見等）

| 系列 | 検　査　項　目 | 単位 | 異　常　値 | 高度異常値 |
|---|---|---|---|---|
| A | アルブミン（電気泳動法） | g/dl | 2.8以上3.8未満 | 2.8未満 |
| | γ―グロブリン（電気泳動法） | g/dl | 1.8以上2.5未満 | 2.5以上 |
| | ＺＴＴ（Kunkel 法） | 単位 | 14以上 20未満 | 20以上 |
| B | ＩＣＧ（15分値） | % | 10以上 30未満 | 30以上 |
| | 血清総ビリルビン | mg/dl | 1.0以上5.0未満 | 5.0以上 |
| | 黄疸指数（Meulengrachtn 法） | ― | 10以上 30未満 | 30以上 |
| C | ＧＯＴ（Karmen 法） | 単位 | 50以上200未満 | 200以上 |
| | ＧＰＴ（Karmen 法） | 単位 | 50以上200未満 | 200以上 |

| | | | | |
|---|---|---|---|---|
| D | アルカリフォスファターゼ（Bessey法） | 単位 | 3.5以上 10未満 | 10以上 |
| | アルカリフォスファターゼ（Kind-King法） | 単位 | 12以上 30未満 | 30以上 |

## 血液・造血器疾患の参考表

H表（血液・造血器疾患重症症状―貧血群）

| | |
|---|---|
| 1 | 治療により貧血改善はやや認められるが、なお高度の貧血、出血傾向、易感染性を示すもの |
| 2 | 輸血をひんぱんに必要とするもの |

I表（血液・造血器疾患検査所見等―貧血群）

| | |
|---|---|
| 1 | 末梢血液中の赤血球像で、次のいずれかに該当するもの<br>(1) 血色素量が6.0g/dl未満のもの<br>(2) 赤血球数が200万/㎣未満のもの |
| 2 | 末梢血液中の白血球像で、次のいずれかに該当するもの<br>(1) 白血球が1,500/㎣未満のもの<br>(2) 顆粒球数が500/㎣未満のもの |
| 3 | 末梢血液中の血小板数が１万/㎣未満のもの |
| 4 | 骨髄像で、次のいずれかに該当するもの<br>(1) 有核細胞が２万/㎣未満のもの<br>(2) 巨核球数が15/㎣未満のもの<br>(3) リンパ球が60％以上のもの<br>(4) 顆粒球（G）と赤芽球（E）との比（G／E）が10以上のもの |

J表（血液・造血器疾患重症症状―出血傾向群）

| | |
|---|---|
| 1 | 高度の出血傾向又は関節症状のあるもの |
| 2 | 凝固因子製剤を頻繁に輸注しているもの |

K表（血液・造血器疾患検査所見等―出血傾向群）

| | |
|---|---|
| 1 | 出血時間（デューク法）が10分以上のもの |
| 2 | 血小板数が３万/㎣未満のもの |

# ○難病の患者に対する医療等に関する法律施行令第二条に定める基準（軽症高額該当基準）に係る支給認定の手続等について

〔平成二十六年十二月十日　健疾発一二一〇第一号
各都道府県衛生主管部（局）長宛　厚生労働省健康局疾病対策課長通知〕

難病の患者に対する医療等に関する法律施行令（平成二十六年政令第三百五十八号）第二条に定める基準（軽症高額該当基準）に係る支給認定の手続等について別紙のとおり作成したので、貴職におかれても、これを参考としつつ遺漏なきよう努めるとともに、関係者及び関係団体に対する周知方につき配慮願いたい。

なお、この通知は、地方自治法（昭和二十二年法律第六十七号）第二百四十五条の四第一項の規定に基づく技術的助言であることを申し添える。

**別紙**

難病の患者に対する医療等に関する法律施行令第二条に定める基準（軽症高額該当基準）に係る支給認定の手続等について

難病の患者に対する医療等に関する法律（平成二十六年法律第五十号。以下「法」という。）第七条第一項第二号に基づき、難病の患者に対する医療等に関する法律施行令（平成二十六年政令第三百五十八号。以下「令」という。）第二条に定める基準（以下「軽症高額該当基準」という。）に係る支給認定（法第七条第一項に規定する支給認定をいう。以下同じ。）の手続等については、以下のとおりこれを定める。

第一　軽症高額該当基準に関する基本的事項

1　基本的事項

(1)　軽症高額該当基準は、同一の月に受けた指定難病（法第五条第一項に規定する指定難病をいう。以下同じ。）に係る医療費（医療費総額をいう。以下同じ。）が三万三三三〇円を超えた月数が、支給認定の申請のあった日（以下「申請日」という。）の属する月以前の一二月以内に既に三月以上あることであること。

(2)　(1)の指定難病に係る医療費は、指定難病（支給認定の申請に係るものに限る。）及び当該指定難病に付随して発生する傷病に関する医療費とすること。

(3)　(1)の医療費を考慮する期間（以下「医療費考慮期間」という。）は、①申請日の属する月から起算して一二月前の月、又は②支給認定を受けようとする指定難病の患者が当該指定難病を発症したと難病指定医（難病の患者に対する医療等に関する法律施行規則（平成二十六年厚生労働省令第百二十一号）第十五条第一項第一号に規定する難病指定医をいう。）が認めた月(※)を比較していずれか後の月から申請日の属する月までの期間とすること。

※　法第六条第一項で定めるところにより添付された診断書（以下「臨床調査個人票」という。）の基本情報のうち発症年月欄に記載された年月を参照すること。

２　医療費の確認方法について

(1)　都道府県は、１(1)の医療費の実績の確認に当たって、法第七条第四項に規定する医療受給者証（以下「受給者証」という。）の交付に伴い発行される自己負担上限額管理票（以下「自己負担上限額管理票」という。）が支給認定の申請書に添付されている場合には、これを用いて行うこと。また、支給認定を受けることができなかった患者に対して都道府県が交付する「医療費申告書」（別紙様式）に、治療等を受けた医療機関名や治療等に係る医療費の額を記載し、その根拠となる指定難病の治療等に係る医療費の額等が示された領収書等（以下「領収書等」という。）が添付され、支給認定の申請書とともに提示されている場合には、これを用いて確認すること。

(2)　自己負担上限額管理票又はこれらの記載が不十分な場合には、医療費申告書及び領収書等により確認すること。

第二　新規申請者に係る手続

１　軽症高額該当基準に係る申請手続

指定難病の患者又はその保護者（児童福祉法（昭和二十二年法律第百六十四号）第六条に規定する保護者をいう。）は、支給認定の申請に当たり、当該申請に係る患者が軽症高額該当基準を満たすことを理由として当該支給認定を受けようとする場合には、その旨を申請書に記載し、医療費申告書に領収書等を添えて、都道府県に申請を行う。

２　軽症高額該当基準に係る支給認定の手続

(1)　都道府県は、支給認定の審査に当たって、臨床調査個人票により、当該申請に係る患者が指定難病にかかっていることを確認すること。

当該患者が指定難病にかかっていることを確認できた場合には、当該患者の病状の程度が個々の指定難病の特性に応じ、日常生活又は社会生活に支障があると医学的に判断される程度として定められた基準に該当することを平成二十六年十一月十二日健発一一一二第一号厚生労働省健康局長通知「指定難病に係る診断基準及び重症度分類等について」に定める重症度分類等（以下「重症度分類等」という。）により確認すること。

当該患者の病状の程度が重症度分類等に照らして一定以上でない場合には、軽症高額該当基準に該当するか否かを確認すること。

(2) 軽症高額該当基準に該当するか否かの判断に当たっては、①医療費考慮期間が適切に設定されており、当該期間内において、第一の1(2)に定める範囲の医療に要した費用が考慮されていること、②医療費考慮期間内に医療費が三万三三三〇円を超えている月が三月以上あることを、添付書類の領収書等により確認すること。この場合において、当該医療費には、当該指定難病に係る特定医療費の支給対象となり得る介護保険サービスに要する費用は含むが、入院時食事療養標準負担額及び生活療養標準負担額は含まないこと。

(3) 軽症高額該当基準に該当するか否かの判断に当たって考慮する医療費について、当該医療の内容等について、医学的に適切かどうかを判定することが必要な場合には、法第八条第一項に規定する指定難病審査会（以下「指定難病審査会」という。）に審査を求めることも差し支えないこと。

(4) 軽症高額該当基準に該当するものとして支給認定をした場合には、受給者証にその旨を記載して交付すること。

軽症高額該当基準に該当しないため、指定難病審査会の審査を経て、支給認定をしなかった場合には、支給認定を行わない旨を記載した通知（以下「却下通知」という。）に、当該患者の病状の程度が特定医療費の対象となる程度ではない旨及び軽症高額該当基準に該当しない旨を却下の理由として記載し、当該却下通知を交付すること。また、支給認定されなかった申請者に対しては、領収書等による医療費の管理を自ら行うため、必要に応じて、却下通知と併せて医療費申告書を交付すること。

第三　更新申請者に係る手続

1　軽症高額該当基準に係る支給認定の更新申請の手続

指定難病の患者又はその保護者は、支給認定の更新申請に当たり、当該申請に係る患者が軽症高額該当基準に該当することを理由として当該支給認定を受けようとする場合には、その旨を申請書に記載し、自己負担上限額管理票等を添えて、申請を行う。

2　軽症高額該当基準に係る支給認定の更新手続

(1) 都道府県は、第二の2(1)と同様に、当該更新申請に係る患者が指定難病にかかっていることを確認するとともに、当該患者の病状の程度が重症度分類等に照らして一定以上であるか否かを確認すること。

当該患者の病状の程度が重症度分類等に照らして一定以上でない場合には、軽症高額該当基準に該当するか否かを確認すること。

なお、前回の支給認定の記録により、患者が指定難病にかかっていること及び病状の程度が重症度分類等に照らして一定以上でないことが明らかである場合には、これらに係る審査を省略することも可能であること。

(2) 更新の際の医療費の確認については、自己負担上限額管理票に、医療機関によって特定医療に要した医療費の額が記載されている場合には、原則としてこれにより確認を行うこと。

ただし、初回の認定の有効期間が一年に満たない場合は、新規申請者と同様に、医療費申告書と領収書等により医療費を確認することも可能とすること。

(3) 自己負担上限額管理票に医療機関による医療費の記載がされなかった場合や当該記載が不十分な場合には、(2)と同様、医療費申告書と領収書等により医療費を確認することも可能とすること。

(4) 引き続き軽症高額該当基準に該当するものとして支給認定を行った場合は、軽症高額該当である旨を記載して受給者証を交付すること。

軽症高額該当基準に該当しないため、指定難病審査会の審査を経て、支給認定をしなかった場合には、却下通知に当該患者の病状の程度が特定医療費の対象となる程度ではない旨及び軽症高額該当基準に該当しない旨を記載し、当該却下通知を交付すること。また、支給認定の更新が認められなかった者に対しては、領収書等による医療費の管理を自ら行うため、必要に応じて、却下通知と併せて医療費申告書を交付すること。

## 第四　新規又は更新の申請で病状の程度が重症度分類等に照らして一定以上でないものとして支給認定されなかった申請者の再申請に係る手続

### 1　軽症高額該当基準に係る申請手続

(1) 都道府県において、申請書に軽症高額該当基準に該当する旨を示すことなく申請（更新申請を含む。）が行われた場合において、当該申請に係る患者が、指定難病にかかっていると認められたが、当該患者の病状の程度が重症度分類等に照らして一定以上でないことから、指定難病審査会の審査を経て、支給認定をしないこととする場合には、都道府県において、当該申請者に対して、当該患者の病状の程度が特定医療費の対象となる程度ではない旨を記載した却下通知を交付すること。また、支給認定が認められなかった者に対しては、領収書等による医療費の管理を自ら行うため、必要に応じて、却下通知と併せて医療費申告書を交付すること。

(2) (1)により却下通知を交付された者が、軽症高額該当基準を満たすことを理由として再申請をする際には、医療費申告書に領収書等を添えて申請をすること。医療費考慮期間における特定医療に要した医療費が不明な場合や指定難病にかかってから三月以内の者については、軽症高額該当基準を満たすことが明らかでないことから、却下通知と併せて交付される医療費申告書を活用し、軽症高額該当基準を満たすことが確認できた時点で申請を行うこと。

(3) 支給認定が却下されてから概ね三月を経過していない場合には、以前の申請で用いられた臨床調査個人票を使用することも可能として差し支えない。

(4) その他、新規申請の場合は第二の1に準じて、更新の申請の場合は第三の1に準じて必要な手続を行うこと。

2 軽症高額該当基準に係る支給認定の手続

(1) 都道府県は、当該申請に係る患者が指定難病にかかっていることを確認するとともに、当該患者の病状の程度が重症度分類等に照らして一定以上であるか否かを確認すること。

当該患者の病状の程度が重症度分類等に照らして一定以上でない場合には、軽症高額該当基準に該当するか否かを確認すること。

なお、申請に係る指定難病の患者について、当該申請以前に審査が行われており、支給認定が却下されてから概ね三月以内に再申請が行われ、臨床調査個人票について前回申請時と同一のもので判断を行う場合には、指定難病にかかっていること及び当該患者の病状の程度に係る審査を省略することも可能とすること。

(2) その他、第二の2に準じて必要な手続を行うこと。

第五 経過的特例の対象者として支給認定されなかった申請者に係る手続

1 軽症高額該当基準に係る申請手続

(1) 法施行前において、支給認定を受けようとする指定難病の患者が特定疾患治療研究事業（昭和四十八年四月十七日衛発第二四二号公衆衛生局長通知「特定疾患治療研究事業について」における特定疾患治療研究事業をいう。以下同じ。）の対象患者であり、令附則第二条及び第三条に規定する経過的特例の対象者（以下「難病療養継続者」という。）となるための申請をした場合において、当該申請に係る患者が指定難病にかかっていると認められたが、その病状の程度が特定疾患治療研究事業における認定基準に該当せず、指定難病審査会の審査を経て、支給認定をしないこととする場合には、都道府県において、当該申請者に対して、認定基準に該当しない旨を記載した却下通知を交付すること。また、支給認定の更新が認められなかった者に対しては、領収書等による医療費の管理を自ら行うため、必要に応じて、却下通知と併せて医療費申告書を交付すること。当該通知と併せて、再申請により、軽症高額該当基準に該当する場合には支給認定を受けることができる旨を通知するよう努めること。

(2)　(1)により却下通知を交付された者が、軽症高額該当基準を満たすことを理由として再申請をする際には、医療費申告書に領収書等を添えて申請をすること。医療費考慮期間における特定医療に要した医療費が不明な場合や指定難病にかかってから三月以内の者については、軽症高額該当基準を満たすことが明らかでないことから、却下通知と併せて交付される医療費申告書を活用し、軽症高額該当基準を満たすことが確認できた時点で申請を行うこと。

また、再申請に当たっては、難病指定医が作成した臨床調査個人票を添付することになるが、都道府県において、既に提出されている臨床調査個人票により、指定難病にかかっていること及び当該患者の病状の程度が重症度分類等に照らして一定以上であるか否かについて判断できる場合には、臨床調査個人票を提出しないことも差し支えないこと。

2　軽症高額該当基準に係る支給認定の手続

(1)　都道府県は、1の再申請に係る支給認定の審査に当たっては、難病指定医が作成した臨床調査個人票により、当該患者が指定難病にかかっていること及び当該患者の病状の程度が重症度分類等に照らして一定以上であるか否かを確認すること。

当該患者の病状の程度が重症度分類等に照らして一定以上でない場合には、軽症高額該当基準に該当するか否かを確認すること。

ただし、都道府県において、支給認定が却下されてから概ね三月を経過していない場合には、以前の申請で用いられた臨床調査個人票により、指定難病にかかっていること及び当該患者の病状の程度が重症度分類等に照らして一定以上であるか否かについて判断できる場合には、これらに係る審査を省略することも差し支えないこと。

(2) その他、第二の2に準じて必要な手続を行うこと。

**別紙様式**

平成　　年　　月分　医療費申告書

住　所

氏　名

指定難病である　　　　　※に係る医療費については、下記のとおりです。

※　かかっている疾病名をご記入ください。

| 受診日 | 病院・薬局などの名称 | 医療費の内訳 | |
|---|---|---|---|
| | | 治療内容・医療品名など | かかった医療費（円）（10割分） |
| 日 | | | |
| 日 | | | |
| 日 | | | |
| 日 | | | |
| 日 | | | |
| 日 | | | |
| 日 | | | |
| 日 | | | |
| 日 | | | |
| 日 | | | |
| 日 | | | |
| 合　　計 | | | |

※かかった医療費が確認できる領収書等を添付すること。

○医療費について、次の方はそれぞれ次の額を超えることが分かる範囲までご記入いただくことで差し支えありません。

・「軽症高額該当」を理由として申請をしようとする方：33,330円

・「高額かつ長期」を理由として申請・変更申請をしようとする方：50,000円

# ○特定医療費の支給認定の実務上の取扱いについて

（平成二十六年十二月二十二日　健疾発一二二二第一号
各都道府県衛生主管部（局）長宛　厚生労働省健康局疾病対策課長通知）

難病の患者に対する医療等に関する法律（平成二十六年法律第五十号。以下「法」という。）第五条第一項に規定する特定医療費の支給については平成二十六年十二月三日健発一二〇三第一号厚生労働省健康局長通知「特定医療費の支給認定について」（以下「要綱」という。）により示されているところであるが、支給認定の手続に係る実務上の取扱いについて別紙のとおり作成したので、貴職におかれては、これを参考としつつ遺漏なきよう努めるとともに、関係者及び関係団体に対する周知方につき配慮願いたい。

なお、この通知は、地方自治法（昭和二十二年法律第六十七号）第二百四十五条の四第一項の規定に基づく技術的助言であることを申し添える。

**別紙**

特定医療費の支給認定の実務上の取扱い

1　所得区分の把握について

(1)　市町村民税額の確認方法

市町村民税（所得割）の額は、市町村が発行する課税証明書又は非課税証明書等をもって確認すること。市町村民税（所得割）の額を把握することができない場合は、所得区分は要綱第三の１(1)に規定する「⑥上位所得」とすること。

(2)　市町村民税（所得割）の額の合算方法

①　受診者（特定医療（支給認定を受けた指定難病の患者に対し、指定医療機関が行う医療であって、指定難病及び当該指定難病に付随して発生する傷病に関する医療をいう。以下同じ。）の提供を受ける指定難病の患者をいう。以下同じ。）が被用者保険（健康保険法、船員保険法、国家公務員共済組合法、地方公務員等共済組合法、私立学校教職員共済法の規定による医療保険）の被保険者若しくは組合員（以下「被保険者等」という。）である場合又は生活保護法（昭和二十五年法律第百四十四号）第六条第一項に規定する被保護者である場合は、当該受診者の市町村民税（所得割）の額をもって所得区分を把握すること。

②　受診者の加入する医療保険が国民健康保険又は後期高齢者医療である場合は、受診者の市町村民税（所得割）の額及び支給認定基準世帯員（難病の患者に対する医療等に関する法律施行令（平成二十六年政令第三百八十五号。以下「令」という。）第一

条第一項第二号に規定する支給認定基準世帯員をいう。以下同じ。）の市町村民税（所得割）の額を合算した額をもって所得区分を把握すること。

③　受診者の保護者（児童福祉法（昭和二十二年法律第百六十四号）第六条に規定する保護者をいう。）が加入する医療保険が後期高齢者医療であり、かつ、一八歳未満の受診者が加入する医療保険が国民健康保険の場合は、受診者の市町村民税（所得割）の額及び支給認定基準世帯員の市町村民税（所得割）の額を合算した額をもって所得区分を把握すること。

④　受診者が①から③までに掲げるものに該当しない場合は、支給認定基準世帯員の市町村民税（所得割）の額をもって所得区分を把握すること。

2　特定医療費の申請について

(1)　特定医療費の申請に係る留意事項

複数の指定難病にかかっている患者については、支給認定を受けようとする当該指定難病につき、それぞれ指定医が作成した診断書（以下「臨床調査個人票」という。）を提出させること。

また、支給認定を受けようとする患者が、指定難病に起因する腎臓機能障害に対する人工透析療法を受けることが臨床調査個人票等により確認できた場合については、申請時に特定疾病療養受療証の有無を確認するよう努めること。

(2)　高額難病治療継続者の申請

受給者（特定医療費の支給を受ける指定難病の患者等をいう。以下同じ。）が、令第一条第一項ロに規定する高額難病治療継続者の認定を受けようとする場合は、支給認定の申請書（変更又は更新の場合を含む。）に受診者が高額難病治療継続者の基準に該当する旨を記入し、申請を行う日が属する月以前の一二月以内に医療費総額が五万円を超える月数が六月以上あることを申告する書類（以下「基準該当申告書」という。）を添えて都道府県に申請するものとすること。

(i)　医療費の総額（以下単に「医療費」という。）は特定医療に要した費用とすること。ただし、支給認定を受けていない期間の医療費については勘案しない。

(ii)　基準該当申告書は、原則として医療受給者証（法第七条第四項に規定する医療受給者証をいう。以下同じ。）と併せて交付される自己負担上限額管理票とすること。受給者の所得区分が要綱第三の1(1)に規定する「④一般所得Ⅰ」「⑤一般所得Ⅱ」「⑥上位所得」「⑤一般所得（高額継続）Ⅱ」「⑥上位所得（高額継続）」である受給者については、自己負担上限額が一万円以上であり、医療費が五万円を超える場合は当然に自己負担上限額管理票に記載されることになるため、その医療費の額を確認すること。ただし、受給者の所得区分が同「④一般所得（高額継続）Ｉ」であり、当該管理票に医療費総額が五万円に達するまでの記載がない場合は、指定医療機関が発行する領収書等又は受給者本人が記載する医療費申告書（別紙様式）を用いることもできるものとすること。

(iii)　支給認定の有効期間中に高額難病治療継続者の基準に該当した場合は、支給認定の変更の申請書に医療受給者証及び基準該当申告書を添えて都道府県に申請するものとすること。

(iv)　都道府県が行う高額難病治療継続者の自己負担上限月額に係る認定の効力は、当該受給者の支給認定の有効期間内に限るものとすること。したがって、引き続き高額難病治療継続者の認定を受けようとする者は、医療受給者証の更新にあわせて高額難病治療継続者の認定に係る申請を行わなければならないこと。

(3)　重症認定患者の申請

難病療養継続者（平成二十六年十二月三十一日において特定疾患治療研究事業（昭和四十八年四月十七日衛発第二四二号厚生省公衆衛生局長通知「特定疾患治療研究事業について」における特定疾患治療研究事業をいう。以下同じ。）による医療に関する給付が行われるべき療養を受けていた者であって、法の施行の日から継続して受診者である者をいう。以下同じ。）であって重症認定患者（受診者が難病療養継続者であって、かつ、特定疾患治療研究事業における重症患者に該当する者をいう。以下同じ。）の認定を受けようとする受給者は、医師が作成した重症であることを証明する診断書（要綱別紙第６号）を添えて都道府県知事に申請するものとすること。

都道府県知事が行う重症認定患者の負担上限月額に係る認定の効力は、当該受給者の医療受給者証の有効期間内に限るものとすること。したがって、平成二十九年十二月三十一日までの間に引き続き重症認定患者の認定を受けようとする者は、医療受給者証の更新にあわせ重症認定患者の認定の申請を行わなければならないこと。

(4)　負担上限月額の按分が必要な患者の申請

要綱第三の１(6)に規定する負担上限月額の按分に当たっては、以下のとおりとすること。

①　支給認定を受けようとする指定難病の患者が、当該指定難病以外の疾病に関して児童福祉法第十九条

の三第三項に規定する医療費支給認定に係る同法第六条の二第二項に規定する小児慢性特定疾病児童等（以下「医療費支給認定に係る小児慢性特定疾病児童等」という。）である場合は、当該医療費支給認定に係る小児慢性特定疾病児童等の医療受給者証の写しを添付して都道府県に支給認定の申請を行うこと。

② 受診者が支給認定の有効期間において小児慢性特定疾病にり患した場合は、受給者は、当該小児慢性特定疾病に係る支給認定の申請にあわせて、都道府県に負担上限月額の変更に係る申請を行うこと。

③ 令第一条第二項に規定する医療費算定対象世帯員（支給認定を受けようとする指定難病の患者と同一の医療保険に加入する当該患者以外の者をいう。以下同じ。）のうちに、当該患者以外の支給認定を受けた指定難病の患者又は医療費支給認定に係る小児慢性特定疾病児童等があるときは、その者の医療受給者証の写しを添付して支給認定の申請を行うこと。

④ 支給認定の有効期間において、医療費算定対象世帯員が指定難病又は小児慢性特定疾病にり患した場合は、当該指定難病又は小児慢性特定疾病に係る支給認定の申請にあわせて、受給者は、都道府県に受給者が受けた支給認定に係る負担上限月額の変更に係る申請を行うこと。

⑤ 法附則第三条第十二項の規定に基づき、法施行前に特定医療費の支給認定の手続を行う場合（負担上限月額の按分が必要となる場合に限る。）は、①又は③の申請に当たっては、医療費算定対象世帯員の特定医療費の支給認定の申請書又は平成十七年二月二十一日雇児発第〇二二一〇〇一号厚生労働省雇用均等・児童家庭局長通知「新たな小児慢性特定疾患対策の確立について」に規定する小児慢性特定疾患医療受診券の写し若しくは小児慢性特定疾病医療費の支給認定の申請書の写しを添付して支給認定の申請を行って差し支えないこと。

3 受診者の医療保険における所得区分の把握について

都道府県は、支給認定の申請がなされたときは、受診者に適用される医療保険における所得区分を把握するため、受診者が加入する保険者に対して、同意書、医療保険における所得区分の認定を行うために必要な書類等を添えて照会を行い、当該受診者に適用される医療保険における所得区分について受給者証の適用区分欄等に記載を行うものとすること。

なお、前年度の市町村民税課税情報に基づく医療保険における所得区分認定の有効期限が七月末までとされていることから、被用者保険及び国保組合の加入者については、更新申請等を七月早期に行うこととし、都道府県は、七月下旬までに医療保険における所得区分の認定に必要な書類を添えて保険者に到達するように送付し、照会等を行うこととされたい。

医療保険における所得区分の照会等に係る事務の詳細については、別途通知する。

4　支給認定について

(1)　高額難病治療継続者の認定

①　都道府県は、高額難病治療継続者の認定をする際には、支給認定の申請を行った日が属する月以前の一二月以内に医療費総額が五万円を超える月数が既に六月以上あることを基準該当申告書により適切に判定するものとすること。なお、基準該当申告書のうちに医療費申告書があるときは、必要に応じて指定難病審査会に意見を求めるものとする。

②　高額難病治療継続者の認定を行ったときは、医療受給者証にその旨を記載して交付すること。なお、支給認定の有効期間内において支給認定の変更の申請を受け、高額難病治療継続者の認定を行った場合の当該認定の効力は、申請を行った日が属する月の翌月から生じるものとし、負担上限月額の変更に係る事務については6(2)に定めるところにより行うこと。

③　高額難病治療継続者の認定をしないこととした場合には、具体的な理由を付してその結果を申請者に通知すること。

(2)　重症認定患者の認定

都道府県知事は、重症認定患者の認定をする際には、要綱別紙第6号別添1「重症認定患者認定基準表」における対象部位別の症状が審査時点において存在し、かつ、長期間（概ね六か月以上）継続するものと認められるか否かを基準とするものとする。審査に際しては、必要に応じて受診者と面接等を行い、申請時に提出された資料を基に指定難病審査会に意見を求める等、受診者の病状を総合的に勘案のうえ判定すること。

(3)　按分を行う場合の負担上限月額の決定

①　2(4)①又は③の支給認定の申請があったときは、都道府県は、申請者の所得区分に応じた負担上限月額（以下「按分前負担上限月額」という。）に、令第一条第二項に規定する医療費按分率（この場合においては、当該負担上限月額と、申請書に添付された医療受給者証又は小児慢性特定疾病医療支援に係る医療受給者証の写しに記載された負担上限月額を合算した額で、これらの額のうちいずれか高い額を

除して得た率をいう。）を乗じて得た額（一〇円未満の端数があるときは、これを切り捨てた額とする。以下同じ。）を按分後の負担上限月額（以下「按分後負担上限月額」という。）とすること。また、当該申請者について支給認定を行った旨、所得区分及び按分後負担上限月額を小児慢性特定疾病医療支援の実施機関の担当部局に速やかに連絡すること。

また、支給認定をしないこととしたときについても、その旨を小児慢性特定疾病医療支援の実施機関の担当部局に速やかに連絡すること。

② ２⑷②又は④の支給認定の変更の申請があり、小児慢性特定疾病医療支援の実施機関の担当部局より支給認定を行った旨、当該支給認定を受けた者の所得区分及び按分後の小児慢性特定疾病医療支援に係る負担上限月額の連絡を受けたときは、都道府県は、当該受診者に係る按分前負担上限月額に医療費按分率（この場合においては、按分前負担上限月額と所得区分に応じた医療費支給認定に係る小児慢性特定疾病児童等に係る負担上限月額を合算した額で、これらの額のうちいずれか高い額を除して得た率をいう。）を乗じて得た額を按分後負担上限月額とし、医療受給者証の変更を行った上で交付すること。また、按分後負担上限月額は当該変更の申請があった日が属する月の翌月から適用することとし、その旨を明らかにした書面をあわせて送付すること。

③ 按分後負担上限月額を適用した受診者について、支給認定の有効期間内において、当該受診者に係る小児慢性特定疾病医療費の支給認定の更新が行われなかった旨等の連絡があったときは、当該連絡のあった日の属する月の翌月から按分前負担上限月額を適用することとし、その旨を明らかにした書面を受給者に送付すること。

また、按分後負担上限月額を適用した受診者の支給認定の有効期間内において、当該受診者に係る医療費算定対象世帯員の特定医療費又は小児慢性特定疾病医療費の支給認定の更新が行われなかった旨等の連絡があったときは、当該連絡のあった日の属する月の翌月から按分前負担上限月額を適用することとし、その旨を明らかにした書面を受給者に送付すること。

④ 法施行前において２⑷⑤の支給認定の申請があったときは、都道府県は、当該申請者について支給認定を行った旨、所得区分及び按分前負担上限月額を小児慢性特定疾病医療支援の実施機関の担当部局に

速やかに連絡すること。この場合において、小児慢性特定疾病医療支援の実施機関の担当部局より、按分の対象となる小児慢性特定疾病児童等に係る支給認定を行った旨等の連絡を受けたときは、医療受給者証に按分後負担上限月額を記載して交付すること。

(4) 境界層措置が適用される要保護者に係る医療費負担の軽減措置及び減免措置適用の優先順位

特定医療費の支給については、本来適用されるべき所得区分を適用すれば生活保護を必要とするが、より負担の低い所得区分を適用すれば生活保護を必要としない状態となる者については、当該より負担の低い所得区分を適用することとしている（当該措置を以下「境界層措置」という。）。

境界層措置が適用される要保護者（生活保護法第六条第二項に規定する要保護者をいう。）に係る医療費負担の軽減措置を適用する優先順位については、まず特定医療費の軽減措置、次に食費負担の減免措置又は生活費負担の減免措置の順に講ずるものとすること。

5 医療受給者証について

(1) 医療受給者証及び負担上限月額管理票は、患者一人につき一枚を交付すること。

(2) 受診者が複数の指定難病にかかっている場合の医療受給者証への記載及び受給者番号の決定は、以下の方法で行うこと。

① 都道府県は、支給認定に当たっては、

i) 当該疾病により難病療養継続者、重症認定患者又は人工呼吸器等装着者に該当する等、負担上限月額がより低額となる疾病

ii) 発症時期がより早い疾病

の順に考慮し、第一順位となる疾病を決定すること。医療受給者証には当該第一順位となる疾病名を最初に記載することとし、複数の指定難病の名称を全て記載すること。

また、医療受給者証に記載する疾病番号は、当該第一順位となる疾病の番号とし、原則として一度定めた番号は変更を行わないものとすること。

② 受診者が複数の疾病にかかっている場合の負担上限月額は、個別の疾病ごとに難病療養継続者への該当等を判断し、最も低額となる額とすること。

(3) 指定医療機関の記載方法

医療受給者証には、原則として、申請の際に申請者から利用の希望のあった個別の指定医療機関名を記載すること。なお、当該医療機関名については複数記載して差し支えない。

また、医療受給者証の余白、裏面等に「緊急その他

やむを得ない場合には、本医療受給者証に名称が記載されている指定医療機関以外の指定医療機関での診療等も特定医療費の支給対象となる」と記載すること。なお、「緊急その他やむを得ない場合」とは、旅行中等に受給者証に記載された指定医療機関以外の指定医療機関を受診した場合等が想定される。

なお、法の施行に当たっては、医療受給者証の交付が円滑に行われるよう、暫定的な措置として、平成二十七年六月三十日までに特定医療費の支給認定に係る申請を行った者については、医療受給者証に「難病法に基づき指定された指定医療機関」と記載すること等の柔軟な対応を行っても差し支えない。

(4) 特定疾病療養に該当する場合について

受診者が支給認定を受けた指定難病に起因する腎臓機能障害に対する人工透析療法を受ける場合については、特定疾病療養受療証を所持していることを確認し、受診する際にこれを提示することを促すこと。

6 支給認定の変更について

(1) 支給認定を受けた指定難病の患者が、支給認定の有効期間において他の指定難病を発症した場合は、難病の患者に対する医療等に関する法律施行規則（平成二十六年厚生労働省令第百二十一号）第三十三条の規定に基づき支給認定の変更の申請を行うこと。当該他の指定難病については初回の支給認定の申請となるため、変更の申請に当たっては、難病指定医が作成した臨床調査個人票を提出しなければならないものであること。

また、受診者が他の指定難病を発症したことにより疾病名を追加する等の疾病名の変更の認定が行われた場合であっても、疾病番号は変更しないこととすること。

(2) 受給者の負担上限月額に変更がある場合には、変更申請が行われた日が属する月の翌月から変更認定後の負担上限月額を適用し、当該額を記載した医療受給者証及び自己負担上限額管理票を受給者に交付すること。なお、変更認定後の負担上限月額の効力は、当該受給者の医療受給者証の有効期間内に限るものとすること。

(3) 支給認定の変更に当たっては、変更申請書に医療受給者証を添えて都道府県に申請するものとすること。なお、都道府県が認定に時間を要する場合は、医療受給者証に代わる書面を受給者に交付するなど、円滑な手続が行われるよう配慮することが望ましい。

7 受給者が転居した場合の取扱いについて

受給者が他の都道府県に転居した場合の取扱いは、以下のとおりとすること。

① 受給者は、他の都道府県に転居したとき又は転居することが見込まれるときは、速やかに転出元の都道府県に医療受給者証を添えて変更の届出を行うとともに、転入先の都道府県に、新規の支給認定の申請を行うこと。

② 転出元の都道府県は、当該受給者に対し、規則第三十四条の規定に基づき支給認定の取消しを行った旨を書面で通知すること。支給認定の取消しに当たっては、転出元の都道府県は、転出先の都道府県に対して、当該受給者が転入先の都道府県に支給認定の申請を行った日を確認の上、当該申請日の前日付で取消しに係る通知を行うなど、申請者の医療受給者証の有効期間に空白が生ずることのないよう留意すること。

③ 転入先の都道府県は、転出元都道府県が行った支給認定の有効期間内に転居に伴う支給認定の申請である旨の申告があったときは、当該申請者に対し転出元の都道府県から交付されていた医療受給者証の写し又は当該申請者の同意に基づき転出元の都道府県に照会を行い得られた情報をもとに、医学的審査を行うことなく、申請日から転入先の都道府県が定める日（転出元の都道府県（医学的審査を行った都道府県に限る。）が行った支給認定の初日から起算して一年（特別の事情があると認められるときは一年三か月）を超えない範囲とする。）までを有効期間とする新たな医療受給者証及び自己負担上限額管理票を交付しても差し支えないこと。

④ なお、申請者の医療機関における窓口負担については、転居により月の途中に新たに転入先の都道府県から支給認定を受け、転出元都道府県による支給認定が取り消された場合であっても、当該月において申請者が転居前に負担した額を含め、転入先都道府県が新たに認定した負担上限月額を超えない範囲で負担させるものとすること。

8 支給認定の有効期間満了後も継続して支給認定を行う場合の受給者証交付時期について

支給認定の有効期間は原則として一年間以内であり、これを超えて特定医療費の支給を受けようとする受給者は改めて都道府県に支給認定の更新の申請を行わなければならないものとする。

支給認定の更新に係る医療受給者証の交付に際しては、支給認定の有効期間満了前に更新後の医療受給者証の交付準備等を進めておくなどして、対象患者の医療受給者証の有効期間に空白が生じることがないよう留意すること。

**別紙様式**

平成　　年　　月分　医療費申告書

住　所

氏　名

指定難病である　　　　　※に係る医療費については、下記のとおりです。

※　かかっている疾病名をご記入ください。

| 受診日 | 病院・薬局などの名称 | 医療費の内訳 | |
|---|---|---|---|
| | | 治療内容・医療品名など | かかった医療費（円）（10割分） |
| 日 | | | |
| 日 | | | |
| 日 | | | |
| 日 | | | |
| 日 | | | |
| 日 | | | |
| 日 | | | |
| 日 | | | |
| 日 | | | |
| 日 | | | |
| 日 | | | |
| 合　　　計 | | | |

※かかった医療費が確認できる領収書等を添付すること。

○医療費について、次の方はそれぞれ次の額を超えることが分かる範囲までご記入いただくことで差し支えありません。

・「軽症高額該当」を理由として申請をしようとする方：33,330円

・「高額かつ長期」を理由として申請・変更申請をしようとする方：50,000円

# ○特定疾患治療研究事業について

〔昭和四十八年四月十七日　衛発第二四二号
各都道府県知事宛　厚生省公衆衛生局長通知〕

**注**　平成二七年二月二日健発〇二〇二第九号改正現在

原因が不明であって、治療方法が確立していない、いわゆる難病のうち、特定の疾患については、治療がきわめて困難であり、かつ、医療費も高額であることを考慮し、昭和四十八年度から別紙要綱により、特定疾患治療研究事業を推進し、特定疾患に関する医療の確立、普及を図るとともに、患者の医療費の負担軽減を図ることとしたので、これが円滑なる実施について遺憾のないようお取り計らい願いたい。

**別紙**

特定疾患治療研究事業実施要綱

第一　目的

難病の患者に対する医療等に関する法律（平成二十六年法律第五十号。以下「難病法」という。）に基づく医療費助成制度が平成二十七年一月一日から施行されることに伴い、難病法の施行前に特定疾患治療研究事業で対象とされてきた特定疾患のうち、難病法に基づく特定医療費の支給対象となる指定難病（難病法第五条第一項に規定する指定難病をいう。以下同じ。）以外の疾患については、治療がきわめて困難であり、かつ、その医療費も高額であるため、特定疾患治療研究事業を推進することにより引き続き当該患者の医療費の負担軽減を図ることを目的として行うものとする。

第二　実施主体

実施主体は、都道府県とする。

第三　対象疾患

(1)　スモン

(2)　難治性の肝炎のうち劇症肝炎

(3)　重症急性膵炎

(4)　プリオン病（ヒト由来乾燥硬膜移植によるクロイツフェルト・ヤコブ病に限る。）

(5)　重症多形滲出性紅斑（急性期）

第四　対象患者

第三に掲げる対象疾患にり患した患者であって、医療機関（健康保険法（大正十一年法律第七十号）に規定する指定訪問看護事業者並びに介護保険法（平成九年法律第百二十三号）に規定する指定居宅サービス事業者（同法に規定する訪問看護を行うことができる者に限る。）及び同法に規定する指定介護予防サービス事業者（同法に規定する介護予防訪問看護を行うことができる者に限る。）を含む。以下同じ。）において当該疾患に関する医療保険各法若しくは高齢者の医療の確保に関する法律

（昭和五十七年法律第八十号）の規定による医療に関する給付を受けている者又は当該疾患に関する介護保険法の規定による訪問看護、訪問リハビリテーション、居宅療養管理指導、介護療養施設サービス、介護予防訪問看護、介護予防訪問リハビリテーション若しくは介護予防居宅療養管理指導を受けている者であって、国民健康保険法（昭和三十三年法律第百九十二号）の規定による被保険者及び健康保険法、船員保険法（昭和十四年法律第七十三号）、国家公務員共済組合法（昭和三十三年法律第百二十八号）、地方公務員等共済組合法（昭和三十七年法律第百五十二号）若しくは私立学校教職員共済法（昭和二十八年法律第二百四十五号）の規定による被保険者又は被扶養者並びに高齢者の医療の確保に関する法律の規定による被保険者とする。ただし、第三の(2)及び(3)の疾患については、平成二十六年十二月三十一日までに当該疾患により当該事業の対象患者として認定され、その後も継続的に認定基準を満たしている者に限ることとし、第三の(5)の疾患については、平成二十六年七月一日から平成二十六年十二月三十一日までに当該疾患により当該事業の対象患者として認定された者であってその有効期限の範囲内であるものに限る。

なお、他の法令の規定により国又は地方公共団体の負担による医療に関する給付が行われる者は除くものとする。

第五　実施方法

1　治療研究事業の実施は、原則として各都道府県が第三に定める対象疾患の治療研究を行うに適当な医療機関に対し、治療研究に必要な費用を交付することにより行うものとする。

2　前項の費用の額は、次の第一号及び第二号に規定する額の合計額とする。

(1)　「診療報酬の算定方法（平成二十年厚生労働省告示第五十九号）」、「入院時食事療養費に係る食事療養及び入院時生活療養費に係る生活療養の費用の額の算定に関する基準（平成十八年厚生労働省告示第九十九号）」、「訪問看護療養費に係る指定訪問看護の費用の額の算定方法（平成二十年厚生労働省告示第六十七号）」、「保険外併用療養費に係る療養についての費用の額の算定方法（平成十八年厚生労働省告示第四百九十六号）」若しくは「厚生労働大臣が指定する病院の病棟における療養に要する費用の額の算定方法（平成二十年厚生労働省告示第九十三号）」により算定した額の合計額から医療保険各法又は高齢者の医療の確保に関する法律の規定による医療に関する給付に関し保険者又は市町村が負担すべき額及び別に定める額を控除した額（高齢者の医療の確保に関する法律の規定による医療を受ける対象患者については、同法の規定による一部負担金、入院時食事療養標準負担額及び入院時生活療養標準負担額並びに基本利用料に相当する額の合計額から別に定める額を控除した額）

(2)　「指定居宅サービスに要する費用の額の算定に関する基準（平成十二年二月厚生省告示第十九号）」、「指定施設サービス等に要する費用の額の算定に関する基準（平成十二年二月厚生省告示第二十一号）」又は「指定介護予防サービスに要する費用の額の算定に関する基準（平成十八年厚生労働省告示第百二十七号）」により算定した額の合計額から介護保険法の規定による当該疾患に係る訪問看護、訪問リハビリテーション、居宅療養管理指導、介護療養施設サービス、介護予防訪問看護、介護予防訪問リハビリテーション及び介護予防居宅療養管理指導に関し保険者が負担すべき額（介護保険法第六十九条第三項の規定の適用がある場合にあっては、当該規定が適用される前の額）及び別に定める額を控除した額

第六　対象医療の範囲

治療研究事業の対象となる医療は、対象疾患及び当該疾患に付随して発現する傷病に対する医療に限られる。

なお、スモンについては、主たる神経症状（下肢の異常知覚、自律神経障害、頑固な腹部症状等）に加えて、これが誘因となることが明らかな疾病若しくは状態（循環器系及び泌尿器系の疾病のほか、骨折、白内障、振戦、高血圧、慢性疼痛、めまい、不眠、膝関節痛、腰痛、歯科疾患等）を幅広く併発する状況にあるので特に留意すること。

第七　治療研究期間

治療研究事業の期間は、同一患者につき一か年を限度とする。ただし、必要と認められる場合は、その期間を更新できるものとする。

第八　特定疾患対策協議会

1　各都道府県は、この治療研究事業の適正かつ円滑な実施を図るため、医学の専門家等から構成される特定疾患対策協議会を設けるものとする。

なお、各都道府県は、特定疾患対策協議会の運営に当たり、それぞれ対象となる患者数等を勘案して必要な人員の確保に努めるものとする。

2　特定疾患対策協議会は、都道府県知事からの要請により、治療研究事業の実施に必要な参考意見を具申するものとする。

第九　実施手続

治療研究事業対象患者の選定等事業を実施するにあ

たって必要な事務手続については、関係医師会等と十分協議のうえ定めるものとする。

第一〇　関係者の留意事項

患者等に与える精神的影響と、その病状に及ぼす影響を考慮して、治療研究によって知り得た事実の取り扱いについて慎重に配慮するよう留意するとともに、特に個人が特定されうるものに係る情報（個人情報）の取り扱いについては、その保護に十分に配慮するよう、関係者に対してもその旨指導するものとする。

第一一　報告

都道府県知事は、別に定めるところにより、厚生労働大臣に対し治療研究事業に関する成果を報告するものとする。

第一二　国の補助

国は、予算の範囲内において、都道府県がこの治療研究事業のために支出した費用に対し、スモンの治療研究事業分については、恒久対策の観点から一〇分の一〇、その他の疾患の治療研究事業分については二分の一を補助するものとする。

# 4　附帯決議

## ○「難病の患者に対する医療等に関する法律案」及び「児童福祉法の一部を改正する法律案」に対する附帯決議

〔平成二十六年四月十八日　衆議院厚生労働委員会〕

政府は、本法の施行に当たり、次の事項について適切な措置を講ずるべきである。

一　指定難病の選定に当たって、診断基準の作成に係る研究状況等を踏まえて対応するとともに、疾病数の上限を設けることなく、医学、医療の進歩等を踏まえて、指定難病の要件に該当するものは対象とすること。また、今後の指定難病の見直しに当たっては、患者数だけでなく、患者の治療状況や指定難病に指定された経緯等も考慮しつつ、慎重に検討すること。

二　新制度において大都市特例が規定された趣旨を踏まえ、指定都市が支弁する特定医療費の支給に要する費用が十分に確保されるよう必要な支援を行うこと。
また、指定都市に新たに生じる経費については、国の責任において適切な措置を講じること。

三　難病患者及び長期にわたり疾病の療養を必要とする児童が地域において適切な医療を受けることができるよう、指定医療機関及び指定医の指定に当たり地域間格差が生じないよう取り組むとともに、医療機関等のネットワーク等を通じた情報の共有化を図ること。

四　療養生活環境整備事業等、義務的経費化されない事業について、地域間格差につながらないよう、地方自治体の負担に配慮すること。

五　「障害者の日常生活及び社会生活を総合的に支援するための法律」に基づく障害福祉サービスの対象となる難病等の範囲については、難病対策における指定難病の拡大を踏まえつつ、支援の必要性等の観点から判断するものとすること。

六　長期にわたり疾病の療養を必要とする児童が成人しても切れ目のない医療及び自立支援が受けられるよう、指定難病の拡大、自立支援事業の取組促進を図るとともに、成人後の医療や成人に対する各種自立支援との連携強化に鋭意取り組むこと。

七　最大の難病対策は治療法の確立であり、難病の原因究明、治療法の研究開発に万全を期すこと。そのため、研究開発のための必要な予算の確保を行うこと。

# ○難病の患者に対する医療等に関する法律案に対する附帯決議

〔平成二十六年五月二十日
参議院厚生労働委員会〕

政府は、本法の施行に当たり、次の事項について適切な措置を講ずるべきである。

一　指定難病の選定に当たっては、診断基準の作成に係る研究状況等を踏まえて対応するとともに、疾病数の上限を設けることなく、医学、医療の進歩等を踏まえて対象とすること。また、今後の指定難病の見直しに当たっては、患者数だけでなく、患者の治療状況や指定難病に指定された経緯等も考慮しつつ、慎重に検討すること。

二　身近な地域での支援の重要性から新制度において大都市特例が規定された趣旨を踏まえ、指定都市が支弁する特定医療費の支給に要する費用が十分に確保されるよう必要な支援を行うこと。

また、指定都市に新たに生じる経費については、国の責任において適切な措置を講じること。

三　難病患者が地域において良質かつ適切な医療を受けることができるよう、指定医療機関及び指定医の指定に当たり地域間格差が生じないよう取り組むとともに、専門医の育成及び医療機関等のネットワーク等を通じた情報の共有化を含めた医療連携を図ること。また、難病患者データベースについては、入力率及び精度の向上を図るなど、その運用に万全を期すこと。さらに、本法制定を踏まえ、都道府県が策定する医療計画の見直しに際し、難病の医療提供体制について検討し、必要な対応を行うことができるよう適切な情報提供を行うこと。

四　難病相談支援センターについては、その機能や運営体制を当事者の意見を十分に聴きながら充実させるとともに、児童や障害者の相談支援機関との連携を図り、医療・福祉・就労・教育などを含め総合的に対応できるようにすること。また、療養生活環境整備事業等の裁量的経費で行う事業について、その目的が十分に達成されるよう支援するとともに、地域間格差につながらないよう、地方公共団体の負担に配慮すること。

五　「障害者の日常生活及び社会生活を総合的に支援するための法律」に基づく障害福祉サービスの対象となる難病等の範囲については、難病対策における指定難病の拡大を踏まえつつ、社会的支援の必要性等の観点から幅広に判断すること。加えて、同法に基づく基本指針並びに市町村障害福祉計画及び都道府県障害福祉計画に沿って、難病患者の実態に即した適切な障害福祉サービスが提供できるよう必要な支援を行うこと。

六　症状の変動の大きい難病患者の実態に即して、医療サービスや福祉サービスが提供されるよう、医療費助成や障害福祉サービスの対象者に係る基準の在り方等について、配慮すること。

七　長期にわたり疾病の療養を必要とする児童等が成人しても切れ目のない医療及び自立支援が受けられるようにすることが課題となっている現状に鑑み、指定難病の拡大、自立支援の促進等を図るとともに、成人後の継続した医療や成人に対する各種自立支援との連携強化に鋭意取り組み、その確立を図ること。特に自立支援の実施に当たっては、成人後の患者やその家族等の意見を聴き、その意向を十分反映すること。

八　難病対策の根本は治療法の確立であり、難病の原因究明、治療法の研究開発に万全を期すこと。そのため、患者等のニーズを踏まえた研究開発のための必要な予算の確保を行うこと。また、既に薬事承認、保険収載されている医薬品については、治験等による有効性、安全性等の確認に基づき、その効能・効果の追加を積極的に検討すること。

九　難病の患者に対する医療等の総合的な推進を図るための基本的な方針の策定及び本法施行後の各種施策の進捗状況等の検証・評価に当たっては、厚生科学審議会において、広く難病患者、難病施策に係る知見を有する学識経験者、地方公共団体等の意見を聴き、その意向を十分反映すること。

十　本法の基本理念である難病患者の社会参加の機会の確保及び地域社会での尊厳を保持した共生を実現するために、難病に関する国民、企業、地域社会等の理解の促進に取り組むとともに、就労支援を含めた社会参加のための施策を充実すること。

# 5　提言・報告等

## ○難病対策の改革について（提言）

（平成二十五年一月二十五日
厚生科学審議会疾病対策部会
難病対策委員会）

### Ⅰ　はじめに

我が国の難病対策は、昭和四十七年に「難病対策要綱」が策定され、本格的に推進されるようになって四〇年が経過した。その間、各種の事業を推進してきた結果、難病の実態把握や治療方法の開発、難病医療の水準の向上、患者の療養環境の改善及び難病に関する社会的認識の促進に一定の成果をあげてきた。しかしながら、医療の進歩や患者及びその家族のニーズの多様化、社会・経済状況の変化に伴い、原因の解明すら未確立の疾患でも研究事業や医療費助成の対象に選定されていないものがあることなど難病の疾患間で不公平感があることや、医療費助成について都道府県の超過負担が続いており、この解消が求められていること、難病に関する普及啓発が不十分なこと等により国民の理解が必ずしも十分でないこと、難病患者の長期にわたる療養と社会生活を支える総合的な対策が不十分であることなど様々な課題が指摘されている。こうした課題を踏まえると、もはや個々の事業に若干の手直しを加える程度では課題の解決が困難であり、難病対策全般にわたる改革が強く求められている状況にある。

厚生科学審議会疾病対策部会難病対策委員会は、今後の難病対策の在り方について一昨年九月より審議を行い、同年十二月には「今後の難病対策の検討に当たって（中間的な整理）」をとりまとめた。この中間的な整理においては、「希少・難治性疾患は遺伝子レベルの変異が一因であるものが少なくなく、人類の多様性の中で、一定の割合発生することが必然」であり、「希少・難治性疾患の患者・家族を我が国の社会が包含し、支援していくことが、これからの成熟した我が国の社会にとってふさわしい」ことを基本的な認識とした。

この中間的な整理を基に、その後も「社会保障・税一体改革大綱」（平成二十四年二月十七日閣議決定）や難病研究・医療ワーキンググループ及び難病在宅看護・介護等ワーキンググループにおける検討状況の報告も踏まえ、本委員会で論点・課題の整理を行い、その検討結果を昨年八月に「今後の難病対策の在り方（中間報告）」としてとりまとめた。

その後、同年十月、厚生労働省から、この中間報告を具体化し、患者団体との意見交換会での意見を反映させた議論のたたき台として「難病対策の改革の全体像（案）」が示されたことを受けて、本委員会でさらに審議を行い、今般、一昨年九月からの計一七回にわたる審議の結果をとりまとめ、法制化の検討も含め、次のとおり官民が協力して取り組むべき改革の内容を提言する。

## Ⅱ　難病対策の改革の基本理念及び原則

（改革の基本理念）

○　難病の治療研究を進め、疾患の克服を目指すとともに、難病患者の社会参加を支援し、難病にかかっても地域で尊厳を持って生きられる共生社会の実現を目指すことを難病対策の改革の基本理念とする。

（改革の原則）

○　基本理念に基づいた施策を、広く国民の理解を得ながら行っていくため、以下の四つの原則に基づいて新たな仕組みを構築する。

①　難病の効果的な治療方法を見つけるための治療研究の推進に資すること

②　他制度との均衡を図りつつ、難病の特性に配慮すること

③　官民が協力して社会全体として難病患者に対する必要な支援が公平かつ公正に行われること

④　将来にわたって持続可能で安定的な仕組みとすること

## Ⅲ　難病対策の改革の三つの柱

（改革の柱）

基本理念及び原則を踏まえ、以下の三つを柱として難病対策の改革を行う。

①　効果的な治療方法の開発と医療の質の向上

②　公平・安定的な医療費助成の仕組みの構築

③　国民の理解の促進と社会参加のための施策の充実

### 第一　効果的な治療方法の開発と医療の質の向上

1　治療方法の開発に向けた難病研究の推進

（新たな研究分野の枠組み）

○　診断基準の有無、疾患の研究段階の観点から、「臨床調査研究分野」と「研究奨励分野」等の区分けを見

直し、新たな研究分野の枠組みを作る。

新たな研究分野の基本的な枠組みは、以下のとおりとする。

| 研究分野 | 研究概要 |
|---|---|
| 領域別基盤研究分野（仮称） | 診断基準が確立されていない疾患を対象とした疾患概念の確立、実態把握（疫学調査）、診断基準作成等（疾患によってはグループ化も考慮する。） |
| 領域別臨床研究分野（仮称） | 診断基準が確立された疾患を対象とした病因・病態の解明、治療ガイドラインの作成等（疾患分野ごとにグループ化する。） |
| 実用化研究分野（仮称） | 創薬等の治療方法の開発・実用化を目指す研究（特に医師主導治験を重点的に推進する。） |
| 横断研究分野（仮称） | ゲノム解析研究、タンパク質解析研究、疫学研究、患者主体の研究支援体制に関わる研究や政策関連研究等 |

○ 研究の対象疾患や重点分野（課題）の選定に当たっては、国は、公平性・透明性を確保するため、関連学会の意見も参考にしつつ、一定の方向性を示すものとし、研究費を配分する際には、疾患数、患者数及び研究の進捗状況を考慮する。なお、これらの研究分野の枠組みの中で、小児の難病に関する研究も引き続き行うこととする。

○ 遺伝学的検査は難病の診断、病態解明、治療方法の選択等に重要であることから、遺伝学的検査を必要とする患者が検査を受けられるよう、各施設の遺伝相談・検査体制についての調査研究、検査の精度や効率性を向上させるための実用化研究を行う。

（厳正な評価の実施）

○ 研究実施施設への訪問による研究の進捗状況の評価、難病研究班との面談、公開の成果報告会などにより、研究に対する評価を厳正に実施する。

（難病患者とのパートナーシップの重視）

○ 難病研究班と難病患者との双方向のコミュニケーションを推進する。このため、難病研究班に対しては、研究対象疾患の概要、研究の内容（具体的には、研究概要、研究目的、研究班における各研究者の役割分担、関連する学会・研究者との連携体制等）や、研究対象疾患の関連論文等に係る情報を患者・国民に分かりやすく提供することを求める。

○ 難病患者が治験を含めた研究に参加しやすくなるよう、「臨床研究（試験）情報検索ポータルサイト」の周知等、患者等に対する実施中の臨床研究・治験の情報提供を推進する。

（総合的・戦略的な難病研究の推進）

○　関係各府省が一体となって治療方法の開発等の難病研究を総合的・戦略的に推進する。

○　難病に対して再生医療技術を活用することで、新たな治療方法の研究を推進する。また、難病に関する臨床研究・治験をさらに推進するため、希少疾病用医薬品・希少疾病用医療機器の研究開発促進のための国の取組を推進する。

## 2　難病患者データの精度の向上と有効活用、国際協力の推進

○　「難病指定医（仮称）」[1]から登録された難病患者データを一元的に管理し、研究計画等を第三者による審査会が審査の上、個人情報の保護に配慮しつつ、難病研究に携わる研究機関、医療機関等に対し、幅広く難病患者データを提供する。また、国際的な研究連携の窓口（ハブ）としての機能を持たせることにより、国外の治療・研究に関する情報を関係者間で広く共有する。

1　「難病指定医（仮称）」については、三四八頁参照。

（難病患者データの精度の向上）

○　難病患者データの入力率を向上させ、精度の高いデータを登録するため、「難病指定医（仮称）」が患者に医療費助成に係る「新・臨床調査個人票（仮称）」を交付する際に、認定審査等に必要な項目の記載とあわせて難病患者データの登録を行うことができるようにする。また、「難病指定医（仮称）」が登録する項目については、都道府県における医療費助成の認定等に必要な項目（各疾患の症状、検査結果、症状の程度など）に加え、「難病指定医（仮称）」等の負担も考慮し、難病患者データを研究へ活用するための基本的な項目（年齢、性別、既往症、家族歴、合併症、遺伝学的情報、治療薬、医療機関、主治医など）とする。なお、登録項目については、欧米等の登録項目とも調和させる必要がある。

○　全国的な難病患者データの登録を行う上で、できる限り「難病指定医（仮称）」に事務負担とならないような仕組みを導入することとし、取りまとめや確認等において、都道府県が一定の役割を果たすものとする。なお、インフラの未整備等の理由で、「難病指定医（仮称）」が難病患者データを登録できない場合には、保健所等の医療機関以外での登録ができるようにする。

○　登録された難病患者データを経年的に蓄積できるような仕組みとする。また、必要な場合に小児慢性特定疾患治療研究事業による患者登録データとの連続を可能にする仕組みとする。

○　また、難病研究班が、登録された難病患者の同意の下に、追加的に難病患者データを収集できる仕組みを作るとともに、極めて希少な疾患については、難病研究班が研究の一環として、軽症の患者を含め、同意が得られた患者のデータを収集し、研究に活用できるようにする。

（難病患者データの有効活用）

○　「難病指定医（仮称）」から登録された難病患者データを一元的に管理し、難病研究班に限定することなく、難病研究に携わる研究機関、医療機関等に対し、第三者による審査会が審査の上、幅広く難病患者データを提供する。ただし、個人情報の保護について十分に配慮し、個人が特定されない形で難病患者データを提供する。また、難病患者データを利用した場合には、研究内容・成果を公表することとし、患者・国民・医療現場に成果を還元するものとする。

○　登録された難病患者データについて、定期的に患者の発生動向等に関する基本的な分析を行い、公表する。

○　災害時等において必要な場合に患者、家族あるいは医療従事者等が患者のデータを利用することができる仕組みについても検討する。

（国際協力の推進）

○　国際的に貢献するため、人種特異的疾患の病態解明・治療方法の開発研究等を推進するとともに、欧米等の患者データベースと協調し、国際連携を行うことで、疫学的情報の収集や病態解明・治療方法の開発研究を推進する。また、治験に資する情報等を国際的に共有できるようにし、国際的共同治験への参画等、治療方法の開発を推進する。

○　国内研究班における難病の研究成果を集約、英文化し、世界へ情報発信する一方、国際的な最新情報を収集し、分かりやすく医療現場や患者等へ提供する仕組みを作る。

○　国際的な取組と協調するため、国内の統括的窓口を設置するとともに、研究者、医療従事者、患者等の国際交流を推進する。

3　医療の質の向上

（治療ガイドラインの作成・周知）

○　難病の医療の質を向上させるため、医療費助成の対象疾患の治療ガイドラインを広く周知するとともに、治療ガイドラインが作成されていない疾患については、難病研究班に対して作成を促し、治療内容の均てん化を図る。

（極めて希少な疾患への対応）

○　極めて希少な疾患について「新・難病医療拠点病院

（仮称）」等からの問い合わせに対応するには、各疾患分野の高い専門性が必要とされるが、各疾患の専門家は全国に分散しており、疾患分野横断的なセンターを国に一つ設置する、あるいは、一部の医療機関にセンター機能を委ねることは現実的ではない。そのため、極めて希少な疾患の高度専門的な対応について、国立高度専門医療研究センターや難病研究班がそれぞれの分野の学会と連携して、「難病医療支援ネットワーク（仮称）」を形成し、ウェブサイト等を活用して極めて希少な疾患の診断・治療等に関し、「難病指定医（仮称）」への支援、助言を行う。また、診断・治療が困難な症例や治療ガイドライン等に適応しない症例等を、「難病医療支援ネットワーク（仮称）」を通して収集し分析することにより、診断基準、治療ガイドラインの改善等につなげる。

4　医療体制の整備

（「新・難病医療拠点病院（仮称）」の指定）

○　どこに行っても診断がつかない、治療経験のある医師が見つからない等の難病患者が医療を受ける上での困難に対応するため、診断、治療に多くの診療科が必要な難病に対しても対応できる高い専門性と経験を有する病院を「新・難病医療拠点病院（総合型）（仮称）」として、都道府県が三次医療圏ごとに原則一か所以上指定する。

○　「新・難病医療拠点病院（総合型）（仮称）」が果たすべき役割は以下のとおりとする。

①　多分野の「難病指定医（仮称）」、複数の「難病医療コーディネーター（仮称）」の配置、重症難病患者を診療するために必要な設備の確保等、難病患者の診療のために十分な診療体制の整備

②　「難病医療地域基幹病院（仮称）」、地域の医療機関の医師等に対する研修の実施

③　難病医療に関する情報の提供

④　難病に関する研究の実施

⑤　他の病院及び診療所、都道府県、保健所、難病相談・支援センター等との連携体制の構築等

○　神経難病等の特定分野の疾病に対してより専門的な医療を提供することができる医療機関を「新・難病医療拠点病院（領域型）（仮称）」として都道府県が適切な数を指定する。

○　「新・難病医療拠点病院（領域型）（仮称）」が果たすべき役割は以下のとおりとする。

①　特定分野の「難病指定医（仮称）」、重症難病患者を診療するために必要な設備の確保等、難病患者の診療のために十分な診療体制の整備

②　「難病医療地域基幹病院（仮称）」、地域の医療機

関の医師等に対する研修の実施
③　難病医療に関する情報の提供
④　難病に関する研究の実施
⑤　他の病院及び診療所、都道府県、保健所、難病相談・支援センター等との連携体制の構築等

○　特に「新・難病医療拠点病院（総合型）（仮称）」を複数指定する場合等は、必要に応じて、全県的な入院の受入等の調整を行うため、都道府県が中心となって難病医療に関係する医療従事者同士の連携を図る仕組みを導入する。

（「難病医療地域基幹病院（仮称）」の指定）
○　地域医療の推進や入院・療養施設の確保等のため、都道府県が概ね二次医療圏に一か所程度「難病医療地域基幹病院（仮称）」を指定する。
○　「難病医療地域基幹病院（仮称）」が果たすべき役割は以下のとおりとする。
①　「難病指定医（仮称）」の配置、難病患者を診療するために必要な設備の確保等、難病患者の診療のために十分な診療体制の整備
②　地域の医療機関、介護・福祉サービス等の担当者に対する研修の実施
③　「難病対策地域協議会（仮称）」[2]への参加、「新・難病医療拠点病院（総合型）（仮称）」との連携体制の構築等

2　「難病対策地域協議会（仮称）」については、三五二頁参照。

（指定した医療機関の名称の公表）
○　都道府県は指定した「新・難病医療拠点病院（仮称）」及び「難病医療地域基幹病院（仮称）」の名称を公表する。

## 第二　公平・安定的な医療費助成の仕組みの構築

### 1　基本的な考え方

○　高額な医療費の負担については、医療保険制度における高額療養費制度により軽減が図られており、難病患者が受ける医療についても、医療保険が適用される医療は高額療養費制度の対象となっている。

しかしながら、症例が比較的少ない難病については、各医療機関・研究機関の個別の研究に委ねていては原因の究明や治療方法の開発等に困難をきたすおそれがあるため、患者の受療を促進するとともに、一定の症例を確保し、難病患者データを研究事業に結びつけることで治療研究に役立てる必要がある。また、いわゆる難病は、原因が不明であって、治療方法が確立されていないため、長期にわたる療養が必要となり、その結果、比較的若い時期から長期にわたり高額な医療費の負担が必要となる。こうした難病特有の事情に

着目し、医療費の助成を行うものである。

○ したがって、新たな難病対策における医療費助成は、

① 治療方法の開発等に資するため、難病患者データの収集を効率的に行い治療研究を推進するという目的に加え、

② 効果的な治療方法が確立されるまでの間、長期の療養による医療費の経済的な負担が大きい患者を支援するという福祉的な目的

も併せ持つものとし、広く国民の理解を得られる公平かつ安定的な仕組みとなるよう、必要な財源を確保しつつ、法制化について検討する。

## 2 対象疾患及び対象患者の考え方

○ 医療費助成の対象疾患については、難治性疾患克服研究事業「今後の難病対策のあり方に関する研究班」（以下「研究班」という。）の中間報告における類型化を前提とすると、以下の四要素を満たしており、一定の診断基準や診断基準に準ずるものが確立しており、客観的な指標がある疾患（類縁疾患として疾患概念が明確なものを含む。）とすることが適当である。

① 症例が比較的少ないために全国的な規模で研究を行わなければ対策が進まない（注）

② 原因不明（病態が未解明なもの。）

③ 効果的な治療方法未確立（治療方法がないもの。進行を遅らせ一時的に症状を緩和できるもの。一定の治療方法があるが、軽快と増悪を繰り返すもの。）

④ 生活面への長期にわたる支障（長期療養を必要とするもの。）

（注） 研究班の中間報告を踏まえれば、希少性については、例えば次の四つの類型が考えられ、諸外国の希少疾病の基準も参考に設定していくことが考えられる。

(A) 患者数が一〇〇〇人（※1）以下

(B) 患者数が一〇〇〇人を上回り、五万人（※2）以下

(C) 患者数が五万人を上回り、人口の〇・一％程度以下

(D) 患者数が人口の〇・一％程度を上回る

※1 「ライフ・イノベーションの一体的な推進について（平成二十四年三月厚生労働省）」における、極めて患者数が少ない希少疾病の基準（ウルトラオーファン）

※2 薬事法第七十七条の二に基づく希少疾病用医薬品・希少疾病用医療機器の指定基準（オーファンドラッグ・デバイス）

○ 対象患者は、対象疾患に罹患している者のうち、症

状の程度が重症度分類等で一定以上等であり、日常生活又は社会生活に支障がある者とする。

○ 対象疾患の拡大を含めた見直しに当たっては、一方で適切な患者負担の在り方も併せて検討することとし、制度の安定性・持続可能性を確保するものとする。

○ 制度の安定性・持続可能性を確保するため、効果的な治療方法が確立するなどの状況の変化が生じた対象疾患については、定期的に評価し、見直すこととし、見直しを行う場合、一般的な保険医療により対応する。ただし、一定の経過措置を講ずることも検討する。

○ 対象疾患の選定及び見直しについては、公平性・透明性を確保する観点から、第三者的な委員会において決定する。

3 対象患者の認定等の考え方

(1) 全体的な流れ

○ 都道府県が、難病について専門的な知見を有する医師を「難病指定医（仮称）」として指定し、「難病指定医（仮称）」が交付する「新・臨床調査個人票（仮称）」に基づき、都道府県に設置する「難病認定審査会（仮称）」において対象患者を審査する。

○ 都道府県は、医療費助成の対象患者として認定した者に対して、「医療受給者証（仮称）」を交付する。交付を受けた者が、「医療受給者証（仮称）」を提示して、都道府県が指定する「指定難病医療機関（仮称）」において受けた治療について、医療費の助成を受けることができるようにする。

(2) 「難病指定医（仮称）」による診断

○ 「難病指定医（仮称）」は難病患者の求めに応じ、認定等に必要な項目を記載し、医療費助成に係る「新・臨床調査個人票（仮称）」を交付するとともに、同時に難病患者データの登録を行う。

○ 「難病指定医（仮称）」は、難病医療に関し専門性を有する医師（専門学会に所属し専門医を取得している医師、又は専門学会、日本医師会（地域医師会）、新・難病医療拠点病院等で実施する一定の基準を満たした研修を受講した医師等）であることを指定の要件とし、都道府県が指定することとする。

○ 入院中や神経難病等で人工呼吸器をつけており在宅医療を行っている場合、離島地域等に住んでおり付近に「難病指定医（仮称）」が存在しない場合等、正当な理由で「難病指定医（仮称）」を受診することが困難な患者の場合、特別の理由を付記することを要件に「難病指定医（仮称）」以外の医師が交付した「新・臨床調査個人票（仮称）」であっても認めることとする。

○　都道府県は指定した「難病指定医（仮称）」の医師の氏名、勤務する医療機関の名称を公表する。

(3)　「難病認定審査会（仮称）」による審査

○　都道府県で「難病認定審査会（仮称）」を設置し、現行の特定疾患対策協議会よりも審査体制を強化する。その構成は、①「難病指定医（仮称）」（概ね疾患領域ごとに一名以上）、②行政関係者、③都道府県が必要と認める者等とし、都道府県の実情に応じ月一回程度開催することとする。

○　「難病認定審査会（仮称）」は、「難病指定医（仮称）」によってなされた診断・症状の程度の判定の適正性・妥当性を審査し、必要に応じ、助言することができるものとする。

○　特に新規の申請については、「新・臨床調査個人票（仮称）」だけではなく画像や検査結果のコピー等をもとに、重点的に審査を行う。

(4)　「医療受給者証（仮称）」及び「登録者証（仮称）」の交付

（「医療受給者証（仮称）」の交付）

○　都道府県は、医療費助成の対象患者として認定した者に対し、「医療受給者証（仮称）」を交付する。「医療受給者証（仮称）」には、氏名、住所、生年月日等のほか、疾患名、有効期間、医療費助成に係る医療を受ける主たる「指定難病医療機関（仮称）」、自己負担上限額を記載する。なお、有効期間については、難病患者データを収集するとともに、病状、所得の変化等に対応するため一年間とする。

○　都道府県等の事務的な負担も考慮しつつ、一時期に患者の受診が集中することによる医療機関の負担を軽減するため「医療受給者証（仮称）」の更新を患者の誕生月にすること等を検討する。なお、検討するに当たっては、申請する患者に新たな負担や不便が生じないよう十分に配慮することとする。

（「登録者証（仮称）」の交付）

○　「医療受給者証（仮称）」を交付されている患者の病状が軽症化し、医療費助成の対象とならなくなった患者に対し、再度、症状が悪化した場合の円滑な手続きのために、「登録者証（仮称）」を交付する。「登録者証（仮称）」については、更新手続きの負担を軽減する一方、難病患者データを収集することも重要であるため、更新手続きの期間としては五年間とする。

○　「登録者証（仮称）」の交付を受けた者の症状が再度悪化し、日常生活又は社会生活に支障が生じた場合は、「難病指定医（仮称）」が交付する「新・臨床調査個人票（仮称）」を添えて、医療費助成の申請を行うことができる。「登録者証（仮称）」の交付を受けた者が医療費助成の申請を行い、医療費助成の対象患者として認定された場合は、患者は「難病指定医（仮称）」により病状の悪化が確認された日に遡って医療費助成を受けることができるものとする。

○　なお、「登録者証（仮称）」の交付により、福祉サービス等の利用時に診断書の代わりとして使うことができる、軽症者の早期受診を促す、軽症者のデータ登録を促す等の効果が期待できることから、医療費助成の対象疾患と診断された患者すべてに「登録者証（仮称）」を交付すべきという意見があったことを踏まえ、自治体の事務負担や登録者証の目的・効果の観点から、交付対象者について引き続き検討が必要である。

(5)「指定難病医療機関（仮称）」による治療等

○　医療費助成の対象患者としての認定申請の際には、「難病指定医（仮称）」が交付する「新・臨床調査個人票（仮称）」の提出を要件としつつ、医療費助成の対象となる医療については、都道府県が「指定難病医療機関（仮称）」を幅広く指定し、身近な医療機関で受けることができる仕組みを作る。

○　都道府県は、医師会等の協力を得て、患者の利便性の向上のため、保険医療機関の中から「指定難病医療機関（仮称）」を幅広く指定するよう努めるものとする。

○　医療費助成の対象となる医療の範囲については、対象疾患及び対象疾患に付随して発現する傷病に対する医療に限ることとする。このため、故意に医療費助成の対象となる医療と関係のない治療に関し、医療費助成の請求を繰り返す等の行為を行う「指定難病医療機関（仮称）」に対し、都道府県は、指導、指定取消しを行うことができることとする。

○　医療機関から診療報酬を請求する際、医療保険と公費負担医療の給付の内容が異なる場合等には公費負担医療に係る請求分にアンダーラインを付すこととなっており、都道府県における取扱いの均衡を図る観点から、医療費助成の対象となる医療の診療報酬の請求方法についてのルールを周知徹底する。また、制度の適切な運用の観点から、各都道府県の医療費助成に係る実務的な取扱いについて情報共有する。

4　給付水準についての考え方

○　難病の特性を踏まえつつ、病気がちであったり、費用が高額な治療を長期にわたり継続しなければならない患者（高齢者、障害者等）を対象とする他制度の給付との均衡を図る。対象患者が負担する一部負担額については、低所得者に配慮しつつ、所得等に応じて月額限度額を設定する。

① 一部負担額が○円となる重症患者の特例を見直し、すべての者について、所得等に応じて一定の自己負担を求めること。

② 入院時の標準的な食事療養及び生活療養に係る負担については、患者負担とするとともに、薬局での保険調剤に係る自己負担については、月額限度額に含めること。

## 第三　国民の理解の促進と社会参加のための施策の充実

### 1　難病に関する普及啓発

○　難病患者の社会参加を支援し、難病にかかっても地域で尊厳を持って生きられる共生社会の実現を目指すため、患者や家族、医療従事者以外の幅広い一般国民に対する普及啓発を、より一層推進する必要がある。

○　難病には様々な症状があり、症状に変動があることなど、一般的には理解されにくい難病の特性について周知すること等により、難病に対する社会全体の理解を深める必要がある。

○　既存の難病情報センター等も活用しつつ、各疾患の概要や専門的な医療機関等に関する情報をさらに充実させるとともに、難病患者を支援する各種制度・サービスの周知を強化する。

○　全国又は地域において、患者団体や自治体等が広く一般国民を対象として実施する難病に関する普及啓発の取組を支援する。

### 2　日常生活における相談・支援の充実

#### (1)　難病相談・支援センターの機能強化

○　難病相談・支援センターが担うべき基本的な機能は、患者等の療養上及び日常生活上での悩みや不安等の解消を図るとともに、患者等のもつ様々なニーズに対応したきめ細かな相談や支援を行うこととする。

○　難病は疾患あたりの患者数が比較的少なく、ある程度広域で対応する必要があることから、実施主体は都道府県とし、各都道府県ごとに難病相談・支援センターを設置することとする。また、運営主体については、地域によって様々な主体が考えられることから、地域の実情に合わせて、その機能の全部又は一部を委託できることとする。

○　どの難病相談・支援センターにおいても基本的な機能を十分に発揮できるよう、必要な体制を確保する。また、運営主体、事業規模、職員数等によって異なる各難病相談・支援センターの取組内容について、個人情報の保護に配慮しつつ、次のような機能を備えたネットワーク等の仕組みにより、均てん化・底上げを図る。

① 全国の難病相談・支援センターの取組内容や好事例、困難事例、患者会等について情報提供する機能

② 他の難病相談・支援センターと交流する機会の付与など難病相談・支援センター同士の連携・相互支援の基盤を作る機能

○ 「難病対策地域協議会（仮称）」も活用しつつ、市町村、医療機関、保健所、ハローワーク等の就労支援機関、子どもの相談支援機関等との連携を強化する。

○ 難病相談・支援センターの質の向上を図るため、職員の研修を充実させるとともに、難病相談・支援員の研修会への参加を促進する。また、患者の交流会等の開催を促進し、患者間の相互支援を推進するとともに、ピアサポートの研修会の開催を促進し、ピアサポートを行うための基礎的な知識・能力をもつ人材の育成を図ることも必要である。

(2) 保健所を中心とした地域支援ネットワークの構築

○ 保健所を中心とした「難病対策地域協議会（仮称）」を設置するなど、地域の実情に応じて、地域で生活する難病患者が安心して療養できるよう、地域の特性を把握し、難病患者に対する支援体制を整備する。「難病対策地域協議会（仮称）」は、現在の地域での取組を活かしつつ、地域の医師会・医師、看護・介護・福祉サービス事業者等の関係機関、患者会・家族会等で構成し、必要に応じて難病相談・支援センター、就労支援機関とも連携しつつ、難病患者が有する医療・生活・就労の複合的な支援ニーズの対応について、情報共有や、相互の助言・協力を推進する。

○ 都道府県は、必要に応じて、保健所を中心とした地域支援ネットワークの構築を支援するための全県的な仕組みを導入する。

○ 難病患者の地域での活動を支援するため、国及び都道府県は、「新・難病医療拠点病院（仮称）」等と協力し、難病患者やその家族が抱える日常生活上及び療養上の悩みについて、在宅で療養する難病患者を中心に個別の相談に対応し、必要に応じて地域の医療機関、医師、看護・介護・福祉サービス事業者等の関係機関と連携しつつ、助言・指導を行うことができる専門性の高い保健師等（「難病保健医療専門員（仮称）」）の育成に努める。

(3) 官民の協力による社会参加の支援

○難病患者の社会参加を支援するため、民間企業も含めた各方面の協力を得て各種支援策を講じやすくする。

○特に、通院等のために利用する公共交通機関の運賃等の割引の支援を受けるには、症状の程度が重症度分類等で一定以上等であり、日常生活又は社会生活に支障があることの証明が必要であると考えられるところ、「医療受給者証（仮称）」に本人証明機能を付与する。

○なお、「登録者証（仮称）」の交付により、難病に関する普及啓発に資する等の効果が期待できることから、医療費助成の対象疾患と診断された患者すべてに「登録者証（仮称）」を交付すべきという意見があったことを踏まえ、自治体の事務負担や登録者証の目的・効果の観点から、交付対象者について引き続き検討が必要である。

3　福祉サービスの充実（障害福祉サービスの利用）

○障害者総合支援法[3]における難病等の範囲は、当面の措置として、「難病患者等居宅生活支援事業」の対象疾病と同じ範囲として平成二十五年四月から制度を施行した上で、新たな難病対策における医療費助成の対象疾患の範囲等に係る検討を踏まえ、見直しを行うものとする。

3　障害者の日常生活及び社会生活を総合的に支援するための法律（平成十七年法律第百二十三号）

○介護保険法に基づく介護サービスの提供者及び障害者総合支援法に基づく障害福祉サービスの提供者の技能を活かしつつ、難病患者特有のニーズに対応できるよう難病患者の福祉サービスに必要な知識・技能についての研修を一括して行う必要があることから、引き続き、難病患者の福祉サービスに携わる医療福祉従事者への研修等を実施していく。

4　就労支援の充実

○難病にかかっていても服薬や通院等を続けながら就労できる患者が増加していることから就労は切実な問題である。このため、難病患者が仕事と治療を両立できるように、また、治療の効果を上げるためにも福祉、医療、労働など関係分野が連携し、ＮＰＯ等の民間の取組も活用しながら、難病患者に対する就労支援の充実を図る。

○難病雇用マニュアル等[4]により、事業主や関係機関に対し、可能な職務や就労形態、通院への配慮等の難病に関する知識や難治性疾患患者雇用開発助成金等の既存の支援策の普及啓発を図る。また、労働時間等の設定に際し、特に配慮を必要とする労働者について事業主に求められる取組を示したガイドライン[5]や、こうした労働者に対する休暇制度の普及啓発を図ることも必要である。

4 「難病のある人の就労支援のために」（平成二十三年四月独立行政法人高齢・障害者雇用支援機構障害者職業総合センター）

5 「労働時間等見直しガイドライン」（労働時間等設定改善指針（平成二十年厚生労働省告示第百八号）

○ ハローワークに「難病患者就職サポーター（仮称）」を新たに配置し、ハローワークと難病相談・支援センターの連携を強化する。

○ 難病患者に対する就労支援については、障害者総合支援法における難病等[6]に該当する場合には、平成二十五年四月から障害福祉サービス（訓練等給付[7]）の対象となることから、その周知に取り組むとともに、難病患者の特性を踏まえた支援の在り方を検討することも必要である。

6 障害者総合支援法上は、「治療方法が確立していない疾病その他の特殊の疾病であって政令で定めるものによる障害の程度が厚生労働大臣が定める程度である者」と規定されている。

7 自立訓練（機能訓練・生活訓練）、就労移行支援、就労継続支援（A型・B型）、共同生活援助

○ 難病患者が抱いている仕事と治療の両立や仕事への復帰時期等に対する不安を解消するため、「難病対策地域協議会（仮称）」等において、「新・難病医療拠点病院（仮称）」や「難病医療地域基幹病院（仮称）」の医療従事者を中心に、難病患者の就労に係る知識の普及及び関係機関との連携・情報共有に対する意識の向上を図る。

○ 新たな難病対策における医療費助成の対象疾患の範囲等に係る検討を踏まえ、就労支援策の見直しについて検討を行う。なお、その際、雇用率制度の対象に加えてもらいたいとの意見があった。

5 難病を持つ子ども等への支援の在り方

○ 難病相談・支援センターと、子どもの相談支援機関や小児の難病に対応できる医療機関等の連携を強化する。

○ 小児期に発症する難病の成人後の医療・ケアに携わる医療従事者に対する研修等を行うとともに、小児期からの担当医師等との連携を促進する。

○ 小児期から成人期までの難病患者のデータを活用できる仕組みを構築し、基礎研究・治療研究における小児の難病研究を推進する。

○ 小児期から難病に罹患している者が継続して治療が必要となり成人移行（トランジション）する場合もあることから、切れ目のない支援の在り方の検討が必要である。

○ 小児期に長期の療養生活を余儀なくされるなどの特性にも配慮しながら、就労支援を含む総合的な自立支

援についても検討を行う必要がある。

○　難病を持つ子ども等への支援の在り方については、「社会保障審議会児童部会小児慢性特定疾患児への支援の在り方に関する専門委員会」と連携しながら引き続き調整を進める。

## Ⅳ　おわりに

難病は、その確率は低いものの、国民の誰にでも発症する可能性がある。難病は、生物としての多様性をもつ人類にとっての必然であり、科学・医療の進歩を希求する社会の在り方として、難病に罹患した患者・家族を包含し、支援していくことが求められている。

本委員会は、難病対策に関する過去の経緯を十分に踏まえつつ、いかにして総合的な難病対策を時代に合ったものに改革していくかについて真剣に議論してきた。また、審議に当たっては、難病研究・医療ワーキンググループ及び難病在宅看護・介護等ワーキンググループにおけるより技術的・専門的な検討の報告を踏まえるとともに、全国の患者団体との意見交換会での意見や実施主体となる都道府県からの意見も議論に付すなどして、患者やその家族並びに都道府県関係者の意見をできるだけ反映するよう努めた。

行政当局は、この報告書をとりまとめるまでの一年四か月にわたる審議経過を十分に認識し、本報告書において提言した難病対策の改革を早急に実現すべく、必要な財源を確保しつつ、法制化その他必要な措置について関係各方面と調整を進めるよう強く要望する。また、事務局は、本委員会でさらに審議すべき事項について、研究班の調査・分析の進捗状況や関係各方面との調整状況を踏まえつつ、時宜をとらえて審議する場を設けられたい。

## （参考）厚生科学審議会疾病対策部会難病対策委員会委員名簿

（平成二十四年十月三十日より）

| | 氏名 | 所属・役職 |
|---|---|---|
| | 五十嵐　隆 | （独）国立成育医療研究センター総長 |
| | 伊藤たてお | 日本難病・疾病団体協議会代表理事 |
| | 小幡　純子 | 上智大学法科大学院教授 |
| ◎ | 金澤　一郎 | 国際医療福祉大学大学院長 |
| | 葛原　茂樹 | 鈴鹿医療科学大学教授 |
| | 小池　将文 | 川崎医療福祉大学教授 |
| | 駒村　康平 | 慶應義塾大学経済学部教授 |
| | 水田　祥代 | 九州大学名誉教授・福岡歯科大学常務理事 |
| | 千葉　勉 | 京都大学大学院医学研究科消化器内科学講座教授 |
| | 春名由一郎 | （独）高齢・障害・求職者雇用支援機構障害者職業総合センター主任研究員 |
| | 広井　良典 | 千葉大学法経学教授 |
| ○ | 福永　秀敏 | （独）国立病院機構南九州病院長 |
| | 本田　彰子 | 東京医科歯科大学大学院保健衛生学研究科教授 |
| | 本田麻由美 | 読売新聞東京本社記者 |
| | 本間　俊典 | あせび会（希少難病者全国連合会）監事 |
| | 益子　まり | 川崎市宮前区役所保健福祉センター所長 |
| | 眞鍋　馨 | 長野県健康福祉部長 |
| | 道永　麻里 | （社）日本医師会常任理事 |
| | 山本　一彦 | 東京大学大学院医学系研究科教授 |

◎は委員長
○は副委員長

## （参考）厚生科学審議会疾病対策部会難病対策委員会における検討経緯

| ／ | 日時 | 主な議題 |
|---|---|---|
| ① | 第13回難病対策委員会<br>平成23年９月13日 | ・難治性疾患対策の現状について |
| | 平成23年９月26日 | 平成23年度第１回疾病対策部会にて、難病対策委員会への検討指示 |
| ② | 第14回難病対策委員会<br>平成23年９月27日 | ・厚生科学審議会疾病対策部会における議論の概要<br>・難病患者等の日常生活と福祉ニーズ調査に関するアンケート調査報告<br>・難治性疾患患者の生活実態に関する調査報告<br>・難治性疾患対策の現状について（研究、医療等） |
| ③ | 第15回難病対策委員会<br>平成23年10月19日 | ・これまでの委員会における議論を踏まえた論点について<br>・難治性疾患の定義について |
| ④ | 第16回難病対策委員会<br>平成23年11月10日 | ・関係者からのヒアリング（ＮＰＯ法人、難病相談・支援センター、患者団体、研究者） |
| ⑤ | 第17回難病対策委員会<br>平成23年11月14日 | ・関係者からのヒアリング（患者団体、研究者等） |
| ⑥ | 第18回難病対策委員会<br>平成23年12月１日 | ・難病がある人への雇用支援施策について<br>・今後の難病対策の検討に当たって（中間的な整理）【とりまとめ】 |
| ⑦ | 第19回難病対策委員会<br>平成24年１月17日 | ・今後の具体的な検討事項について<br>・難病患者の在宅看護・介護等の在り方について<br>・ワーキンググループ（ＷＧ）の設置について |
| ⑧ | 第20回難病対策委員会<br>平成24年２月９日 | ・障害福祉施策のこれまでの検討状況について<br>・ワーキンググループ（ＷＧ）の設置について |
| | 第１回<br>難病研究・医療ＷＧ<br>平成24年３月１日 | ・難病対策委員会における検討状況について<br>・難病医療体制の現状と課題について<br>・難病研究の現状と課題について |
| | 第２回<br>難病研究・医療ＷＧ<br>平成24年５月18日 | ・難病の定義、範囲の在り方<br>・医療費助成の在り方<br>・難病医療の質の向上のための医療提供体制の在り方 |
| | 第３回<br>難病研究・医療ＷＧ<br>平成24年６月18日 | ・難病の定義、範囲の在り方<br>・医療費助成の在り方<br>・難病医療の質の向上のための医療提供体制の在り方<br>・研究の在り方<br>・小児慢性特定疾患治療研究事業の対象疾患のトランジションの在り方 |

| | | |
|---|---|---|
| | 第１回<br>難病在宅看護・介護等WG<br>平成24年２月24日 | ・難病対策委員会における検討状況について<br>・難病在宅看護・介護の現状と課題について<br>・難病相談・支援の現状と課題について<br>・患者団体支援、就労支援の現状と課題について |
| | 第２回<br>難病在宅看護・介護等WG<br>平成24年５月29日 | ・在宅看護・介護・福祉の在り方<br>・難病相談・支援センターの在り方<br>・難病手帳（仮称）の在り方<br>・就労支援の在り方 |
| | 第３回<br>難病在宅看護・介護等WG<br>平成24年６月15日 | ・在宅看護・介護・福祉の在り方<br>・難病相談・支援センターの在り方<br>・難病手帳（仮称）の在り方<br>・就労支援の在り方 |
| ⑨ | 第21回難病対策委員会<br>平成24年７月３日 | ・難病研究・医療WG及び難病在宅看護・介護等WGにおける検討状況について |
| ⑩ | 第22回難病対策委員会<br>平成24年７月17日 | ・難病手帳（カード）（仮称）の在り方<br>・今後の難病対策の在り方（論点の整理） |
| ⑪ | 第23回難病対策委員会<br>平成24年８月16日 | ・難病を持つ子どもへの支援の在り方<br>・今後の難病対策の在り方（中間報告）【とりまとめ】 |
| | 平成24年８月22日 | 平成24年度第１回疾病対策部会にて、<br>「今後の難病対策のあり方（中間報告）」を了承 |
| ⑫ | 第24回難病対策委員会<br>平成24年10月30日 | ・難病対策の改革の全体像及び今後の検討課題とその手順について<br>・医療費助成について（対象疾患、重症度等の基準、給付水準） |
| ⑬ | 第25回難病対策委員会<br>平成24年11月６日 | ・国民の理解の促進と社会参加のための施策の充実について |
| ⑭ | 第26回難病対策委員会<br>平成24年11月15日 | ・効果的な治療方法の開発と医療の質の向上、医療費助成の認定について |
| ⑮ | 第27回難病対策委員会<br>平成24年12月６日 | ・第24回～第26回難病対策委員会における主な意見について<br>・症例が比較的少ない難病について医療費助成を行う考え方について<br>・障害者総合支援法の対象となる難病等の範囲について<br>・難病手帳（カード）（仮称）の在り方について<br>・都道府県からの意見について |
| ⑯ | 第28回難病対策委員会<br>平成25年１月17日 | ・難病手帳（カード）（仮称）の在り方について<br>・難病対策の改革について（提言）（素案） |
| ⑰ | 第29回難病対策委員会<br>平成25年１月25日 | ・難病対策の改革について（提言）【とりまとめ】 |

# ○難病対策の改革に向けた取組について

（平成二十五年十二月十三日
厚生科学審議会疾病対策部会
難病対策委員会）

## はじめに

我が国の難病対策は、昭和四十七年に「難病対策要綱」が策定され、本格的に推進されるようになって四〇年以上が経過した。その間、各種の事業を推進してきた結果、難病の実態把握や治療方法の開発、難病医療の水準の向上、患者の療養環境の改善及び難病に関する社会的認識の促進に一定の成果をあげてきた。しかしながら、医療の進歩や患者及びその家族のニーズの多様化、社会・経済状況が変化する中で、原因の解明にはほど遠い疾患であっても、研究事業や医療費助成の対象に選定されていないものがあるなど難病の疾患間で不公平感があることや、医療費助成について都道府県の超過負担が続いており、その解消が求められていること、難病に関する普及啓発が不十分なため、国民の理解が必ずしも十分でないこと、増加傾向にある難病患者の長期にわたる療養と社会生活を支える総合的な対策が不十分であることなど、様々な課題が指摘されている。

こうした課題を前に、難病対策全般にわたる改革が強く求められるところとなり、当委員会としては、希少・難治性疾患は遺伝子レベルの変異が一因であるものが少なくなく、人類の多様性の中で、一定の割合発生することが必然であり、その確率は低いものの、国民の誰にでも発症する可能性があることから、希少・難治性疾患の患者・家族を我が国の社会が包含し、支援していくことが、これからの成熟した我が国の社会にとってふさわしいことを基本的な認識として議論を重ね、平成二十五年一月に「難病対策の改革について（提言）」をとりまとめたところである。

八月には社会保障制度改革国民会議報告書が公表され、ここにおいても難病対策の改革が盛り込まれたことから、九月より検討を再開し、法制化に向け具体的な議論を行ってきた。今般、審議の結果、難病患者に対する良質かつ適切な医療の確保と難病患者の療養生活の質の向上を目的として官民が協力して取り組むべき改革の内容について、次のとおり取りまとめた。

国においては、一月の提言及び本報告の内容に沿って、難病対策の法制化を進め、難病の克服と共生社会の実現に向けて、なお一層取組を期待する。

## 第一　難病対策の基本理念及び基本的事項

1　難病対策の基本理念

○　難病(※)の治療研究を進め、疾患の克服を目指すとともに、難病患者の社会参加を支援し、難病にかかっても地域で尊厳を持って生きられる共生社会の実現を目指すことを難病対策の基本理念とする。

※　原因不明で、治療方法が未確立であり、生活面で長期にわたり支障が生じる疾病のうち、がん、生活習慣病等別個の対策の体系がないもの

2　国による基本方針の策定

○　難病対策に係る基本方針を定め、難病に係る医療や研究開発の推進を図るとともに、福祉や雇用などの他の施策との連携を図る。

## 第二　効果的な治療方法の開発と医療の質の向上

1　治療方法の開発に向けた難病研究の推進

○　疾患概念が確立されていない難病の疾患概念を確立し、診断基準の作成を行うための研究や、難病の診断・治療の適正化のための診療ガイドラインの作成を推進する。

○　難病の病態解明を行い、新規治療薬・医療機器等の開発につなげるための研究をさらに推進し、医療上の必要性が高い未承認薬・適応外薬であって難病の治療等に有効なものの開発の促進に資する取組についても引き続き進めていく。

○　難病に関する臨床研究・治験をさらに推進するため、希少疾病用医薬品・希少疾病用医療機器の研究開発促進のための取組を推進し、企業や研究者に対する支援策に取り組んでいくこととする。

○　厚生労働科学研究費を受けている難病研究班は、研究で得られた成果を還元することとし、広く国民が理解できるように難病情報センター等を通してわかりやすく最新情報を提供する。

2　難病患者データベースの構築

(1)　難病患者のデータ登録

○　難病患者のデータを収集・登録することで、症例が比較的少なく、全国規模で研究を行わなければ対策が進まない難病について、一定の症例数を確保し、患者の症状、治療方法、転帰などを把握することにより研究の推進や医療の質の向上に結びつけるための難病患者データベースを構築する。

○　難病患者データベースは、医療費助成の対象疾患に罹患した患者であれば医療費助成の有無にかかわらず全員が登録可能なシステムとする。「難病指定

医（仮称）」（※）又は「難病指定医（仮称）」と連携したかかりつけ医（以下「難病指定医（仮称）」等という）は、患者の同意の下、必要なデータの登録を行い、当該データ登録を行った患者に対して、関連情報を付加した「難病患者登録証明書（仮称）」を発行する。この証明書は、患者が相談などの各種サービスを受ける際に活用できるよう検討する。

※ 「難病指定医（仮称）」については、次項⑵及び第三２⑷を参照のこと。

○ 「難病指定医（仮称）」等が医療費助成の支給認定審査等に必要な項目を記載することとあわせて難病患者データの登録を行うことができるようにする。また、「難病指定医（仮称）」等の負担も考慮し、登録項目は年齢、性別、既往症、症状、合併症、治療薬、医療機関などとし、厳選する。

○ 登録された難病患者データは経年的に蓄積できるような仕組みとする。また、必要な場合に小児慢性特定疾患治療研究事業による患者登録データとの連続を可能にする仕組みとする。

○ 国際的に貢献するため、人種特異的疾患の病態解明・治療方法の開発研究等を推進するとともに、欧米等の患者データベースと協調し、国際連携を行うことで、疫学的情報の収集や病態解明・治療方法の開発研究を推進する。

⑵ 「難病指定医（仮称）」の役割

○ 「難病指定医（仮称）」は、正確に診断し、適切な治療方針を立てることを主な役割とし、「新・臨床調査個人票〔新規〕（仮称）」（※）を発行し、これを患者が新たに医療費助成を申請する際の添付書類とする。あわせて、難病患者データのデータベースへの登録を行う。

※ 「新・臨床調査個人票（仮称）」については、第三２⑸を参照のこと。

○ 患者が「医療受給者証（仮称）」（※）の更新を申請する際に添付する「新・臨床調査個人票〔更新〕（仮称）」については、「難病指定医（仮称）」等が発行する。あわせて、難病患者データのデータベースへの登録を行う。

※ 「医療受給者証（仮称）」については、第三４を参照のこと。

⑶ 難病患者情報の取扱い

○ 患者情報を知り得る立場にある者・機関はその取扱いに当たっては、個人情報の保護に十分に配慮し、国、都道府県はそのために必要な取組を行う。

○ 「難病指定医（仮称）」等から登録された難病患者データについて、一元的に管理し、データを管理する機関が難病研究班に限定することなく、難病研究に携わる研究機関、医療機関等に対し、研究におけるデータの必要性や倫理的観点などについて審査の上、個人情報の保護について十分に配慮し、幅広く難病患者データを提供する仕組みを構築する。

3　医療提供体制の確保

(1)　医療提供体制の整備

○　診断や治療に多くの診療科が携わる必要がある難病に対応するため、都道府県は、「新・難病医療拠点病院（総合型）（仮称）」を三次医療圏ごとに原則一か所以上、「新・難病医療拠点病院（領域型）（仮称）」を適切な数指定し、地域医療の推進や入院・療養施設の確保等のため、「難病医療地域基幹病院（仮称）」を二次医療圏に一か所程度指定する。また、身近な地域において、医療費助成の対象となる医療を行う体制を確保するため、都道府県はかかりつけ医等のいる医療機関を含むように、「指定難病医療機関（仮称）」を幅広く指定する。

○　「新・難病医療拠点病院（総合型）（仮称）」は、広域的な医療資源等の調整等を行うため、「難病医療コーディネーター（仮称）」を配置するとともに、「難病医療地域基幹病院（仮称）」や地域の医療機関の医師等に対する研修を実施するなど、専門家の育成の役割も担う。

○　小児期に難病を発症した患者に対する成人後の医療・ケアを切れ目なく行うため、小児期からの担当医師等との連携を進める。

(2)　難病患者に対する日常的な診療体制

○　難病治療を含む日常的な診療は、患者のアクセスも考慮し、「難病指定医（仮称）」の他、「難病指定医（仮称）」と連携したかかりつけ医が行うことができるようにする。また、必要に応じて「難病指定医（仮称）」の診療を可能とし、それが著しく困難な患者に対して、「難病指定医（仮称）」が巡回して診療を行う取組などを検討する。

(3)　極めて希少な難病を診断するための医療提供体制

○　「新・難病医療拠点病院（総合型）（仮称）」は、多くの難病の診断が可能となるよう体制を整備し、「新・難病医療拠点病院（領域型）（仮称）」及び「難病医療支援ネットワーク（仮称）」と連携して、できる限り早期に確実な診断が可能となるよう努める。

○　国立高度専門医療研究センター、難病研究班、それぞれの分野の学会等が連携して「難病医療支援ネットワーク（仮称）」を形成し、全国規模で正しい診断ができる体制を整備する。

## 第三　公平・安定的な医療費助成の仕組みの構築

1　医療費助成の基本的な考え方

○　症例が比較的少ない難病については、各医療機関・研究機関の個別の研究に委ねていては、データの集積もままならず、原因の究明や治療方法の開発等に困難をきたすおそれがある。そのため、医療費助成を行うことにより、一定の症例を確保し、蓄積できた難病患者データを研究事業に結びつけることで治療研究に役立てる必要がある。

○　また、難病は、原因が不明であって、治療方法が確立されていないため、長期にわたる療養が必要となり、その結果、比較的若い時期から長期にわたり高額な医療費の負担が必要となる場合も多い。医療保険制度における高額療養費制度により一定の負担軽減が図られているが、こうした難病特有の事情を踏まえれば、難病対策として医療費の助成を行うことが必要である。

○　したがって、新たな難病対策における医療費助成は、

①　治療方法の開発等に資するため、難病患者データの収集を効率的に行い、治療研究を推進するという目的に加え、

②　効果的な治療方法が確立されるまでの間、長期の療養による医療費の経済的な負担が大きい患者を支援するという福祉的な目的

も併せ持つものとし、広く国民の理解を得られる公平かつ安定的な仕組みとなるよう、必要な財源を確保する。

2　医療費助成の対象疾患及び対象患者について

(1)　医療費助成の対象疾患

○　医療費助成の対象とする疾患は年齢によらず、①患者数が人口の〇・一％程度以下、②原因不明、③効果的な治療方法が未確立、④生活面への長期にわたる支障の四要素を満たしており、かつ、客観的な指標に基づく一定の診断基準が確立している疾患とする。疾患の選定にあたっては難病研究で得られた成果を参考にする。

○　現行の特定疾患治療研究事業の対象疾患（五六疾患）については、これまでの治療研究における成果を総括するとともに、そのうち前記の要件を満たさない疾患については、既認定者の実態を踏まえ、必要な予算措置など医療費助成とは別の対応を個別に検討する。

(2)　対象患者の認定基準

○　難病患者への医療費助成について広く国民に理解

を得る観点から、医療費助成の対象患者は、対象疾患に罹患している患者であって、日常生活又は社会生活に支障がある者とすることが適切と考えられる。すなわち、医療費助成の対象は、対象疾患に罹患している難病患者データベースの登録患者のうち、症状の程度が重症度分類等で一定程度以上である者とする。

○　具体的には、医療費助成の対象患者の認定基準について、難病研究で確立された対象疾患の診断基準を踏まえ、それぞれの疾患の特性に応じた重症度分類等を組み込んで設定する。

○　ただし、高額な医療を継続すること(※)により、症状の程度が前記の重症度分類等で一定以上に該当しない者については、医療費助成の対象とすることが適当である。なお、都道府県の事務負担を軽減するため、実務上の取扱いについて十分に配慮する。

※　ここでいう「高額な医療を継続すること」が必要な者とは、「月ごとの医療費総額が三万三三三〇円を超える月が年間三回以上となる者」(例えば医療保険の自己負担割合が三割の場合、医療費の自己負担が一万円以上の月が年間三回以上となる者)とする。

○　また、難病研究で確立された診療ガイドラインは、医療費助成の対象となる医療の範囲についての目安とする。

(3)　対象疾患の選定等を行う第三者的な委員会

○　対象疾患の選定や見直し、対象患者の認定基準の設定や見直し等を行うに当たっては、厚生科学審議会の意見を聴くこととする。

○　このため、厚生科学審議会に新たに第三者的な委員会として、「対象疾患等検討委員会(仮称)」を設置することとし、難病対策委員会での対象疾患の選定等に係る考え方に基づき、審議を行うこととする。「対象疾患等検討委員会(仮称)」は難病に係る医療に見識を有する者で構成し、原則公開とする。なお、これ以外の、難病対策の在り方等の制度設計に係る審議については、引き続き難病対策委員会で行う。

○　効果的な治療方法が確立するなどの状況の変化が生じた対象疾患については、「対象疾患等検討委員会(仮称)」において定期的に評価し、見直すこととする。

(4)　「難病指定医(仮称)」の指定

○　「難病指定医(仮称)」については、難病に係る医療に関し専門性を有する医師(専門学会に所属し専門医を取得している医師、または専門学会、日本医師会（地域医師会）、「新・難病医療拠点病院（仮称）」等で実施する一定の基準を満たした研修を受講した医師等）であることを指定の要件とする。

○　都道府県は指定した「難病指定医（仮称）」の医師の氏名、勤務する医療機関の名称を公表する。

(5)　都道府県における対象患者の認定

○　都道府県が指定した「難病指定医（仮称）」が、個々の難病患者に対して発行する「新・臨床調査個人票〔新規〕（仮称）」等に基づき、都道府県が設置する「難病認定審査会（仮称）」において医療費助成の対象患者を認定する。

○　「難病認定審査会（仮称）」については、難病に係る医療に見識を有する者で構成することとし、特に新規の申請については、「新・臨床調査個人票〔新規〕（仮称）」だけではなく、必要に応じて画像や検査結果のコピー等も活用するなどして、重点的に審査を行う。

3　患者負担の在り方について

○　難病患者への新たな医療費助成の患者負担については、難病の特性をふまえて、負担割合を三割から二割に軽減し[1]、所得に応じて負担限度額を設定することとし、別添のとおりとする。

---

1　七〇歳以上の者のうち、医療保険で一割又は二割の負担割合が適用される者については、当該者に適用される医療保険の負担割合と同一とする。

○　医療費助成の対象となった者であって、高額な医療が長期的に継続する者(※)については、その負担に配慮し、負担の軽減措置を講じる。

また、人工呼吸器など、持続的に常時、生命維持装置を装着しており、日常生活が著しく制限される者については、負担の更なる軽減措置を講じる。

※　ここでいう「高額な医療が長期的に継続する者」とは、「月ごとの医療費が五万円を超える月が年間六回以上となる者」（例えば医療保険の自己負担割合が二割の場合、医療費の自己負担が一万円を超える月が年間六回以上となる者）とする。

○　受診した複数の医療機関等の自己負担(※)をすべて合算した上で負担限度額を適用する。

※　薬局での保険調剤及び医療保険における訪問看護ステーションが行う訪問看護を含む。

○　階層区分を認定する際の所得を把握する単位は、医療保険における世帯とする。所得を把握する基準は、市町村民税（所得割）の課税額とする。

○　同一世帯内に複数の難病の医療費助成の対象患者がいる場合、負担が増えないよう、世帯内の対象患者の人数で負担限度額を按分する。

○　他の公費負担医療制度と同様、入院時の標準的な食事療養及び生活療養に係る負担については、患者負担とするとともに、薬局での保険調剤に係る自己負担については、負担限度額に含める。

○　難病に係る医療については、医療保険での対応が基本であるが、難病に対応可能な医療提供が困難な地域によっては介護保険の医療系サービスで対応されている場合が想定されることを踏まえ、都道府県が当該患者に対し、介護保険における医療系サービスについて必要と認める場合には医療費助成の対象とすることを可能とする。

なお、具体的な取扱いについては、国においてガイドライン等の検討を行う。

○　新たな制度を施行する時点で特定疾患治療研究事業の医療費助成の対象であった者については、負担増を緩和するため、以下のとおり三年間の経過措置を講じる。

①　症状の程度が重症度分類等で一定程度以上である者（日常生活又は社会生活に支障がある者）に該当しない者についても、医療費助成の対象とする。

②　負担限度額については、これまでの給付水準を考慮し、別添のとおり、負担の軽減措置を講じる。

③　特定疾患治療研究事業における重症患者については、これまで特例的に負担がなかったことを踏まえ、別添のとおり、負担の軽減措置を講じる。

④　入院時に係る標準的な食事療養の負担については、その二分の一を公費負担とする。

4　「医療受給者証（仮称）」の交付

○　都道府県は、医療費助成の対象患者として認定した者に対し、「医療受給者証（仮称）」を交付する。有効期間は、定期的に難病患者データを収集するとともに、所得の変化等に対応するため一年間とする。

## 第四　国民の理解の促進と社会参加のための施策の充実

1　難病に関する普及啓発

○　難病情報センターにおいて、難病患者とその家族、医療従事者、難病患者と関わる者や広く国民一般にとって有用な情報を充実させる。

○　全国又は地域において、患者団体や自治体等が広く一般国民を対象として実施する難病に関する普及啓発の取組を支援する。

2　難病患者の社会参加のための支援

(1)　難病相談・支援センターの機能強化

○　地域において、難病患者等の療養上及び日常生活上での不安の解消を図るなど、きめ細やかな相談や支援を行うため、難病相談・支援センターにおける取組の充実・強化を図る。あわせて、全国的な難病相談・支援センター間のネットワーク等の仕組みを導入することにより、均てん化・底上げを図る。

○ 難病相談・支援センターの質の向上を図るため、職員の研修を充実させるとともに、難病相談・支援員の研修会への参加を促進する。また、患者の交流会等の開催を促進し、患者間の相互支援を推進するとともに、ピアサポートの研修会の開催を促進し、ピアサポートを行うための基礎的な知識・能力をもつ人材の育成を図ることも必要である。

(2) 難病患者の症状の程度等に応じた取組の推進

○ 難病患者の症状の程度等に応じた、在宅療養、福祉サービス、ピアサポート、就労支援などの取組を推進する。また、地域において、難病患者への保健医療サービス等を行う者の育成、在宅での療養が必要な難病患者を介護する家族等の負担軽減に係る支援等を行う。

3 福祉サービスの充実（障害福祉サービス等の対象となる難病等の範囲の拡大）

○ 平成二十五年度から、障害者総合支援法に定める障害児・者の対象に難病等患者が加わり、その対象疾患として、当面の措置として、一三〇疾患（難病患者等居宅生活支援事業の対象疾患とされていたものと同じ範囲）が定められたところであるが、その対象疾患の範囲について、医療費助成の対象疾患の範囲等に係る検討を踏まえ、見直しを実施する。

4 就労支援の充実

○ ハローワークに配置された「難病患者就職サポーター」を活用してハローワークと難病相談・支援センターとの連携の強化を図るとともに、「発達障害者・難治性疾患患者雇用開発助成金」等の施策により、難病患者への就労支援の充実を図る。

○ 難病雇用マニュアル等[2]により、事業主や関係機関に対し、可能な職務や就労形態、通院への配慮等の難病に関する知識や発達障害者・難治性疾患患者雇用開発助成金等の既存の支援策の普及啓発を図る。また、労働時間等の設定に際し、特に配慮を必要とする労働者について事業主に求められる取組を示したガイドライン[3]や、こうした労働者に対する休暇制度の普及啓発を図ることも必要である。

2 「難病のある人の就労支援のために（平成二十三年四月独立行政法人高齢・障害者雇用支援機構障害者職業総合センター）」

3 「労働時間等見直しガイドライン」（労働時間等設定改善指針（平成二十年厚生労働省告示第百八号）

5 「難病対策地域協議会（仮称）」

○　地域に保健所を中心とした「難病対策地域協議会（仮称）」を設置するなどして、相談、福祉、就労、医療など、地域における難病患者への適切な支援を図るとともに、難病患者の地域での活動を支援するため、専門性の高い保健師等（「難病保健医療専門員（仮称）」）を育成する。

## 第五　その他

(1)　新制度の施行時期

○　難病対策の改革に必要な法案については、平成二十六年通常国会への提出を目指し調整を進める。その施行に当たっては、十分な準備期間を置くことが必要と考えられることから、施行時期は法案が成立した後概ね一年後の時期が想定されるが、できるだけ早い時期からの施行が望まれていることから、すでに医療費助成の対象となっている疾患に加え、新たに医療費助成の対象となる疾患の一部については、平成二十七年一月を目途に施行することができるよう必要な調整を行う。

(2)　新制度の実施主体

○　医療費助成等の難病に関する施策（福祉や就労支援等を除く）を行う実施主体は都道府県とする。

ただし、より身近な地域で支援等を行うべきとの観点から、新たな制度において、大都市の特例を設け、政令指定都市等が実施主体となることについて検討する。

検討に当たっては、政令指定都市等の意見や事務体制等の現状を踏まえるとともに、新たな制度の実施状況や事務の移行などの準備等を勘案し、都道府県以外の自治体が実施主体となる場合には、施行後三年程度の準備期間を設ける。

**別添**

## 難病に係る新たな医療費助成の制度①

＜自己負担割合＞
○ 自己負担割合について、現行の３割から２割に引下げ。
＜自己負担限度額＞
○ 所得の階層区分や負担限度額については、医療保険の高額療養費制度や障害者の自立支援医療（更生医療）を参考に設定。
○ 症状が変動し入退院を繰り返す等の難病の特性に配慮し、外来・入院の区別を設定しない。
○ 受診した複数の医療機関等の自己負担(※)をすべて合算した上で負担限度額を適用する。
※ 薬局での保険調剤及び医療保険における訪問看護ステーションが行う訪問看護を含む。
＜所得把握の単位等＞
○ 所得を把握する単位は、医療保険における世帯。所得を把握する基準は、市町村民税（所得割）の課税額。
○ 同一世帯内に複数の対象患者がいる場合、負担が増えないよう、世帯内の対象患者の人数で負担限度額を按分する。
＜入院時の食費等＞
○ 入院時の標準的な食事療養及び生活療養に係る負担について、患者負担とする。
＜高額な医療が長期的に継続する患者の特例＞
○ 高額な医療が長期的に継続する患者(※)については、自立支援医療の「重度かつ継続」と同水準の負担限度額を設定。
※ 「高額な医療が長期的に継続する患者（「高額かつ長期」）とは、月ごとの医療費総額が５万円を超える月が年間６回以上ある者（例えば医療保険の２割負担の場合、医療費の自己負担が１万円を超える月が年間６回以上）とする。
○ 人工呼吸器等装着者の負担限度額については、所得区分に関わらず月額1,000円とする。
＜高額な医療を継続することが必要な軽症者の特例＞
○ 助成の対象は症状の程度が一定以上の者であるが、軽症者であっても高額な医療(※)を継続することが必要な者については、医療費助成の対象とする。
※ 「高額な医療を継続すること」とは、月ごとの医療費総額が33,330円を超える月が年間３回以上ある場合（例えば医療保険の３割負担の場合、医療費の自己負担が１万円以上の月が年間３回以上）とする。
＜経過措置（３年間）＞
○ 既認定者の負担限度額は、上記の「高額かつ長期」の負担限度額と同様とする。
○ 既認定者のうち現行の重症患者の負担限度額は、一般患者よりさらに負担を軽減。
○ 既認定者については、入院時の食費負担の１／２は公費負担とする。

## 難病に係る新たな医療費助成の制度②

☆新たな医療費助成における自己負担限度額（月額）　　（単位：円）

<table>
<tr><td rowspan="4">階　層<br>区　分</td><td rowspan="4" colspan="2">階層区分の基準<br>（（　）内の数字は、夫婦２人世帯の場合における年収の目安）</td><td colspan="6">患者負担割合：２割</td></tr>
<tr><td colspan="6">自己負担限度額（外来＋入院）</td></tr>
<tr><td colspan="3">原則</td><td colspan="3">既認定者（経過措置３年間）</td></tr>
<tr><td>一般</td><td>高額かつ長期（※）</td><td>人工呼吸器等装着者</td><td>一般</td><td>現行の重症患者</td><td>人工呼吸器等装着者</td></tr>
<tr><td>生活保護</td><td colspan="2">—</td><td>0</td><td>0</td><td>0</td><td>0</td><td>0</td><td>0</td></tr>
<tr><td>低所得Ⅰ</td><td rowspan="2">市町村民税<br>非課税<br>（世帯）</td><td>本人年収<br>～80万円</td><td>2,500</td><td>2,500</td><td rowspan="5">1,000</td><td>2,500</td><td rowspan="2">2,500</td><td rowspan="5">1,000</td></tr>
<tr><td>低所得Ⅱ</td><td>本人年収<br>80万円超～</td><td>5,000</td><td>5,000</td><td>5,000</td></tr>
<tr><td>一般所得Ⅰ</td><td colspan="2">市町村民税<br>課税以上約7.1万円未満<br>（約160万円～約370万円）</td><td>10,000</td><td>5,000</td><td>5,000</td><td rowspan="3">5,000</td></tr>
<tr><td>一般所得Ⅱ</td><td colspan="2">市町村民税<br>約7.1万円以上約25.1万円未満<br>（約370万円～約810万円）</td><td>20,000</td><td>10,000</td><td>10,000</td></tr>
<tr><td>上位所得</td><td colspan="2">市町村民税約25.1万円以上<br>（約810万円～）</td><td>30,000</td><td>20,000</td><td>20,000</td></tr>
<tr><td colspan="3">入院時の食費</td><td colspan="3">全額自己負担</td><td colspan="3">１／２自己負担</td></tr>
</table>

※「高額かつ長期」とは、月ごとの医療費総額が５万円を超える月が年間６回以上ある者（例えば医療保険の２割負担の場合、医療費の自己負担が１万円を超える月が年間６回以上）。

# ○難病対策の改革に関する提言

平成二十五年十二月九日

厚生労働大臣　田村　憲久　殿

公明党難病対策推進本部本部長　江田　康幸
事務局長　秋野　公造
公明党社会保障制度調査会会長　桝屋　敬悟
公明党厚生労働部会部会長　古屋　範子

四十一年ぶりとなる難病対策の抜本改革及び小児慢性特定疾患対策の見直しの検討が大詰めを迎えている。難病の治療研究を進め、疾患の克服を目指すとともに、難病患者の社会参加を支援し、難病にかかっても地域で尊厳を持って生きられる共生社会を実現するという基本理念のもと、希少性・難治性疾患の患者・家族を社会が包含し、支援していくため、法制上の措置を含めた恒久的かつ総合的な対策としていかなければならない。

公明党は、こうした視点にたち、患者団体の方々からのヒアリングを含め精力的な議論を行ってきたが、今般、下記のとおり、重点事項についての提言を取りまとめたところである。

まもなく、政府の難病対策委員会及び小児慢性特定疾患児支援の在り方専門委員会における最終報告が取りまとめられる予定であるが、公明党の提言に沿った難病対策が実現するよう強く望むものである。

＜成人難病＞

1　対象疾患の拡大

(1)　対象疾患の指定基準を早急に決定・公表し、その基準に基づいて可能な限り多くの難治性疾患を指定すること。そのための予算の大幅な増額を図ること。

(2)　パーキンソン病や潰瘍性大腸炎など近年患者数が増加している疾患については「人口〇・一％程度」の要件を満

たすものとして対象疾患とすること。

(3) 基準を満たさず対象から外れる既認定疾患（薬害スモン病など）については、早急に別の対応策を決定し、公表すること。

2 医療費助成の対象

(1) 重症度分類については、医療上の重症度および障がい者施策における重症度と整合性を図りつつ、疾患ごとの特性に応じて慎重に検討し、医療費助成の対象となる「症状の程度が一定程度以上（日常生活又は社会生活に支障がある者）」の要件については、患者の生活実態に即してきめ細かく定めるものとし、できるだけ早く決定・公表すること。

(2) 対象疾患の軽症者であっても、治療により症状が抑えられており、治療をやめれば重症化することが予測される患者の場合には、医療費助成の対象とすること。

(3) 対象疾患の軽症者であっても、高額な医療（月ごとの医療費負担が二万四六〇〇円を超える月が年間三月以上ある場合）を継続して必要とする者については、医療費助成の対象となるが、高額な医療の要件については患者の実態に即して適切な要件に見直す（医療費負担が一万円を超える月が三月以上など）とともに、疾患の特性等を踏まえて柔軟な運用を図ること。

(4) 対象疾患でありながら、医療費助成の対象外とする軽症患者については、引き続き研究の対象とすることを明示し、状態が変化した場合は速やかに助成が受けられるようにすること。

3 患者負担の在り方

(1) 患者負担については、難病患者の所得や生活実態を踏まえ、厚生労働省素案にさらに検討を加え、障がい者の自立支援医療（更生医療：重度かつ継続）の負担限度額を基準とし、これを超えないこと。

(2) 低所得者においては、難病患者が高齢者や障がい者に比べて社会的・財政的支援策が不十分であることなどを踏まえ、さらなる負担の軽減を図ること。

(3) 重症者においては、医療費以外に高額な介護・福祉費用がかかることなどを考慮し、特にＡＬＳなど人工呼吸器等を装着している超重症患者については大幅に負担を軽減すること。

(4)　同一世帯内に複数の対象患者がいる場合は、患者負担が増えないよう世帯内の対象人数で負担限度額が按分されるが、遺伝病であるファブリー病のように同一世帯内に成人の特定疾患と小児慢性特定疾患の患者がいる場合でも両制度間で按分できるようにすること。

(5)　既認定者については、以下の経過措置期間中の特例措置を講じること。

・対象疾患の軽症者はすべて医療費助成の対象とする。

・負担上限は、自立支援医療の重度かつ継続の基準とする。

・現行の重症者についてはできるだけ負担を軽減する。

・入院時食事療養費の負担を軽減する。

## 4　医療提供体制の整備

(1)　難病の患者の入院先が不足することがないようにすること。

(2)　進行性筋萎縮症対策要綱に基づいて筋萎縮症病棟が整備され、優れた医療従事者の確保をはじめ良質な医療の提供に成功した事例をふまえ、人工呼吸器等を使用する重症の神経難病患者の病棟を確保するなど、重症難病患者医療のセーフティーネット機能を強化すること。

(3)　従来の「重症難病患者入院施設確保事業」に、人工呼吸器等を使用する神経難病患者等の重症者を入院させた医療機関に対する加算制度等を創設することにより、重症難病患者の入院先を確保すること。

(4)　難病指定医の指定に当たっては、難病を専門とする医師の地域の偏在や、これまで主治医等が難病患者と築いてきた関係に配慮し、また全ての難病を診断することよりも希少疾患を専門的に診断することが可能な医師が果たしてきた役割もふまえ、検討すること。

(5)　都道府県が行う医療提供体制の強化を図るとともに、難病医療支援ネットワークの形成に当たっては、中心的役割を果たす国立高度専門医療研究センターが研究開発法人に位置づけられているものの、イノベーションだけでなく、行政的な研究を行うことも踏まえて今後も整備することとし、さらに、国立病院機構が患者の受け入れを政策的に行っている事実、大学法人等が研究者の多くを抱えている事実をふまえて幅広く連携をはかること。

## 5　就労・生活支援等の拡充

（1） 身体障がい者と同等の福祉サービスの充実、法定雇用率の適用に向けた検討を含む就労支援の充実、生活保障など、難病・長期慢性疾患患者への社会サービスを拡充すること。そのための十分な予算を確保し、就労支援や生活支援体制を構築すること。

（2） 新たな難病制度で指定されない希少疾病が存在することを踏まえ、指定から除外された難病患者並びに軽症患者に対しても、ホームヘルプなどの福祉サービスを利用できるようにするなど、自律的な生活を維持する上で必要な生活・就労支援サービスが適切に受けられるように制度を整え、全ての難病患者が安心して地域で暮らせる環境を整備すること。また、居住地によって格差が生じないよう、自治体に対する支援策は難病患者数だけでなく偏在についても最大限に配慮し、特に地方においては移送サービスの充実を図ることにより社会との接点を増やすよう努めること。

（3） 障害者総合支援法における難病等の範囲については早急に検討を加え、難病の重症度と整合性を図りつつ、その基準となる一定の障害の程度をきめ細かく定めること。さらに、新たな難病対策における医療費助成の対象疾患の範囲等に係る検討を踏まえて、大幅に拡大すること。

（4） 難病相談・支援センターにおける相談・支援、就労支援の取組を充実強化すること。

6 研究の推進と治療法の開発

（1） 個人情報には最大限に配慮しつつも、新・臨床調査個人票により得られた登録データが治療法の開発および生活の向上に資する研究に結びつくような効果的な仕組みを構築すること。データの利用を可能とする調査研究の範囲を早急に定めること。

（2） 特に新しい難病の対象とはならない希少疾病も存在することをふまえ希少疾病と難病の治療に有効な新薬開発にむけての支援策や法整備を実施すること。そのための研究予算の大幅な増額を図ること。

（3） なかでも、これまで大きな役割を果たしてきた難治性疾患克服研究事業はこれまで通り行政的な研究と位置づけ、イノベーションを目指す研究等とは別枠にして安定した制度とするとともに、疾患数の増加に見合った予算の増額をはかること。

（4） 平成二十四年度に実現した希少疾病用医薬品等の開発支援制度については、新たな難病制度に位置づけられない希少疾病が存在することに配慮しつつ、製薬メーカーが参加しやすい制度の拡充を目指すとともに、ＧＭＰ基準を満たす共同研究施設の創設により、医療機関または研究機関における医師主導治験を創薬に繋げやすい環境整備を検討すること。また、この枠組みにおいては、進行性でかつ他に治療法が無い疾患を対象とするものについては、患者の希望があればフェーズ２またはフェーズ３の段階から投与できるコンパッショネートユースを認めるとともに、そのデータを市販後調査として用いることが可能かどうか検討すること。

(5) 患者の生活の質の向上のために、患者参加型研究を追加すること。

7 総合的な難病対策の推進に向けて

以上述べた、難病患者の医療提供体制の整備、就労・生活支援の拡充、研究の推進と治療法の開発等に係る提言については、新しい難病対策の基本方針に盛り込み、十分な予算を確保した上で、総合的な難病対策を強力に推進すること。

〈小児慢性特定疾患〉

1 対象疾患の拡大

(1) 医療費助成の対象疾患を大幅に拡大すること。そのための予算の大幅な増額を図ること。

(2) 新規対象疾患の選定においては、日本小児科学会など専門学会の意見を聞いて総合的判断に基づき対象疾患を決めること。その際、患者数の少ない疾患も病児の実態に応じて対象とすること。さらに、適切な対象疾患の拡大が行われるように公開の場（専門委員会）において審議・決定するとともに、定期的に対象疾患と診断基準の見直しも行うこと。

2 医療費助成と患者負担の軽減（※成人難病と一部重複）

(1) 小児慢性特定疾患における医療費助成の自己負担限度額は子どもと家族の生活実態を踏まえ、成人難病の新たな医療費助成における自己負担限度額の二分の一を基準とし、これを超えないこと。

(2) 重症児と低所得者については、小児慢性疾患の病児の社会的・財政的支援策が不十分であること、医療費以外に高額な福祉費用がかかることなどを考慮に入れて負担の軽減を図り、特に、人工呼吸器等を装着している超重症患者については大幅に負担を軽減すること。

(3) 同一世帯内に複数の対象患者がいる場合は患者負担が増えないよう世帯内の対象人数で負担限度額が按分されるが、遺伝病であるファブリー病のように同一世帯内に成人の特定疾患と小児慢性特定疾患の患者がいる場合でも両制度間で按分できるようにすること。

(4) 入院時食事療養費の自己負担については、小児がんや先天性心疾患などのように入院が長期にわたる疾患が多いこと等を考慮に入れて、負担の軽減を図ること

(5) 既認定者については、以下の経過措置期間中の特例措置を講じること。

・成人難病の新たな医療費助成における自己負担限度額の二分の一を基準とする

・現行の重症者についてはできるだけ負担を軽減する。

・入院時食事療養費の負担を軽減する。

3 成人期への移行（トランジション）について

(1) 小児慢性特定疾患の成人期以降の支援策については、病児や家族の生活実態、疾患の特性を十分に踏まえ、医療、生活、自立・就労支援等の切れ目のない支援策を拡充強化すること。

(2) 小児慢性特定疾患が成人期に新たな難病の医療費助成制度に移行できるよう、疾患の特性や病児の生活実態を十分に踏まえ、できる限り多くの小児慢性特定疾患を新たな難病制度の対象とすること。

(3) 成人期以降の支援策として、医療費軽減措置（高額療養費制度、自立支援医療等）、がん対策などの個別疾患対策、障害者福祉サービス等の充実強化を図ること。

(4) 就労支援を含め、病児の成人期に向けた自立支援の充実を図るため、地域の関係者が一体となって総合的な自立支援に取り組む「慢性疾患児地域支援事業」を創設し充実強化を図ること。

(5) 小児慢性特定疾患の病児が成人後もかかれるよう、各疾患の専門科への移行体制の整備を図ること。小児慢性特定疾患は成人後に合併症を引き起こすことが多いため、他科との連携が取れるようなシステム整備を図ること。

4 医療提供体制の整備と福祉施策の拡充

(1) 小児慢性特定疾患の医療の質の向上、成人期への移行を見据えた連携を図るため、都道府県の小児中核病院の小

児科等が、地域の指定小児慢性特定疾患医療機関等への情報発信や研修等を行うとともに、難病の医療提供体制と連携を図りながら、関係学会等による専門的助言が得られる体制を構築すること。さらに、地域の保健所、福祉施設、教育機関等との連携により慢性疾患児の日常的な療養生活の充実を図るとともに、患児の成人期移行を見据え、難病や成人の医療機関等との情報共有、連携を図ること。

(2) 慢性疾患を抱える児童や家族の負担軽減や子どもの自立支援の充実を図るため、地域の関係者が一体となって総合的な支援に取り組む「慢性疾患児地域支援事業」を創設し、相談支援、ピアサポート、学校生活支援、家族支援、自立支援などの総合的な支援を強化すること。

(3) 小児慢性特定疾患児手帳を改定して、病気の特性や緊急時の対応を理解できるものとするとともに、患者団体が行っている相談事業や療育事業への支援を拡充すること。

(4) 都道府県を超えての通院治療が必要な患者への交通費の助成、入院時における兄弟姉妹の院内保育の設置、遠隔地で治療を受ける病児の付き添いのための安価な滞在施設の設置について検討すること。

(5) 小児慢性特定疾患の病児が安心して適切な医療や生活支援を受けられるよう、学校生活等における普及啓発を促進し、小児慢性特定疾患への理解を広げること。

5 研究の推進と治療法の開発（※成人難病と一部重複）

(1) 個人情報に配慮しつつも、新・臨床調査個人票により得られた登録データが治療法の開発および生活の質の向上に資する研究に結びつくような効果的な仕組みを構築すること。

(2) 登録手続きの簡素化を図るとともに、医療費助成の登録を促進するための研究を進めること。

(3) 小児慢性疾患の治療に有効な新薬開発を進めるため、研究予算の大幅な増額を図るとともに、成人の難病研究事業との連携を十分に図ること。

# ○難病対策及び小児慢性特定疾患対策に関する決議

平成二十五年十二月十日

自由民主党政務調査会厚生労働部会医療委員会
難病等に関するプロジェクトチーム　座長　衛藤　晟一

昭和四十七年に難病対策、昭和四十九年に小児慢性特定疾患対策の事業が開始され、四〇年近くが経過した。これらの事業により、難病および小児慢性特定疾患に関する実態把握や治療方法の研究開発を推進し、同時に患者および家族の医療費負担を軽減するなど、一定の成果を上げている。

一方、法律的根拠が薄いために制度と予算の安定性を欠くこと、財政措置が不十分であったため患者団体等からの希望がありながら医療費助成の対象とならない疾患が数多くあり不公平感があったこと、また都道府県に対し超過負担を余儀なくさせること、さらに小児慢性特定疾患については医療の進歩により成人に達した患児の支援をどうするかという問題（トランジション問題）が在ること、一方で高齢者福祉や障害者福祉施策が拡充ないし適正化される中で、他制度と比較して不足または不均衡が生じたことなど、様々な課題が指摘される状況である。

今般、消費税率の引き上げを決定した。社会保障制度の充実の一環として、今こそ抜本的に難病対策・小児慢性特定疾患対策の在り方を見直し、難病・小児慢性特定疾患に罹患された患者さんやそのご家族の方々に、より安心して社会の中で前向きに生活を送ることをサポートできる仕組みとしなければならない。

自由民主党難病等に関するプロジェクトチームでは、今年に入り厚生労働省から難病対策委員会等での議論について意見聴取を行うとともに、通算六回にわたり有識者および患者団体からのヒアリングにより貴重なご要望を伺い、また寄せられた多くの意見書等に目を通し、丁寧に議論を進めてきた。今般、これらの検討に基づき、新たな対策が、医療費助成の法定化、治療研究の一層の推進、福祉サービスの対象疾患の拡大、就労支援の取り組みなど、患者さんやご家族の様々なニーズにしっかり応えられるものとなるよう、下記の通り決議し、政府に申し入れを行う。

政府においては、安倍晋三総理大臣の所信表明演説における「難病から回復して再び総理大臣となった私にとって、難病対策はライフワークとも呼ぶべき仕事です。」という発言に込められた意志を具現化するべく、来年度通常国会で提出予定とされている法案および関連政省令等の策定にあたり、本決議の内容を尊重すべきことを求めるものである。

【総論】

1　新たな難病及び小児慢性特定疾患の対策については、患者や家族が抱える様々な課題に対応できるよう、医療費助成のみならず、治療研究、福祉サービス、就労支援、生活相談支援など、様々な支援策を総合的に実施すること。なお、その際、障害者（児）や高齢者の支援策を考慮しつつも、難病患者や小児慢性特定疾患児の特性に応じた支援となるよう留意すること。

2　新たな難病及び小児慢性特定疾患の対策が継続して安定的に実施されるよう、法律に基づく義務的経費とするとともに、消費税率の引上げ等によって得られる財源を十分に確保すること。

3　今回の制度改正は、難病対策・小児慢性特定疾患対策の大きな前進である。しかし、難病患者・小児慢性特定疾患児といっても、疾患や個人差、置かれた社会的環境などにより個々の状況は様々であり、必要な支援もよりきめ細かい把握と対策が求められる。今後とも、難病・小児慢性特定疾患に苦しむことになってしまった方々が社会の中で希望を持って生きていくことができるという理想を目指し、今回の対策で要望がありながら応えられなかった点を含め、調査研究をはじめとした必要な措置についての検討を続けること。

【効果的な治療方法の開発と医療の質の向上】

4　希少疾患に有効な新薬・医療機器の開発を促すよう、企業や研究者に対する誘導策、支援策を実施するとともに、医療分野の研究開発の司令塔機能（「日本版ＮＩＨ」）の創設等、根治療法・原因解明としての研究を一層推進すること。その際、多くの患者の疾患克服の期待に応えるため、医療費助成の対象疾患に限らず、いわゆる難病等について幅広く研究対象とすること。また、研究開発の成果について、積極的な情報の発信に努めること。

5　患者がより身近な場所で適切な治療が受けられるよう、都道府県単位で、効果的な専門治療ができる医療体制の構築を目指して、専門家の育成や拠点病院の整備といった取組を加速すること。また、特に難病の診断やデータの収集等に重要な役割を果たす難病指定医については、難病の診断と治療を熟知した医師が指定されるようにすること。

6　新薬をはじめ有効な治療法の開発に資する難病患者等のデータ登録が効果的かつ効率的な仕組みとなるよう、医療内容・患者の病状等を登録項目に盛り込むこと。また、その情報が難病の診断、治療等の向上に十分活かされるとともに、こうした情報が難病患者の方々に適切に提供されるよう、国は責任をもって対応すること。

【公平・安定的な医療費助成の仕組みの構築】

（対象疾患）

7　対象疾患については、不公平が生じないよう、選定の基準を設け、それに該当する疾患は医療費助成の対象とすること。

8　現行の特定疾患治療研究事業の対象であった五六疾患のうち、患者数が人口の〇・一％を若干上回る可能性があるとされる二疾患（パーキンソン病、潰瘍性大腸炎）については、従来の経緯も踏まえ、継続して助成の対象とすること。また、医療費助成の基準に該当しないスモン等の疾患については、経過措置を含め別途の予算措置を講じること。

（対象患者）

9　軽症であっても、症状の維持や進行抑制のために高額な医療を受け続ける必要がある難病患者については、その経済的な負担を考慮し助成対象とすること。なお、現行の特定疾患治療研究事業の対象であった者のうち軽症のため新制度で助成対象とはならない者についても、激変緩和の観点から、経過措置期間中（三年間）に限り、助成対象とすること。また、軽症で高額な医療を継続して必要としない患者についても、治験参加の機会の拡大につながること等も考慮し、データ登録の対象とすること。

（患者負担の在り方）

10　難病患者の一部には、生涯にわたり継続して医療を必要とする者がいることを踏まえ、負担上限額については、障害者の自立支援医療の更生医療（「一般」または「重度かつ継続」）を参考とすること。その際、中高所得層については継続して医療が必要な難病患者等の特性を踏まえ、障害者の自立支援医療の更生医療（一般）と異なる負担限度額を独自に設定すること。

11　新たな医療費助成の対象となる患者のうち、長期間にわたって継続して高額な医療を要する患者（高額かつ継続）については、その経済的負担等に鑑み、障害者の自立支援医療の「重度かつ継続」の水準を基本として、負担上限額とすること。特に、人工呼吸器等の生命維持装置を常時装着している者については、行動や意思疎通の著しい制限があること、介護者の負担等を考慮し、所得水準にかかわらず、低い負担上限額とすること。

12　小児慢性特定疾患児については、親の付き添い・面会、学校教育の遅れへの対応等の慢性疾患を抱える児童特有の事情などがあり、負担も大きいとの観点から、入院時の食費の負担も含めて、配慮すること。

13　現行の特定疾患治療研究事業及び小児慢性特定疾患治療研究事業の対象であった者については、急激な負担増とならないように、経過措置（三年間）を設けること。その際、以下の点に配慮すること。

①　軽症の難病患者を含めて、全員を医療費助成の対象とすること。

②　現行事業では、所得水準にかかわらず負担がゼロとされている重症患者については、負担上限額の設定に当たって、特段の配慮を行うこと。

③　新制度において全額負担とされる入院時の食事に係る負担について、軽減措置を講じること。

14　所得把握の単位については、家族の相互扶助の観点や他制度における取扱いを踏まえ、世帯単位を基本とし、世帯での生計を考慮して区分額を設定すること。なお、負担上限額を世帯単位とすることにより、同一世帯内で複数の患者が存在する場合でも負担額が増えないようにすること。

15　番号制度の本格的な稼働及び定着を前提に導入を検討されている総合合算制度の制度設計の際には、今回の医療費助成についても検討対象に加え、難病患者等の医療、福祉等の負担が過大とならないような仕組みの構築を目指すこと。

16　難病患者等が、難病対策以外にも福祉サービスや介護保険等様々な制度を利用するため、病中で行動に制限があるにも関わらず申請手続き等の事務負担が過大となるケースがある現状に鑑み、手続きの簡素化や共通番号の使途拡大によるワンストップサービスの実現など、関連行政手続きの負担軽減策を検討すること。

【小児慢性特定疾患児に係る成人移行のための対策】

17　小児慢性特定疾患児が円滑に成人期を迎え社会の中で自立を目指すことができるよう、医療機関の連携の在り方のほか、難病の医療費助成の拡大、地域関係者が一体となった自立支援対策など、切れ目なく支援を行うこと。

【国民の理解の促進と社会参加のための施策の充実】

18　難病患者等が置かれた状況を社会全体で受け止めるとともに、患者や家族にも難病等に関する正確な知識が伝わっていない状況を変えていくため、政府広報等の活用により、難病や小児慢性特定疾患に関する情報を発信し、普及啓発に努めること。

19　今回の医療費助成の対象疾患の大幅な拡大を契機として、障害者総合支援法の福祉サービスの対象疾患についても大幅に拡大し、より多くの難病患者等が福祉サービスを受けられるようにすること。

20　難病患者を新たに雇用した事業主に対し助成（発達障害者・難治性疾患患者雇用開発助成金）を行うとともに、就職支援等のためハローワークに配置された「難病患者就職サポーター」の活用、事業主に対する難病患者の雇用管理に関する情報提供を行うこと。

21　雇用義務制度については、その趣旨・目的を踏まえれば、その対象範囲が明確であることや公正・一律性が担保されることが不可欠であることから、障害者手帳を所持しない難病患者について、まずは職業生活上の困難さを把握・判断するための研究を行うこと。

22　難病患者が充実した社会生活を送ることができるよう、患者の社会参加を支援するため、相談支援等の取組のさらなる充実に努めること。

以上

# ○難病新法の早期実現に向けての要望書

平成二十六年二月三日
厚生労働大臣　田村　憲久　様
一般社団法人日本難病・疾病団体協議会
代表理事　伊藤たてお
日頃より難病対策の充実にご尽力いただいておりますことに心より感謝申し上げます。
厚生科学審議会疾病対策部会難病対策委員会や国会における真摯な検討を経て、この度の昭和四十七年の難病対策要綱制定後、四一年ぶりの法制定を含む難病対策の総合的な見直しに、難病の患者・家族は大きな期待を寄せています。
難病対策が法的根拠をもつことによって、今まで光の当たることのなかった多くの希少疾患患者への医療費助成の拡大、難病患者の療養生活環境整備事業をはじめ、患者の社会参加に向けての総合的な支援がさらに拡大、充実されることに大きな期待をいたしております。
この度の難病新法が、難病対策委員会のとりまとめ（平成二十五年十二月十三日）の基本的な認識、基本理念の精神を発展させ、社会保障制度として確立することは、難病の患者・家族が尊厳を持って住み慣れた地域で生きていくことのできる共生社会を実現させるためにも極めて重要なことと思います。また児童福祉法改正による小児慢性特定疾患治療研究事業の義務的経費化が難病新法と同時に実現することは、小児から大人への切れ目のない支援にむけての第一歩となることにも、おおいに期待をもっております。
私どもはこの難病対策の新しい法律案が、今国会で速やかに成立することを心から願い、田村厚生労働大臣のご尽力を心から要望いたします。

# ○難病法案・児童福祉法改正法案の早期成立で総合的な難病対策・小慢対策を充実させよう！

平成二十六年二月十八日

難病法・小慢改正法の早期成立を求める院内集会参加者一同

二月十二日に、難病と小児慢性特定疾患に関する二つの法案（難病の患者に対する医療等に関する法律案、児童福祉法の一部を改正する法律案）が閣議決定されました。昭和四十七年の難病対策要綱の制定から四二年ぶりに、ようやく法律に基づく制度として新たな難病対策が始まることになります。

また小児慢性特定疾患治療研究事業は、平成十七年に児童福祉法に位置づけられました。医療費助成については国庫補助金（裁量的経費）のままでしたが、今回一〇年ぶりにようやく義務的経費として難病医療費助成とともに、社会保障給付として位置づけられることになります。児童福祉法改正による小児慢性特定疾患治療研究事業の義務的経費化が難病法と同時に実現することは、小児から大人への切れ目のない支援にむけての第一歩となることにも、おおいに期待をもっております。

また、難病対策が法的根拠をもつことによって、医療費助成の対象疾患が大きく広がることにとどまらず、難病患者の療養生活環境整備事業をはじめ、患者の社会参加に向けての総合的な支援がさらに拡大、充実されることにも、大きな期待をいたしております。

今後、小児から大人へのトランジションの支援策の検討をはじめ、指定医療機関や指定医を全国に適正に配置すること、新難病拠点病院など地域での医療体制の整備、当事者参加の地域協議会の確立や、保健所を中心とする地域での難病・小児慢性特定疾患患者への支援体制の強化など、法成立後に取り組まなければならない課題はたくさんあります。

私たちは、今回の難病法制定、児童福祉法の改正が、難病対策・小児慢性特定疾患対策を総合的に推進していくための第一歩と受けとめ、これらの検討にむけて、いち早く準備を進めていただくためにも、まず今国会での早い段階での法案成立を、切に望みます。

## 一般社団法人日本難病・疾病団体協議会（ＪＰＡ）加盟団体一覧

（二〇一四年一月現在、構成員総数三〇万人）

1 （財）北海道難病連
2 青森県難病団体等連絡協議会
3 岩手県難病・疾病団体連絡協議会
4 （ＮＰＯ）宮城県患者・家族団体連絡協議会
5 （ＮＰＯ）秋田県難病団体連絡協議会
6 山形県難病等団体連絡協議会
7 福島県難病団体連絡協議会
8 茨城県難病団体連絡協議会
9 栃木県難病団体連絡協議会
10 群馬県難病団体連絡協議会
11 千葉県難病団体連絡協議会
12 （ＮＰＯ）神奈川県難病団体連絡協議会
13 新潟県患者・家族団体協議会
14 （ＮＰＯ）難病ネットワークとやま
15 山梨県難病・疾病団体連絡協議会
16 長野県難病患者連絡協議会
17 （ＮＰＯ）岐阜県難病団体連絡協議会
18 （ＮＰＯ）静岡県難病団体連絡協議会
19 （ＮＰＯ）愛知県難病団体連合会
20 （ＮＰＯ）三重難病連
21 （ＮＰＯ）滋賀県難病連絡協議会
22 （ＮＰＯ）京都難病連
23 （ＮＰＯ）大阪難病連
24 兵庫県難病団体連絡協議会
25 （ＮＰＯ）奈良難病連
26 和歌山県難病団体連絡協議会
27 岡山県難病団体連絡協議会
28 広島難病団体連絡協議会
29 とくしま難病支援ネットワーク
30 香川県難病患者・家族団体連絡協議会
31 愛媛県難病等患者団体連絡協議会
32 （ＮＰＯ）高知県難病団体連絡協議会
33 福岡県難病団体連絡会
34 （ＮＰＯ）佐賀県難病支援ネットワーク
35 （ＮＰＯ）長崎県難病連絡協議会
36 熊本難病・疾病団体協議会
37 （ＮＰＯ）大分県難病・疾病団体協議会
38 宮崎県難病団体連絡協議会

1 スモンの会全国連絡協議会
2 一般社団法人全国心臓病の子どもを守る会
3 社団法人全国腎臓病協議会

4　全国低肺機能者団体協議会
5　一般社団法人全国パーキンソン病友の会
6　全国ファブリー病患者と家族の会（ふくろうの会）
7　日本患者同盟
8　日本肝臓病患者団体協議会
9　もやもや病の患者と家族の会
10　日本喘息患者会連絡会
11　全国脊柱靭帯骨化症患者家族連絡協議会
12　ベーチェット病友の会
13　（ＮＰＯ）日本ＩＤＤＭネットワーク
14　全国多発性硬化症友の会
15　全国筋無力症友の会
16　一般社団法人全国膠原病友の会
17　一般社団法人日本ＡＬＳ協会（筋萎縮性側索硬化症）
18　（ＮＰＯ）ＩＢＤネットワーク（潰瘍性大腸炎、クローン病）
19　（ＮＰＯ）全国脊髄小脳変性症・多系統萎縮症（ＳＣＤ・ＭＳＡ）友の会
20　（ＮＰＯ）線維筋痛症友の会
21　下垂体患者の会
22　全国ＣＩＤＰサポートグループ（慢性炎症性脱髄性多発神経炎）
23　フェニルケトン尿症親の会連絡協議会
24　ＳＪＳ患者会（皮膚粘膜眼症候群、重症型多形滲出性紅斑）
25　（ＮＰＯ）日本マルファン協会
26　（ＮＰＯ）ＰＡＤＭ遠位型ミオパチー患者会
27　サルコイドーシス友の会
28　（ＮＰＯ）ＰＡＨの会（肺高血圧症）
29　側弯症患者の会（ほねっと）
30　竹の子の会プラダー・ウイリー症候群児・者親の会（準加盟）
31　（ＮＰＯ）日本プラダー・ウイリー症候群協会（準加盟）
32　（ＮＰＯ）無痛無汗症の会（準加盟）
33　（ＮＰＯ）脳腫瘍ネットワーク（準加盟）
34　おれんじの会（山口県特発性大腿骨頭壊死症患者会）（準加盟）
35　再発性多発軟骨炎（ＲＰ）患者会（準加盟）
36　血管腫・血管奇形の患者会（準加盟）
37　公益財団法人がんの子どもを守る会（準加盟）
38　（ＮＰＯ）難病支援ネット北海道（準加盟）
39　（認定ＮＰＯ）アンビシャス（沖縄）（準加盟）
計　七七団体（三八の各県難病連等と三九の疾病別組織等で構成）

**【難病のこども支援全国ネットワーク親の会連絡会】**

ＮＰＯ法人ＡＬＤの未来を考える会（副腎白質ジストロフィー）
Beckwith-Wiedemann 症候群親の会
ＣＡＰＳ患者・家族の会（クリオピン関連周期性発熱症候群、高 IgD 症候群）
ＣＨＡＲＧＥの会
ＣＣＨＳファミリー会（先天性中枢性低換気症候群）
ＣｄＬＳ　Ｊａｐａｎ
ＮＰＯ法人ＰＩＤつばさの会（先天性（原発性）免疫不全症）
ＳＭＡ（脊髄性筋萎縮症）家族の会
ＳＭＳのこどもをもつ家族の会（スミス・マゲニス症候群）
ＳＳＰＥ青空の会（亜急性硬化性全脳炎）
ＴＳつばさの会（結節性硬化症）
あすなろ会（若年性関節リウマチ（若年性特発性関節炎））
ＮＰＯ法人アラジーポット（アレルギー性疾患）
ウイルソン病友の会
滑脳症親の会　lissangel
公益財団法人がんの子どもを守る会
魚鱗癬の会
ゴーシェ病患者及び親の会
骨形成不全友の会
鎖肛の会
小児交互性片麻痺親の会
小児神経伝達物質病家族会
人工呼吸器をつけた子の親の会
腎性尿崩症友の会
スタージウェーバー家族の会
染色体起因しょうがいじの親の会
Four-Leaf Clover（略称ＦＬＣ）
全国筋無力症友の会
全国膠原病友の会
全国色素性乾皮症（ＸＰ）連絡会
一般社団法人全国肢体不自由児・者父母の会連合会
一般社団法人全国心臓病の子どもを守る会
全国尿素サイクル異常症患者と家族の会
竹の子の会（プラダー・ウィリー症候群）
胆道閉鎖症の子どもを守る会
つくしの会（軟骨無形成症）
つぼみの会（Ｉ型糖尿病）
つばめの会（摂食・嚥下障害児）
低フォスファターゼ症の会
天使のつばさ（全前脳胞症）
日本コケイン症候群ネットワーク

日本水頭症協会
ＮＰＯ法人日本トゥレット協会
日本二分脊椎症協会
日本ハンチントン病ネットワーク
日本ムコ多糖症親の会
日本レット症候群協会
嚢胞性線維症患者と家族の会
全国ファブリー病患者と家族の会
社会福祉法人　復生あせび会（希少難病・多疾病）
ポプラの会（成長ホルモン分泌不全性低身長症）
マルファンネットワークジャパン（マルファン症候群）
ミトコンドリア病患者・家族の会
ＮＰＯ法人無痛無汗症の会「トゥモロウ」
メンケス病の会
もやもや病の患者と家族の会（ウィリス動脈輪閉塞症）
モワット・ウィルソン症候群家族会
ロイコジストロフィー患者家族の会

# 6　難病法に係るQ＆A

## 1)　支給認定について

**問1**　成年後見人及び保佐人や行政書士は申請者となることができるか。

**答**　当該申請行為における法定代理人である者は申請者となることができる。それ以外の行政書士等は委任状により委任を受けていれば申請者となることができる。

**問2**　海外に居住する患者は、医療費助成の対象となるのか。

**答**　支給認定に係る申請は、申請者の居住する都道府県に行うこととされているため、申請者が海外に居住している場合は医療費助成の申請を行うことができない。

**問3**　居住地の都道府県とは、住民票がある都道府県のことか。

**答**　お見込みのとおり。
申請は、住民票がある都道府県に行うこととなる。

**問4**　一八歳未満の患者と保護者で住民票上の住所地が異なる場合、申請する都道府県は、患者と保護者のどちらの住所地の都道府県になるのか。

**答**　難病法第六条第一項に基づき、申請者の居住地の都道府県に申請することとなる。したがって、患者が申請するときは患者の居住地の都道府県に申請し、保護者が申請するときは保護者の居住地の都道府県に申請することとなる。

**問5**　難病と小児慢性特定疾病のどちらの医療費助成の対象にもなり得る場合には、どちらで申請することになるのか。

**答**　難病と小児慢性特定疾病では、基本的には小児慢性特定疾病の申請をすることが患者にとってより負担の軽減を図ることができると考える。

**問6** 臨床調査個人票の研究利用について、支給認定の申請の際に患者の同意を得る必要はあるか。

**答** 臨床調査個人票の研究利用については、患者の個人情報保護に配慮して、支給認定の申請の際に研究利用の同意を申請者から得ることとしている。

**問7** 支給認定をする際に所得状況の確認が必要となる患者と同一の「世帯」に属する者とは具体的にどのような者か。

**答** 難病法施行令第一条及び施行規則第五条で、支給認定基準世帯員（患者の生計を維持する者）を次のとおり定めている。この支給認定基準世帯員と患者をもって、支給認定を行う際の「支給認定世帯」としている。

【被用者保険の場合】

患者が加入する保険の被保険者（患者本人を除く）。

【国民健康保険及び後期高齢者医療の場合】

患者が加入する保険の被保険者（患者本人を除き、かつ、患者と住民票上で同一の世帯の者）

【「支給認定世帯」の特例】

患者が国民健康保険に加入し、その保護者が後期高齢者医療に加入している場合は、患者が加入する国民健康保険の被保険者（患者本人を除き、かつ、患者と住民票上で同一の世帯の者）及び当該患者の保護者

**問8** 住民票上の世帯が、後期高齢者医療の夫、国民健康保険の妻（患者）の二人である場合、当該妻の保険証における世帯主は夫となる（当該夫は「擬制世帯主」と言われる）が、支給認定における「支給認定世帯」は、妻のみとなるのか。（擬制世帯主である夫は、妻と同一の「支給認定世帯」に含まれないということでよいか。）

**答** 妻が加入する国民健康保険に加入する者は同一の住民票上に他にいないため、妻だけで一つの「支給認定世帯」となる。（擬制世帯主である夫は、妻と同じ「支給認定世帯」に含まれない。）

**問9** 同じ住民票上に市町村国民健康保険の被保険者Aと国民健康保険組合の被保険者Bがいた場合、AとBは同じ「支給認定世帯」となるのか。

**答** AとBは別の「支給認定世帯」となる。

**問10** 次のような国民健康保険の特例による取扱いがある場合、それぞれどうなるのか。

①　修学中の特例
子（患者）及びその両親が同居し、すべてＡ市の国保に加入していたが、子が修学のためＢ市へ転出し、住民票も移したが、特例として医療保険はＡ市の国保のままである場合、子とその両親は同一の「支給認定世帯」となるのか。

②　住所地特例
患者が施設への入所によりＡ市からＢ市に転出したが、住所地特例（住所は転出した先の市町村となるが、国民健康保険は転出前の市町村の国民健康保険に加入したままとなる。ただし、転出前に所属していた世帯の国保資格を一度喪失し、新たに一人世帯として国保資格を再取得することとなる。）により、Ａ市の国保に加入している場合、転出前に同居していた国保加入者はすべて同一の「支給認定世帯」となるのか。

③　前記のような特例の場合において、申請はどこの都道府県にするべきか。

**答**　①　支給認定に係る「支給認定世帯」については、医療保険に係る保険料の算定方法にならい、その範囲を定めているところである。
当該患者の場合、医療保険の保険料の算定は、転出後も両親と子で行われることとなるため、患者と両親は住民票が異なるものの特例的に同一の「支給認定世帯」となる。

②　当該患者については、引き続きＡ市の国保の加入者であるが、保険料の算定上は独立することとなるため、転出前に同居していた国保加入者とは別の「支給認定世帯」となる。

③　申請は原則として、申請者の住民票が登録されている都道府県に行うこととなる。
したがって、①の場合は子が申請する場合はＢ市、両親が保護者として申請する場合はＡ市に申請し、②の場合は患者本人がＢ市に申請することとなる。

**問11**　住民票上の同一の世帯において、患者が国民健康保険の退職者医療制度に加入し、他の者が市町村国保に加入している場合に、これらの者は支給認定を行う上での同一の「支給認定世帯」となるか。

**答**　同一の「支給認定世帯」となる。

**問12**　「変更申請」と「変更の届出」は、どのように内容が区別されているのか。
指定医療機関の変更を行う場合は、「変更申請」と「変更の届出」のどちらを行うのか。

**答**　各手続については施行規則で定めているが、受給者証に記載する指定医療機関の変更、「高額かつ長期」等の該当による負担上限月額の変更、指定難病の変更（後から発症した別の疾病の追加等）については、「変更申請」が必要であり、その他の申請事項については、「変更の届出」を行うこととしている。

「変更の届出」が必要となるのは、例えば、患者の加入する医療保険や支給認定基準世帯員に変更があった場合である。なお、当該届出により負担上限月額に変更がある場合は、職権により支給認定の変更の認定を行うことになる。

**問13**　支給認定後に支給認定基準世帯員の変更や、重症患者の認定等の変更申請があった場合、負担上限月額の変更が適用されるのはいつからか。

**答**　変更申請による負担上限月額の変更は、原則として当該申請のあった月の翌月一日から適用する。

**問14**　既に支給認定を受けている患者が他県から転入してきた場合、

①　当該患者が転入先の都道府県にする申請は、新規申請となるのか。

②　①の申請が切れ目なく行われた場合、当該患者が既認定者であれば、引き続き既認定者として支給認定してよいか。

③　負担上限月額については、転出元で支給認定された際の額をそのまま転入先で引き継ぐことになるのか。

**答**　①　お見込みのとおり。

②　お見込みのとおり。

③　転入先での負担上限月額は、転居により支給認定世帯などに変更の可能性があり、支給認定の際に確認が必要となることがあるため、そのまま引き継ぐこととはならない。

**問15**　階層区分の「低所得Ⅰ」について、「年収八〇万円以下」は誰の収入で判断するのか。

**答**　支給認定に係る患者本人の収入で判断する。

ただし、患者が児童であり、保護者が申請した場合は、その保護者の収入で判断し、保護者がすべて年収八〇万円以下であれば「低所得Ⅰ」とする。例えば、両親が保護者である場合は、両親の医療保険の加入状況にかかわらず、両親の収入がそれぞれ八〇万円以下であれば、「低所得Ⅰ」となる。

**問16** 患者が被用者保険の被扶養者である場合、低所得の階層認定を受けるためには、被保険者だけでなく被扶養者（患者）の非課税証明書が必要か。

**答** 「低所得」の階層区分になるためには、患者が加入する医療保険の「支給認定世帯」全員（患者＋支給認定世帯基準員）の市町村民税非課税証明書が必要となる。

ただし、被扶養者が義務教育を修了していない場合は、所得があることが想定されにくいため、所得があることが明らかである場合を除き、その確認を省略して差し支えない。

また、その他所得がないことが明らかであると確認できる場合には、確認資料の提出を省略して差し支えない。

**問17** 患者が属する「支給認定世帯」の市町村民税の課税額（所得割額）は、誰の税額を確認すればよいか。

**答** 「支給認定世帯」における市町村民税の課税額（所得割）は以下のとおり算定する。

①患者が被用者保険に加入

↓　患者が加入する保険における被保険者のみの所得割額

②患者が国民健康保険又は後期高齢者医療制度に加入

↓　患者が加入する保険における被保険者（患者と住民票上、同一の世帯の者）の所得割額の合計額

**問18** 階層区分が低所得Ⅱであるためには、誰の市町村民税が非課税であればよいか。

**答** 患者及び支給認定基準世帯員の市町村民税（所得割及び均等割）が非課税である場合、階層区分が低所得Ⅱとなる。

**問19** 経過的特例の対象者が二疾病目の申請をした場合、負担上限月額の取扱いはどのようになるのか。

**答** 経過的特例の適用を受けている者については、基本的に新たに他の指定難病に罹患した場合であっても負担上限月額に変更は生じないが、新たに罹患した当該他の指定難病により「人工呼吸器等装着者」の基準に該当した場合は、所得に関係なく負担上限月額が一律一〇〇〇円となるため、負担上限月額を当該額に変更する。

**問20** 医療受給者証は一の疾病につき一枚ずつ交付するのか。

**答** 原則として、医療受給者証は、受給者一人につき一枚交付することとし、受給者番号も一人に一つを割り当てることとしている。

**問21** 複数の指定難病に罹患した患者について、
① 支給認定申請を行う場合、申請書は一枚でよいか。
② 医療受給者証は一人につき一枚としているため、一枚の医療受給者証に複数の疾病名が書かれるのか。
③ この場合、受給者番号における疾病番号はどの疾病の番号となるのか。

**答** 複数の指定難病に罹患する患者の申請に係る取扱いは以下のとおりとすること。
① 申請書は一枚とする（臨床調査個人票は疾病ごとに必要）。
② 医療受給者証の疾病名の欄には複数の指定難病名を記載する。
③ 受給者番号における疾病番号は、主たる疾病の番号とする。

**問22** 〔問21〕の回答における「主たる疾病」は、どのように決まるのか。

**答** ① 「主たる疾病」を決めるに当たっては、負担上限月額がより低額となる疾病（経過的特例、重症患者又は人工呼吸器等装着者に該当する場合）、
② 発症がより早い時期の疾病の順に考慮し、第一順位となる疾病を「主たる疾病」とする。

**問23** 複数の指定難病に罹患している場合、負担上限月額をどのように設定すればよいか。

**答** 〔問22〕の回答における「主たる疾病」の自己負担の上限額を当該患者の負担上限月額とする。

**問24** 医療受給者証には、どのように指定医療機関が記載されるのか。

**答** 患者の希望をもとに医療受給者証に個別の指定医療機関名を記載することとしている（数に制限なし）。
なお、原則として、患者は医療受給者証に記載されている指定医療機関で受療することとなるが、医療受給者証に「緊急その他やむを得ない場合につい

ては、その他の指定医療機関で受診可能」と記載できることとする。これに該当する場合は受給者証に記載のない指定医療機関での受療に対しても特定医療費の支給が可能となる。

ただし、指定医療機関以外での受療については、特定医療費の支給対象としない。

**問25** 介護保険における訪問看護サービスを受けた場合は医療費助成の対象となるのか。

**答** 介護保険の訪問看護サービスを含め、介護保険の医療系サービスも医療費助成の対象となる。

**問26** 介護保険被保険者証の写しが必要となるのは、介護保険サービスの利用者のみか。

**答** 難病の医療費助成の対象として介護保険の医療系サービスを利用する者のみである。

**問27** 介護保険被保険者証の確認は、申請時点で所持している者のみか。支給認定後に要介護認定等を受けた場合は、何らかの手続が必要か。

**答** 難病の医療費助成の対象として介護保険のサービスを利用している者については、申請時点だけでなく、支給認定の更新時にも介護保険被保険者証を確認することとする。

なお、支給認定後に要介護認定を受け、難病の医療費助成の対象として介護保険の医療系サービスを利用するために新たな指定医療機関を利用することとなった場合は、指定医療機関に係る変更申請が必要となる。

**問28** 特定医療の対象となる歯科診療の範囲はどのように考えればよいか。

**答** 特定医療の対象となる歯科診療については、指定難病の治療あるいはこれに付随するものであることが必要である。

**問29** 鍼灸や按摩・マッサージは、特定医療費の支給対象となるのか。

**答** 鍼灸や按摩・マッサージは、特定医療費の支給対象にはならない。

**問30** 軽症高額該当に係る申請の際に添付する領収書等は写しでかまわないか。

**答** 領収書等は写しで差し支えない。

問31　「高額かつ長期」に該当するための医療費の基準を超える月については、支給認定を受けた月以降の医療費総額を勘案することとなるのか。

答　お見込みのとおり。「高額かつ長期」は支給認定を受けた月以降の月ごとの医療費総額について勘案することとしている。

問32　人工呼吸器等装着者は、負担上限月額が一律一〇〇〇円であるため、所得を確認するための書類を省略してよいか。

答　支給認定に係る申請を行う際の添付書類については、「負担上限月額の算定のために必要な事項に関する書類」と規定しており、負担上限月額を算定できるのであれば、必ずしも所得を確認できる書類の添付が必要となるわけではない。

ただし、結果的に申請者が人工呼吸器等装着者に該当しないと判断される可能性もあることに留意されたい。

問33　世帯内に複数の患者がいる際に負担上限月額は按分されるが、その際の世帯の考え方如何。

答　世帯内に複数の患者がいる場合は負担上限月額を按分することになるが、その按分の対象となる世帯は、患者と同じ医療保険に属する者としている（被扶養者等を含む）。

問34　生活保護受給者が医療保険に加入している場合、保険証の確認は必要か。また、医療受給者証に保険に関する記載は必要か。

答　生活保護受給者が医療保険（被用者保険）に加入している場合には、保険証の確認が必要となる。また、医療受給者証には当該医療保険に関する記載や、医療保険における所得区分等の記載が必要となる。

問35　平成二十七年一月以降に既認定者が重症患者に該当し、変更申請を行う場合、重症患者用の診断書を作成するのは、指定医である必要があるか。

答　重症患者の認定に係る基準は特定疾患治療研究事業における基準と同じであるため、指定医以外の医師が作成したものでも差し支えない。

問36　平成二十六年当初は特定疾患治療研究事業の受給者であった患者が、同年十月に生活保護受給者となり、特定疾患治療研究事業の対象ではなくなった後、再び平成二十七年一月以降に生活保護が廃止された場合、当該患者は経過的特例の対象となるのか。

**答**　経過的特例の対象となるためには、

・平成二十六年十二月三十一日時点で特定疾患治療研究事業の受給者であり、

・平成二十六年十二月三十一日時点の病状の程度が療養を継続する必要があるものとして特定疾患治療研究事業の認定基準に該当し、

・平成二十七年一月一日から継続して特定医療費の支給を受けている者

であることが必要となる。

したがって、質問にあるケースの患者は、経過的特例の対象とはならない。

**問37**　申請日から医療受給者証を交付するまでの期間にかかった指定難病に係る医療費は、本人からの請求による償還払いとなるのか。

**答**　医療受給者証を指定医療機関に提示できない場合は、指定医療機関による特定医療費の代理受領はできないため、償還払いにより患者に対して特定医療費を支給することとなる。

**問38**　指定医療機関となっている薬局での調剤が特定医療費の対象となるためには、その調剤に係る処方箋を指定医療機関が発行している必要があるか。

また、訪問看護に係る指示書についても同様の考え方か。

**答**　お見込みのとおり。

処方箋や指示書の発行も患者が受ける特定医療の一環であるため、その医療の提供者は指定医療機関でなければならない。

**問39**　筋萎縮性側索硬化症（ALS）の重症度分類について「家事・就労はおおむね可能」とは、具体的にどのような状態を指すのか。

**答**　患者の個々の状態によるが、例えば、医学的に車いす等を使わず、食事づくり、掃除、洗濯などが自分で可能で、特別な配慮なく就労可能な状態が考えられる。

**問40**　地方単独事業による医療費助成を併用し、結果的に自己負担が○円になる患者の場合、自己負担上限額管理票の自己負担額欄にはどのように記載すればよいか。

**答**　地方単独事業によって結果的に患者の自己負担が○円になる場合であっても、難病の医療費助成において患者が本来自己負担するべき額を自己負担上限額管理票に記載することとしている。

問41 訪問看護は医療費を翌月に確定させてから精算及び請求を行うことが多いが、このような場合は自己負担上限額管理票の記載をどのようにすればよいか。

答 請求額の確定後にサービス提供月の自己負担上限額管理票に医療費総額等を記載することとして差し支えない。

## 2) 指定医について

問1 指定医の要件に「診断又は治療に五年以上従事した経験を有する医師」とあるが、「診断又は治療」とは、難病にかかわらず、すべての疾患に関するものと考えてよいか。

答 お見込みのとおり。

問2 指定医について、難病法施行規則第十五条の要件を満たしていれば、介護老人保健施設の施設長であっても、指定医として指定されるか。

答 指定医については、勤務先を要件としているわけではないことから、介護老人保健施設の施設長である医師についても指定医として指定を受けることは可能である。

問3 歯科医師は指定医になることができるのか。

答 歯科医師は指定医になることはできない。
なお、現在指定されている指定難病の中には、歯科医師が主体となって診断及び治療を行うことが必要とされる疾病は含まれていないと考えている。

問4 指定医の指定について、経歴書や医師免許証の写し等の添付文書は、申請先で確認できる場合は省略可能と示されているが、具体的には、どういったケースを想定しているのか。また、施行規則第十五条第二項にある「公簿等」とは何を指しているのか。

答 当該ケース及び規定は、各自治体の医療関係部局等において、医師の経歴等の必要な情報を把握している場合等には、それを確認するための書類の添付を省略できることとするもの。「公簿等」にはそれらの情報を公的に確認することが可能な書類を考えており、例えば、医療関係部局が保管する医師のリストなどがこれに該当すると考えている。

問5　医師が研修を受けて指定医になろうとする場合、指定医に係る研修を受講した都道府県と指定の申請を行う都道府県が別であってもよいか。

答　例えば、A県で受講した研修をもって、B県に指定医の指定申請を行うことも差し支えない。

問6　指定医は全ての指定難病の臨床調査個人票の記載が可能なのか。
　また、指定医は患者から求められた場合に必ず臨床調査個人票を記載しなければならないのか。

答　制度上、指定医が臨床調査個人票を記載できる指定難病を制限する規定は設けていないが、指定医は通常自らの専門に従い十分に診断可能な疾病の診断を行うこととなる。
　また、患者から診断書の記載を求められた場合に、指定医は、必ずしも臨床調査個人票の記載する義務を負うものではない。指定医が専門外の疾病などの臨床調査個人票の記載を求められている場合は、適宜他の指定医を紹介することが望ましいものと考えている。

## 3）指定医療機関について

問1　介護保険法の指定居宅サービス事業者（訪問看護を行う者に限る。）とあるが、訪問リハビリテーション、居宅療養管理指導は医療費助成の対象とならないのか。

答　当該規定は、指定医療機関の指定申請を行うことができる者を定めるものである。特定医療費の支給対象としては、当該規定により定められた者が行う訪問リハビリテーション、居宅療養管理指導も含まれる。
　なお、その他介護保険法による訪問看護、介護療養施設サービス、介護予防訪問看護、介護予防訪問リハビリテーション及び介護予防居宅療養管理指導が医療費助成の対象となる。

問2　指定医療機関の公示はどのように行われるのか。

答　指定医療機関の公示については、都道府県においてホームページ等に掲載される。

問3　指定医療機関の指定番号は保険医療機関番号なのか。

**答**　指定医療機関の指定番号については、各都道府県で定めている。

**問4**　指定医療機関の指定申請に係る提出書類の中に役員名簿があるが、当該名簿に記載する役員とは具体的にどのような者を指すのか。

**答**　役員については、医療機関等の形態により以下のとおり対象となる者が異なる。

①法人でない病院等…医療法で規定される管理者

②法人の病院等…医療法人（医療法での役員）

社会福祉法人（社福法での役員）

株式会社（会社法の役員）

**問5**　介護老人保健施設は、病院又は診療所として指定医療機関の指定を受けることができるのか。

**答**　介護老人保健施設は、保険医療機関である病院又は診療所に含まれないため、病院又は診療所として指定医療機関の指定を受けることはできない。

**問6**　鍼灸を行う鍼灸院や按摩・マッサージを行う施術院は、指定医療機関の指定を受けることができるのか。

**答**　当該鍼灸院等は保険医療機関ではないので、病院又は診療所として指定医療機関の指定を受けることはできない。

# 7　資料

## ○難病対策略年表

昭和四十五年　十月　・社会保険審議会「医療保険制度の根本的改正について」答申。
「原因不明でかつ社会的にその対策を必要とする特定疾患については、全額公費負担とすべきである。」

四十六年　四月　・厚生省内に難病対策プロジェクトチームを設置。

四十七年　四月　・「特定疾患研究費補助金」により、次の事業を開始。
①調査研究として、スモン、ベーチェット病、重症筋無力症、全身性エリテマトーデス、サルコイドーシス、再生不良性貧血、多発性硬化症及び難治性の肝炎の八疾患の研究班を設置。
②治療研究として、スモン、ベーチェット病、重症筋無力症、全身性エリテマトーデスの四疾患につき受療者に協力謝金を支給。

六月　・厚生省に特定疾患対策懇談会を設置。

七月　・厚生省公衆衛生局に特定疾患対策室を設置。

十月　・「難病対策要綱」発表。①調査研究の推進、②医療施設の整備、③医療費の自己負担の解消の三点を柱。

四十八年　四月　・調査研究二〇疾患、治療研究六疾患に拡充し、治療研究については医療保険による自己負担額を公費助成する制度が発足。

八月　・公衆衛生局の特定疾患対策室が難病対策課へ組織変更。

四十九年　四月　・九疾患群について「小児慢性特定疾患治療研究事業」を創設。

五十一年　四月・特定疾患調査研究班が四三研究班となる。
五十三年十二月・スモンに対するはり等の治療研究を創設。
五十八年　八月・老人保健法の一部負担金相当額を特定疾患治療研究事業による医療の給付の対象とする。
五十九年　十月・健康保険制度改正により、健保本人一割自己負担導入とあわせ、高額療養費制度（一般五万一〇〇〇円、低所得者三万円）に血友病、人工透析の限度額一万円の設定
六十一年　十月・国立精神・神経センター設立。
平成　元年　八月・「難病患者医療相談モデル事業」を開始（平成元年度七都道府県）。
二年　四月・「難病患者医療相談モデル事業」に訪問診療事業を新設。
・小児慢性特定疾患治療研究事業の対象疾患を一〇疾患群に拡大。
四年　四月・「難病患者医療相談モデル事業」を「難病患者地域保健医療推進事業」に改め、医療相談事業の実施県を二一県に拡大。
五年　七月・公衆衛生審議会成人病難病対策部会に「難病対策専門委員会」を設置。
六年　四月・特定疾患調査研究班が四四研究班となる。
・難病患者地域保健医療推進事業の医療相談・訪問診療の実施県を四七都道府県に拡大。
在宅人工呼吸器使用特定疾患患者緊急一時入院事業を新設。

六年　七月・公衆衛生審議会成人病難病対策部会難病対策専門委員会「中間報告」を取りまとめ。

成人病難病対策部会同「中間報告」を了承。

六年　十月・健康保険制度及び老人保健制度の改正により、入院時に係る食事療養費の標準負担相当分及び訪問看護の基本利用料相当分を特定疾患治療研究事業による医療の給付の対象とする。

七年　四月・「難病患者地域保健医療推進事業」に患者・家族教室（モデル事業）を新設するとともに、新たに「特定疾患医療従事者研修事業」を開始。

七年十一月・特定疾患対策懇談会に「特定疾患調査研究班再編成検討委員会」を設置。

七年十二月・総理府障害者対策推進本部「障害者プラン」を策定。

「難病を有する者に対して、関連施策としてホームヘルプサービス等適切な介護サービスの提供を推進する。」

八年　二月　・公衆衛生審議会成人病難病対策部会難病対策専門委員会「最終報告」を取りまとめ。成人病難病対策部会同「最終報告」を了承。

・特定疾患対策懇談会特定疾患調査研究班再編成検討委員会報告「特定疾患調査研究班再編成計画」を取りまとめ。特定疾患対策懇談会同「報告」を了承。

八年　四月　・特定疾患対策懇談会特定疾患調査研究班再編成検討委員会報告に基づく特定疾患調査研究事業の開始（四八研究班）。

・特定疾患対策懇談会に「特定疾患調査研究事業に関する評価基準作成部会」及び「特定疾患治療研究事業に関する対象疾患検討部会」を設置。

九年　一月　・難病患者等居宅生活支援事業の開始。

九年　三月　・難病情報センター事業の開始。

・特定疾患治療研究事業に関する対象疾患検討部会報告を取りまとめ、特定疾患対策懇談会において同「報告」を了承し、特定疾患治療研究事業の今後のあり方については、厚生省に再検討を要請。

九年　四月　・難病患者生活支援促進事業の開始。

・公衆衛生審議会成人病難病対策部会において、特定疾患治療研究事業に関する対象疾患検討部会報告を受け、特定疾患治療研究事業の今後のあり方については、総合的難病対策の検討と併せて、難病対策専門委員会に付託して検討を開始。

九年　九月　・健康保険制度改正により、健康保険被保険者本人に係る一部負担割合を一割から二割へ改正、並びに健康保険制度及び老人保健制度の改正により、薬剤に係る一部自己負担を創設。

・公衆衛生審議会成人病難病対策部会難病対策専門委員会において、「今後の難病対策の具体的方向について」を取りまとめ、成人病難病対策部会において同「報告」を了承。

十年　四月　・「難病特別対策推進事業」を創設。

十年　五月　・特定疾患治療研究事業に患者一部負担を導入。（外来一日につき一〇〇〇円（月二回）入院一月につき一万四〇〇〇円）

十一年　四月　・特定疾患調査研究事業を組替え、厚生科学研究「特定疾患対策研究事業」を創設。

十二年　四月　・介護保険の施行。

介護保険の訪問看護、訪問リハビリテーション、居宅療養管理指導、介護療養施設サービスを受ける者を特定疾患治療研究事業の対象者とする。

十三年　九月　・厚生科学審議会疾病対策部会難病対策委員会を設置し、今後の難病対策の在り方について検討を開始。

十三年　十月　・難病特別対策推進事業において、「神経難病患者在宅医療支援事業」及び「難病患者認定適正化事業」を開始。

十四年　三月　・国立成育医療センター設立。

十四年　八月　・厚生科学審議会疾病対策部会難病対策委員会において、「中間報告」をとりまとめ。

十四年十二月　・内閣府障害者施策推進本部「新障害者プラン」を策定。

十五年　四月　・「難病相談・支援センター事業」を創設。

・厚生労働科学研究「特定疾患対策研究事業」を組換え、「難治性疾患克服研究事業」を創設。

・難病患者等居宅生活支援事業（日常生活用具給付事業）の対象品目を一七品目（八品目増）に拡大。

・健康保険制度改正により、健康保険被保険者本人に係る一部負担割合を二割から三割へ改正。

十五年　六月　・特定疾患治療研究事業における認定基準等の設定。

十五年　十月　・特定疾患治療研究事業における一律定額の患者一部負担を所得と治療状況に応じた段階的な患者一部負担へ改正。

十六年十一月　・児童福祉法の一部を改正する法律案の成立に伴い、小児慢性特定疾患治療研究事業が法制化。

（平成十七年四月施行）
十九年　四月・難治性疾患克服研究事業の対象疾患を一二三（二疾患追加）疾患に拡充予算について報告。
二十一年　四月・難治性疾患克服研究事業の対象疾患を一三〇（七疾患追加）疾患に拡充するとともに、これまで研究が行われていないその他の難治性疾患について、実態把握等のための調査研究を奨励する研究奨励分野を新設。
（難治性疾患克服研究事業　二四億円→一〇〇億円）
二十一年　五月・特定疾患治療研究事業及び小児慢性特定疾患治療研究事業において、医療保険の高額療養費制度を見直し、医療保険が負担することとなる高額療養費の限度額を一律一般から医療保険の所得区分に応じた限度額に変更。
二十一年　十月・特定疾患治療研究事業において、平成二十一年度第一次補正予算において追加することとされた一一疾患を追加。
二十二年　四月・厚生労働副大臣を座長として、省内関係各局メンバーからなる「新たな難治性疾患対策の在り方検討チーム」を設置。
・難治性疾患克服研究事業に指定研究型を新設。
二十三年　四月・次世代シークエンサーを用いて難病患者の全遺伝子を短期間に解析し、早期に原因解明及び新たな治療法・開発を推進する難病・がん等の疾患分野の医療の実用化研究事業を新設。
二十三年　七月・難病患者・患者団体、行政関係者及び医療関係者等と協働しながら、難病患者・患者団体の相談・活動支援や持続可能な活動を支える組織体制の構築等を行い、難病患者支援策の充実を図ることを目的に「患者サポート事業」を開始。
二十四年　二月・二月十七日に閣議決定された「社会保障・税一体改革大綱」では難病対策が盛り込まれ、難病の医療費助成について、法制化も視野に入れ、助成対象の希少・難治性疾患の範囲の拡大を含め、より公平・安定的な支援の仕組みの構築を目指すこととされた。
二十四年　四月・「難病患者の在宅医療・介護の充実・強化事業」の創設。

二十四年　八月　・厚生科学審議会疾病対策部会難病対策委員会において、「今後の難病対策の在り方（中間報告）」をとりまとめ。

二十四年十二月　・「平成二十四年度以降の子どものための手当等の取扱いについて」（平成二十三年十二月二十日四大臣合意（内閣官房長官、総務大臣、財務大臣、厚生労働大臣））において、「特定疾患治療研究事業に係る地方の超過負担については、その解消に平成二十四年度予算から取り組み、早期の解消を目指す。」とされた。

二十五年　一月　・厚生科学審議会疾病対策部会難病対策委員会において、「難病対策の改革について（提言）」をとりまとめ。

・「平成二十五年度における年少扶養控除等の見直しによる地方財政の追加増収分等の取扱い等について」（平成二十五年一月二十七日三大臣合意（総務大臣、財務大臣、厚生労働大臣））において、「特定疾患治療研究事業については、平成二十六年度予算において超過負担の解消を実現すべく、法制化その他必要な措置について調整を進めること。」とされた。

二十五年　三月　・平成二十五年四月から施行される障害者総合支援法で、障害者の定義に新たに難病等が位置づけられ、障害福祉サービス等の対象となることから、難病患者等居宅生活支援事業は平成二十四年度で廃止。

二十五年十二月　・厚生科学審議会疾病対策部会難病対策委員会において、「難病対策の改革に向けた取組について」をとりまとめ。

二十六年　二月　・第一八六回通常国会に「難病の患者に対する医療等に関する法律案」を提出。

二十六年　五月　・「難病の患者に対する医療等に関する法律」が成立。

二十七年　一月　・「難病の患者に対する医療等に関する法律」が施行。

# 逐条解説　難病の患者に対する医療等に関する法律

平成27年 8 月30日　発行

監　修――難病法制研究会
発行者――荘　村　明　彦
発行所――中央法規出版株式会社
〒110-0016　東京都台東区台東3-29-1 中央法規ビル
営　　業　TEL　03-3834-5817　FAX　03-3837-8037
書店窓口　TEL　03-3834-5815　FAX　03-3837-8035
編　　集　TEL　03-3834-5812　FAX　03-3837-8032
U R L　http://www.chuohoki.co.jp/

印刷・製本 / 株式会社ヤザワ

ISBN978 - 4 - 8058 - 5244 - 6